I ask,
Therefore I am

一问一世界

杨澜 朱冰 著

上海文艺出版社

"上千位人物,上万次提问,那些新奇的、幽默的、感动的、困惑的、深刻的、忧伤的、热情的、痛苦的、愤怒的、宽容的……渐渐地,勾画出这个时代的缩影,也让我看到自己。这是一件多棒的礼物!"

目录

序：世有疑惑，必须发问

01
你真的那么有远见吗？
001

02
你不想赢吗？
044

03
谁能在石头上轻松睡觉？
084

04
为什么总问女人这个问题？
138

05
奥运可以是件很浪漫的事吗？

180

06
你是否曾站在空空的舞台？

222

07
选择与被选择？

254

08
谁动了谁的奶酪？

286

然后呢……

316

/ 序 /

世有疑惑，必须发问

杨澜

  2019年是我入行30年，在人生中不长也不短。回头一看，其实一直在匆匆忙忙地赶路，顾不上停下来。借这个机会我停下来，回头看看走过的路，再望望前面的天空，是件好事。

  我们生活在一个渴望成功、追逐成功者的时代，我也不能免俗，想成功，想证明自己。我一开始做人物访谈的时候，去世界各地寻找那些所谓成功的人，询问他们成功的秘诀和经历。随着采访的深入，我对成功的定义有了前所未有的质疑。到底什么算成功？更成功又怎样？我们的社会是不是患了"成功综合征"？为了"成功"，我们常常忘记自己的初衷和内心真正的渴望，渐渐地成了自己曾经讨厌的样子；为了"成功"，大街上充斥着厚黑学之类的书籍，贩卖权术和心计，还有一夜致富的妄想，搅动着人心，又让大多数人认为自己成了失败者；为了"成功"，我们污染了自己的土地、空气和水，再让重金属通过食物进入我们孩子的身体；为了"成功"，我们急急忙忙地赶路，经常撞着这个碰到那个，我们是不是想过把他们扶起来，说声对不起？为了"成功"，我们忽略了路边的风景，忽略了身边的人，甚至忽略自己的身体和心灵，越来越多的人焦虑、抑郁……我们能不能停下脚步，给自己片刻的安宁，给爱我们和我们爱的人一个拥抱？我曾接到一个朋友发来的短信，"真正的成功,不是赚了多少钱或者做了多高的官,而是有一天你除去这一切身份的时候,还有人愿意在你身边对你微笑。"

在我看来成功的首要意义在于做自己。新时代对成功的诠释已经悄然改变,它是活力与健康,而不是规模和权力;是自我的觉醒和接纳,而不是屈从于他人的期待;是多元包容的,而不是单一刻板的。不是每个人都可以妄谈创造历史,但做自己是可望可即的事。张海迪以残障之身刻苦学习、终有成就的故事固然让我敬佩不已,更让我感动的是在20世纪80年代的政治环境下,当有关领导告诫她应该把烫成大波浪的长发夹起来以符合"英雄模范"的标准形象时,她在进入人民大会堂、进入聚光灯中心之前的一瞬间,果断地取下了发夹,让一头秀发瀑布般地披在肩头。她不要做被造型的英雄,她要做真实的自己。

有时出身优裕与出身贫困一样容易让人迷失。人的期待就是自己的牢笼。许多富家子弟仅仅是为了满足父母的期待,就放弃自己真正的梦想,成为某种传承的工具。股神巴菲特的儿子彼得在这一点上是幸运的。他19岁时做出决定,不进入父亲呼风唤雨的金融界,而选择音乐作为自己的职业追求。当他忐忑不安地寻求父亲的意见时,巴菲特说:"儿子,其实我们俩做的是同一件事——我们热爱的事!"彼得在2010年出版的中文版自传书名就叫《做你自己》。

我们的社会从要求个体无条件地服从集体,到终于可以让人们理直气壮地做自己,真是不小的进步。如果每个人能够在追求个人成功的同时,还能影响更多的人,帮助他们获得成功、进步,这是不是一种更了不起的成功?但是,不断追求更大的影响力又何尝不是一种执念呢?一直追求"让世界因我而不同"的李开复在2013年被诊断出患有四期淋巴癌时,几乎崩溃。死亡让他重新审视自己奉为圭臬的信条。在佛光山，星云大师对他说："'最大化影响力'究竟意味着什么？一个人这样说的时候，通常都是给追求名利一个浅薄的伪装。问问自己的内心吧，千万不要自己骗自己。"他认为人类不该一刻不停地计算、量化一切事物，侵蚀内心本真的东西。因为这会阻碍生命中真正能量的涌现——那就是爱。这让李开复有了向死而生，珍惜真爱的康复之路，这既是身体的，也是心灵的。

做访谈节目的人是以提问为生的。我做的最重要的工作就是不断地提问。但是如果回想一下我们从小受的教育当中有多少环节是在训练我们问问题呢？基本上没有。我们一直受到的训练是回答问题，先把老师教的答案记住，然后在考试的时候再还给老师。

美国学校的老师特别鼓励学生提问。在中国的学校，老师可能对学生说，这儿有三道方程式需要你来解答；在美国学校，老师很可能说，你自己编三道方程式让其他的同学解答。这可能是一种教育方式上的不同，所以实际上大多数中国人，特别是我们这种被学校一步步培养出来的"好学生"，对如何提问没什么概念。我在北京外国语学院读书时，正好有一节是外教上的宗教课，他讲完以后问：大家有什么问题吗？一个大教室里面，100多个学生，寂静无声，大家都羞涩地低下了头，没有一个人举手。教授非常生气地从兜里掏出了一块美金，说："谁要是问出一个问题，哪怕是再愚蠢的问题，我就把这一块美金给他。"我们都有一点受屈辱的感觉，作为一个学生难道我们真的没有问题吗？记得后来我举手了，至于硬着头皮问了个什么问题，了无印象。

同样的事情发生在我在哥伦比亚大学读研究生的时候。我当时选修的一门课是社会学，因为我觉得做传媒的人需要有一些社会学方面的基础知识。我每天上课都准时到，作业按时完成，老师嘱咐看的参考书都看了，论文也写得还不错，可是到期末我发现所有的课程里面唯有这门课得了一个B，其他功课都是A或A⁻。怎么会得一个B呢？我就去找社会学的教授理论，问她你是不是搞错了。她翻看了一下我的记录说："的确你的作业都交了，完成得也不错，但是我要给你一个惩罚，因为你上课从来不问问题，这就说明你上课的参与度不高。"当然后来我据理力争，申辩说因为刚来美国不久，有时组织语言的速度稍慢，往往刚想说就被其他同学抢了先，等等。老师看来是动了心，最终给了我一个B⁺。

2010年10月，我参加了我的导师赵忠祥先生广播电视50年的研讨会。他18岁成为中央电视台的第一个男播音员，68岁还在主持《人与自然》和《动物世界》。他讲当时他进入电视台的时候，电视台还是用胶片播出的。所以实际上在那个时候一切都是现场直播，机器上放着胶片，播音员现场配音。时间紧迫时甚至是一位撰稿人跪在地上写稿子，一边写一边改，而播音员就要字正腔圆、不慌不乱、毫无差错地念出来。当时的电视从业人员文字的功底，播报的功底，现场掌控的功底，真的不是我辈一朝一夕可以比及的。

今天的电视技术已经有巨大的进步，但是同时今天的传统媒体还是有很多的困惑。网络是巨大的挑战之一，很多历史悠久的报纸已经纷纷倒闭。

网络第一波冲击的是平面媒体，第二波则是电视媒体。视频网站、移动互联网的的蓬勃兴起不可阻挡，人们接受信息的习惯已经发生了巨大的改变，从坐在电视机前守候着一个节目开播，到在网络上自由地摄取各种个人需要的资讯娱乐组合。电视观众也已经呈现出两极化的发展，两大收视群体分别是青少年和退休人群，低龄化的趋势和老龄化的趋势日益明显。而20~50岁左右的社会中坚力量、精英力量更多地从网络上获取他们需要的资讯和娱乐，即使是电视节目也常常是在网上搜索收看。在收视率的压力下，电视人必须要满足这两极化的需求，最后的结果往往是电视剧和综艺类的节目占据黄金时段。放眼全国的各省级卫星频道，几乎都把新闻压缩到最小，每晚连续播放2～3集的电视剧，再加上原创或引进的综艺类节目，访谈类、专题类节目已经都被移到11点以后了。这似乎是一个潮流趋势。我并不觉得这有什么好或不好，这就是我们所处的时代的现实，必须面对的现实。

2010年我到台湾，专访了电视主持人蔡康永。数年前他在做《康熙来了》之前曾经主持一个电视节目《真情指数》。我当时看到这个节目在形式上与《杨澜访谈录》很相像，就主动跟他联系，希望两个人能联手做一个海峡两岸不同领域代表人物的交叉采访，但是后来由于电视台等方面的原因失之交臂了。在采访中我们俩探讨电视生态对于电视形态包括主持人风格的影响。他说他其实很羡慕我能把高端访谈做10年之久，它不一定是收视率最高的节目，但是能够影响那些有影响力的人，所以就会有高端产品，比如汽车、电脑、酒类品牌，为了维护品牌的定位和影响力来赞助这样的节目。在台湾，电视节目不能有品牌冠名赞助。

在一切唯收视率是瞻的情况下，即使是晚间七点档或者八点档的新闻节目也变得更加娱乐化。如果大家更喜欢看一个醉汉跟警察打架，那么它一定会代替伊朗核危机的新闻。加上台湾独特的地缘政治因素，对国际事务的参与比较少，所以台湾的民众，特别是年轻人对国际事务不是特别关心。即使电视台的主流新闻节目，也变得碎片化、娱乐化。蔡康永说："我们面对的现实是：你想要找内涵吗？那就不要到电视上来找。杨澜你如果能把深度访谈节目再做上10年，就太了不起了！"

说到我与主持人职业相关的第一次提问，还带有点温柔的对质。1990年，我从北京外国语学院毕业的那一年，当时中央电视台《正大综艺》的制片人辛少英到北外去招主持人，这也是改革开放以后中央电视台第一次在社会上招聘主持人，而且不以播音和传媒专业为限。记得她当时谈到《正大综艺》需要找一个很纯情的女主持人，要善解人意的那种。轮到我自我介绍时，我反问她："为什么在电视上女主持人总是一个从属的地位？为什么她就一定是清纯、可爱、善解人意的，而不能够更多地发表自己的见解和观点呢？"我当时其实是用这样一个问题来表达自己的某种不满，但没有想到这个问题给她留下了印象。后来我被通知去参加第二次面试，第三次、第四次，直至第七次面试后走上《正大综艺》的舞台。现在回想起来真觉得不可思议，无论是我的专业背景，还是家庭背景都跟电视毫无关系，而当时无论是制片人、部主任、正大集团还是台领导，居然能够起用一个完全没有专业培训的女大学生来主持黄金档的一个最重要的节目！现在回头看，我心存感激之余，也觉得离不开当时的时代背景。那时社会刚刚经历动荡，气氛沉闷，人们厌烦了生硬的电视语言，希望通过电视了解外部世界，在更人性化的交流中放松心情，有更多的空间来表达个性。《正大综艺》大概是中央电视台第一个不需要主持人按部就班念稿子的节目。如果没有姜昆、赵忠祥这样的资深艺术家、主持人站在我身边，也许我也不可能拥有这样的自由度。因为他们已经功成名就，所有的编导都很尊重和信任他们，所以相对地也带动我有更多的机会表达年轻人的观点。包括那个时候我们也有一个特别的设计，那就是让赵老师代表受传统文化影响深、相对中庸的社会主流观点，而我更多地代表有一定国际视野的、有一点叛逆精神的年轻人，这样一老一少，形成某种冲突但又愉悦的气场，在当时的中国还是颇有新意的。

但是有一个事情还是可以反映当时整个舆论的环境跟今天有着多大的不同。我记得在节目开播的第一集里我在主持词里加了一句这样的话："希望我们的节目能够为大家在茶余饭后增添一些生活的情趣。"这话今天听起来稀松平常，但当年因为这句话我还受到过批评，部主任开会批评说这句话说错了："我们的电视是教育人民、团结人民的，怎么能只为大家增加一点生活的情趣呢？"今天想起来觉得不可思议，但是那个时候的媒体环境就是这样的。所以当我们去审视一个节目的时候，要看到它当时的社会环境，而不能够用一个绝对的尺度去评论它的制作水平或言论尺度。

我也经常会听到读传媒的学生询问，如果要去国外深造读新闻专业，最好采用什么样的途径。以哥伦比亚大学新闻学院为例，它在大学本科是不设立新闻学院的，通常也不鼓励学生从本科毕业直接上研究生。它更欢迎有专业背景和一定工作经验的人。今天的新闻时代已经超越了单纯的新闻事件的报道，并不是问了五个W（who，when，where，what，why）就可以写出一篇好的报道。甚至，今天人工智能在财经、体育类新闻的简单报道方面，速度已领先人类记者。今天的一个优质报道更多地与背景链接有关，即如何把一个孤立的事件放在一定的时间和社会背景的坐标上，给受众一个理解和思考的框架。而对背景的介绍通常需要比较专业的知识，他们更希望是由有专业背景的人进入到传媒的这个行业。相关知识越丰富，提的问题才越有质量。

1996年，我在纽约采访了已经退休的美国CBS的老主播沃尔特·克朗凯特先生。在他的职业生涯中，他以高度的敬业精神和职业素养，特别是高度的社会正义感和诚实客观的精神，出色地完成了不少经典报道——越南战争、阿波罗登月、肯尼迪遇刺、水门事件等等，被誉为美国公民最信赖的人。当今恐怕没有一个主持人或新闻记者能拥有他当年的那种公信力了。当他退休以后，网络媒体迅速崛起，所以我问他："您过去总以'That's the way it is'来结束每天的新闻节目，如今人们已经能够从网络接收到海量的信息，电视新闻未来的角色会是什么？What is the way that will be？"克朗凯特说："无论人类的社会如何发展，无论人们的资讯有多少不同的途径去获取，真理和真相永远是隧道那一头的光。挖掘真相、追求真相、报道真相，永远是我们最应关注的事。"中美国情不同，媒体环境不同，10多年来我和吴征创立并经营着一家民营媒体公司，面对体制和商业的双重压力，也常有步履维艰之感，但是通过人物访谈揭示历史的真相、心灵的真实，以开放的视野、文化的包容，关注个体的成长与困境，从而记录时代变迁的精神印迹，却成为我不愿放弃的追求。

从美国学习回来以后，1997年下半年我加入凤凰卫视，作为制片人和主持人制作《杨澜访谈录》的前身《杨澜工作室》。我当时就是希望能做中国电视史上第一个一对一的高端访谈节目。其实那个时候自己也不过才30岁，不乏幼稚之处，但是我很有热情。当时香港电台有一套纪录片给我的影响很深，叫《杰出华人系列》。这个系列是以纪录片的方式寻访了世界各地的各个领域杰出的华人，从李嘉诚到贝聿铭等等。我当时就觉得应该把优秀的华人所做出的杰出的成就通过访谈的形式记录下来。所以在最初的两年，基本上谁成功我就采访谁，而采访的内容不过就是讲你怎么成功的，是刻苦啦，坚持啦，有伯乐啦，等等，讲的是一个个成功者的故事。直到1999年我采访华裔诺贝尔物理学奖的获得者崔琦先生，我的观念才发生了转变。那是个初春的雨天，天气很冷。美国普林斯顿大学的校园里安详宁静，小松鼠上蹿下跳地觅食嬉戏。崔琦是沉静的，毫无喜形于色的神情，甚至还有一点害羞，一再为已经生疏的中文抱歉。他试图用最简单的语言向我这个门外汉解释他和其他两位科学家共同发现的"分数量子霍尔效应"：强磁场中共同相互作用的电子能形成具有分数分子电荷的新型粒子。我听得一头雾水，还含含糊糊地点着头，心想如此悬殊的知识结构，这个采访可怎么做啊？我试图进入他的人生经历，他告诉我他出生在河南宝丰县，乳名叫"驴娃儿"，直到10岁也没有出过自己的村子，每天帮助父亲做农活养猪放羊。12岁的时候，他的姐姐介绍一个机会可以让他到香港的教会学校去读书。他的父亲是一位不识字的农民，觉得家里就这么一个儿子，已经到了帮着干农活的时候，不愿意放儿子走。但他的母亲对儿子有更高的期待，坚持要把儿子送出去念书。小崔琦舍不得离开家，母亲就安慰他说，下次麦收的时候你就可以回来了。然后把家里剩下的一点粮食给他做了几个馍袱装在小包袱里。这样小崔琦就跟着亲戚远走他乡，坐了一个星期的火车到了香港。但他没有想到的是，他再也没有机会回到自己的家乡，而他的父母就在20世纪50年代末的困难时期由于食物不足死去了。我问崔琦："有没有想过如果当年母亲没有坚持把你送出来读书，今天的崔琦将会怎样？"我期待的回答是，知识改变命运等等。但是他却说："其实我宁愿是一个不识字的农民。如果我还留在农村，留在父母身边，家里有一个儿子毕竟不一样，也许他们不至于死吧。"我听了心灵受到巨大的震撼。诺贝尔奖也好，科学的成就也好，社会的承认也好，都不足以弥补他的失去和永远的心痛。而如果我做节目还停留在讲述人们的所谓成功故事的话，我们也就失去了对人性更深层的了解和体会，最终归于浅薄。所以是不是能够让一次访谈带有更多人性的温暖，就成为我和团队有意识的追求。

有时主持人必须知道何时闭嘴。2008年，北京大学中国经济研究中心主任林毅夫教授受世界银行行长佐利克的任命，成为世界银行首席经济学家兼负责发展经济学的高级副行长。我曾两度采访他，一次是关于中国农村经济问题，一次是2007年在法兰克福采访他关于金融危机的影响。有机会在世界银行工作，有机会借鉴中国的发展经验去帮助世界上更多的发展中国家，是他的骄傲，也是国人的骄傲。我问："你现在取得的种种成就是否达到了当年你父亲对你的期许？"一直侃侃而谈的他突然沉默了，眼眶慢慢红了，继而泪流满面，哽咽无语。看得出他一直在努力控制自己的情绪，但是泪水就是不听话地扑簌簌地落下来。他25岁那年抱着两个篮球泅海从金门游到内地，虽然后来终于与妻子团聚，但父亲在台湾临终时，他却无法去见最后一面。这样的人生遗憾与痛楚，情何以堪？我不忍再问下去了。

常常有人问我，在我采访过的人物当中，谁给我留下的印象最深，我的回答是：王光美。2001年我在她北京的家中采访她，正不知该如何称呼她，她亲切地说："你叫我光美吧，大家都这么叫我。"她先打开衣柜，让我帮她找一件合适上镜的衣服。衣柜中不过十来件当季的衣服，我们都看中了一件天蓝色的毛衣。她忽然想起了什么，找出一条蓝白相间的纱巾，在脖子上一围，问我是否好看。她有着极好的品位，这恐怕与她的出身教养有关。她生于官宦人家，父亲曾留学日本，自幼受到良好的教育，是中国第一位原子物理专业的女性硕士毕业生。她曾获得斯坦福大学和芝加哥大学的全额奖学金，但是思想"左"倾的她成为北平军事调停处中共代表团的翻译，1947年她最终决定放弃留学机会，奔赴延安。她后来嫁给了刘少奇并成为了他已经有的5个孩子的母亲。在"十年浩劫"中，她受到了百般羞辱。我在想究竟是什么力量让她始终和自己的丈夫站在一起。当时多少普通的家庭因为政治原因夫妻划清界限，父子断绝关系，而她却在万人批斗会上从台下冲到台上拉着丈夫的手陪他一起挨斗。那是一种什么样的勇气和感情？这之后12年的牢狱生活，每一天只能够看到窗户缝里的阳光，根据阳光的角度才知道晨昏昼夜。这是一种什么样的人生苦痛？在我采访王光美之际，她的哥哥王光英正巧来访。他先是静静地坐在一旁的沙发上听着，渐渐地激动了起来，忍不住说："光美对少奇，那真是无怨无悔啊！"继而泣不成声。光美忙起身走到他身后，抱着他的头轻声说："别激动,别激动,我都不哭了。你沾我的光也够呛。要不我给你拿一片药吃?"这一幕,让现场所有的人动容。

世事人心,王光美看得太多,经历了太多。出狱之后,看到了昔日丈夫的同事们是如何在判处他死刑的文件上签字。一个人经历了这么多的仇恨与背叛,见识了这么多的丑恶与黑暗,她究竟以一种什么样的心态活过来?我问她:"当初你身边的工作人员中有人教你的女儿唱打倒自己爸爸妈妈的歌曲。你不想知道这个人是谁吗?"王光美说:"我不想知道。如果我要查任何一个人,这个人和他的家人肯定也会遭受不少麻烦。为什么要让痛苦延续下去呢?所以我不需要知道。"我问:"你是'文革'的受害者,有没有想过在这之前的历次政治运动中,你也有可能冤枉过别人?"她应声回答:"那真没准!所以我就是希望中国不要再搞什么运动。呼啦啦地打倒一大片,肯定会冤枉不少人。"王光美的母亲就是因为受到牵连,最后死在北京监狱里的。母亲曾被没收的首饰瓷器,在归还后都被王光美拍卖,并以筹得的资金设立了幸福工程,来帮助乡村的贫困母亲。母亲唯一留下的遗物就是一个已经失灵的老式座钟,那是母亲睡觉时摆在床几上的钟,走走停停。每天早晚,王光美都去给它上弦,仿佛是一种与亲人的对话。

历史选择了人,人创造了历史,这让我着迷。"记录一个人和他(她)的时代",从那时起成为了《杨澜访谈录》明确的追求。

2009年,美国哥伦比亚广播公司《六十分钟》的创始制片人唐·休伊特去世。得知这个消息,我心中怅然若失。一个时代结束了。他让一个电视节目成功播出了35年,连续22年荣登收视率排行榜前10名,在这期间为电视台赚了22亿美元。职业成就、新闻原则和商业利益居然如鱼与熊掌兼得,真不可思议。1952年,他在芝加哥组织报道提名艾森豪威尔为总统候选人的共和党大会时，现场有4位出镜记者，沃尔特·克朗凯特是其中之一。休伊特说："你们四个就是一个接力队，克朗凯特跑最后一棒。"这最后一棒即是英语中anchor一词，以后"电视主播"就被称为anchor。20世纪50年代，美国的电视新闻刚刚兴起，影响力还不能与广播、报纸等传统媒体相提并论。1960年美国总统大选，电视第一次转播了总统候选人的辩论。肯尼迪与尼克松在镜头前的表现最终决定了大选的结果。当时负责转播工作的休伊特建议尼克松化妆，但尼克松因为听到肯尼迪不需要化妆，遂拒绝了这个建议。于是，在电视上，肯尼迪英俊潇洒，衣着得体，沉着镇定，仿佛拥有整个世界；而尼克松面有菜色，汗流浃背，看上去疲于应付，两人形象，立见高下。而很多听收音机的人都认为尼克松占了上风。电视作为新兴媒体的威力开始显现。肯尼迪遇刺之后，休伊特制作了一个特别节目，尼克松也参加了节目录制。当年曾被他回绝的化妆师正在为他化妆。休伊特忍不住说："如果四年前您接受化妆的话，您本应成为总统。"尼克松不紧不慢地说："是啊，不过那样的话，我现在也已经死了。"

　　从未上过大学的休伊特从4岁起就立志成为一名记者，在他眼中只要有一顶呢帽和一件防水风衣，就可以做记者了。当然他的成功绝非一身行头那么简单。他不仅对新闻有着敏锐的嗅觉，为了拿到独家采访，他更是一位不按常理出牌的高手。为了接近访问美国的赫鲁晓夫，他临时加入当地的警察局，获得了在警戒区活动的自由；为了证明使用假冒身份获得证件有多容易，他创造性地使用了隐藏的摄像机；为了让迈克·华莱士表现出更高水平，他说："伙计，我给你打A，你是否能得A+，要不要试一试？"为了揭露烟草公司损害消费者健康的黑幕，他面对威胁毫不退缩，最后是电视台担心被卷入代价高昂的诉讼而让他的节目被禁播一次。而这个故事后来被拍成电影《惊爆内幕》。"你到底要讲一个什么故事？"是他的口头禅。有趣的人，非同寻常的事，同行的竞争，总是能让他兴奋起来。他说："总有年轻人对我说他们如何希望能够成为像我这样的人，我总是回应他们说我也是！"

美国谈话节目主持人拉里·金从业60年。早年他训练采访基本功的方法就是搬把椅子坐在超市门口，随机采访每个进门的人：你叫什么名字？做什么职业？买什么东西？干什么用？你最擅长的事？最烦恼的事？他说，一个好的主持人要做到无论面对何时、何地、何人都能有话题、有问题。而简单的问题，好过复杂的问题。一个这么善于沟通的人却以离婚次数多而著称。他说觉得最对不起朋友的事，就是让他们刚记住他上一任妻子的名字，就又要记新一任妻子的名字！看来这就像医生很难自诊，沟通大师也有盲区吧。

有时在访谈中难免会问及令对方尴尬的问题，我觉得这时诚意很重要。要让对方知道你并非刻意为难，而是更关心事实真相，这样对方才不会拂袖而去。其次，功课很重要，这样才不会让对方觉得对牛弹琴，影响谈兴。第三，当然是随机应变，灵活以对了。采访美国前总统克林顿前，导演和制片人都说，杨小姐你一定要问问他莱温斯基的事情。这让我有些为难，即使是一位离任的总统也应得到尊重，怎么去问人家这种难堪的问题？后来我了解到克林顿离任以后建立了克林顿图书馆，并在图书馆里设立展厅，展示了莱温斯基事件始末。所以我就问他说："通常总统们在自己的图书馆里都会布置那些让自己感到非常骄傲的历史，您为什么要设计这样的一个展示呢？"克林顿不愧是有涵养的政治家，他直面这个问题，谈及他意在告诉后人美国党派之争的恶性发展。我又问道："您在自传里说过，在莱温斯基事件初期您一直是过着双重生活，什么时候您才从这种痛苦中解脱的呢？"他说："当我跟我的妻子陈述了这件事情的真相的时候，我就知道我可以面对大陪审团了。因为我从小生活在一个父母离异、充满暴力的家庭里，我觉得别人不会理解我，我只有自己来处理自己的痛苦和麻烦，所以我一开始拒绝任何人进入我的空间。但是我最终决定把真相告诉我的妻子，我突然觉得我的痛苦解脱了，可以面对任何人了。"

我觉得采访其实像是一次探险，是一种对人心的探险。做专访常常是交浅而言深，一个从未见面的人坐在你面前，短短的半个小时、一个小时的时间，你希望挖掘出一些更深层的东西，人家凭什么要告诉你呢？这就好像你进入一个丛林，你只是大概知道一个方向，并不知道中间会遇到什么河流、什么沟壑，是否会在山穷水尽之际突然柳暗花明，眼前开阔。如果一直能有一份好奇心，访谈就变成一次有趣的旅行。这也是为什么我一直乐此不疲的原因吧。

一问一世界。在探索世界的同时，我们有机会更好地认识自己。在生命的旅程中，其实我们每个人自问的问题可能比问他人的问题更重要，简单的问题比复杂的问题更重要。比如："我是谁？""我从何处来？""我往何处去？""我快乐吗？"美国前司法部部长罗伯特·肯尼迪有一句名言："当我们回首历史，我们要问'为什么'，当我们面向未来，我们要问'为什么不'。"生命有无数的可能性，你的梦想还在沉睡，为什么不把它唤醒？

01

乔治·

比尔·克林顿

星云大师

吉米·卡

你真的
那么有远见吗？

所谓远见，即洞察力，
不是因为它要求当事人有多么聪明，
而在于能否在正确的时间做出正确的决定。

/ 一问一世界 /

亨利·基辛格

李光耀

查尔斯王子

美国前国务卿亨利·基辛格博士曾说过:"真正的远见就是透过迷乱的现实看到未来世界的模样。"他说这话的时候是2002年的春天,在人民大会堂接待厅那幅著名的铁画《迎客松》前,他再次驻足。1972年,周恩来总理就在这里欢迎尼克松总统。曾在这幅画前合影的、拨开冷战的冰霜、回暖中美关系的核心政治人物大多已经凋零,此刻他是否会感到一丝孤独和惆怅?

基辛格博士不是一位好的访谈嘉宾。他毫无表情、语速缓慢、声音低沉、口音模糊,让我担心在他的"催眠"下,观众会不会睡着?当然不会。因为他所代表的历史太重要了。1971年,48岁的他风华正茂,踌躇满志。作为美国国家安全事务助理,他与尼克松总统谋划了远交中国、制衡苏联的战略。他借口腹泻,躲开随行记者的视线,从巴基斯坦秘密飞往北京,履行特殊使命。广袤而神秘的土地、传奇而神秘的领袖、儒雅而智慧的总理,都让这位外交官充满开创历史的兴奋与紧张。

2011年2月,我在北京采访了即将卸任的美国驻华大使洪博培。媒体纷纷预测这位前犹他州州长很有可能是回国为2012年的总统竞选做准备。采访中他向我说起了一个故事:1971年,他当时只有11岁,因其父担任尼克松总统的特别助理而有机会到白宫去参观。这一天他看到基辛格博士正拎着一个公文包向门口的轿车走去。洪博培主动帮博士拎包,还随口问了一句:"您这是去哪儿啊?"基辛格轻描淡写地回答道:"去中国。"而这正是当时美国最大的国家机密!当然小男孩完全不知这个信息的重大历史意义和新闻价值。在当时的情形下,就算他告诉了别人,也没人会相信。我问大使对比当年,现在对外交官的要求有何不同?他说:"大概是沟通吧。当年政治家们可以关起门来进行秘密外交,今天领导人还没见面就要向媒体说明自己要谈判的内容。与公众的沟通意识和能力至关重要。"如果放在今天,那个小男孩很有可能把基辛格的回答挂到微博上。

而在当年,中国领导人虽已有重启中美关系的想法,却苦于没有有效的沟通渠道。毛泽东主席在国庆二十周年时邀请美国记者斯诺登上天安门城楼,就是在向美国释放缓和的信息。不过美国人并没有读懂这一层深意。"我们不像中国人那样善于用隐晦的方法婉转地表达,也不善于从一张照片的排序去猜测对方的深意。斯诺对中国太友好了,我们当时只把这解读为宣传手段。那时中美两国就像是待在同一房间里的两个盲人,互相摸索着想找到对方。"基辛格博士这样说。历史的交会就这样险些被错过。当然,机缘的偶然性可能推迟,但并不能中断历史的进程,就像江河入海,潮流不可阻挡。中美这样的两个大国不可能长期隔绝,这就是政治远见,也是政治常识。《中华人民共和国和美利坚合众国关于建立外交关系的联合公报》的发表奠定了两国关系正常化的基础,这份公报中有关"美国认识到台湾海峡两岸的中国人都坚持只有一个中国的立场,美国对此并无异议"的原则,在英文中选择了acknowledge,而非recognize,巧妙地化解了两国在这个核心问题上的争论,被周恩来称为体现了哈佛水平。而基辛格也对周恩来的智慧深深佩服,他回忆说:"周看了《联合公报》的草稿后说'没有人会相信两个二三十年没有交谈过的人突然在所有问题上都达成了一致。我们最好再写上我们存有异议的地方,这样那几个达成一致的观点就更突出了'。这才是真正的天才之作。"

此时的乔治·布什对两国最高层的秘密外交还蒙在鼓里。作为美国驻联合国的代表,他从中国外长黄华拒绝与苏联大使握手的一幕中察觉到玄机。他作为外交使团的官员随尼克松总统访华时,按级别只能坐在前排靠边的位置。在他的对面,中国前排官员的最末端,坐着一位矮个子男性,他们友好而矜持地相互点了点头。他就是邓小平,当时已经68岁。对中国的强烈好奇让老布什在

1973年谢绝了出任驻英国或法国大使的邀请，要求来北京担任联络处主任。他相信中国代表未来。他与夫人芭芭拉骑自行车周游北京，免费给围观的中国人照相，与他们聊天，由此获得了"自行车大使"的雅号。当他离任，就职美国中央情报局局长时，邓小平还专门设宴送行。席间，邓小平敬酒时开玩笑说："你不会是一直在监视我们吧？即使如此，我们也还是朋友。"

我在缅因州克尼班伯镇沃克角的老宅里采访了老布什。这是一个宁静的滨海小镇，海与天都蓝得透明。一周前，他刚刚以3000米高空跳伞的方式庆祝了85岁生日。他还鼓动前来祝贺的戈尔巴乔夫跟他一起跳，被后者断然拒绝。老布什亲自开着高尔夫球车带我穿过自家的花园，有意思的是在高尔夫球车的前挡板上贴着一行字"不要相信《纽约时报》"，大概是这家偏民主党立场的报纸让他着实不满吧。在他的健身房，墙上贴满了他不同时期的泳装照，有展示肌肉的，也有做鬼脸的，有些造型相当搞怪雷人。"我可以拍照吗？"我问。"那可不行！太丢人了！"他大笑着急忙摆了摆手。他的夫人芭芭拉正带着小狗在花园里散步，并和园丁拉着家常。当年就是在这处老宅边的礁石上，19岁的布什向她求婚。

回到中美关系的话题上，他说："我和邓小平的个人友谊后来在中美关系的重要时刻发挥了作用，避免了两艘大船在夜航中误撞的危险。"他提到的"夜航误撞"指的是天安门事件之后中美关系跌至谷底。美国国会在制裁之余，强烈要求取消中国最惠国待遇。时任美国总统的老布什一方面写私人信件给邓小平，表达自己对这一事件的看法；另一方面也力图说服国会保持与中国关系的重要性。他回忆说："柏林墙倒塌之后，苏联解体，东欧政府纷纷更替。当时很多人预测中国不久就会步其后尘。但我不那么看。中国的改革开放当时已经让中国经济起死回生，社会不再封闭，人民生活有所改善，这样的政府不太可能倒台。如果中国的改革再晚10年，情况就很难说了。"

说起中国的改革开放，新加坡资政、前总理李光耀对邓小平的政治远见印象深刻。2009年，我在新加坡总统府Istana采访了他，这位已经经历过50多年大风大浪的老人，从容淡定。不过他说让他感到惊奇的政治事件只有两个：苏联的迅速解体和中国的改革开放。对30年前与邓小平的会面他记忆犹新："我当时在新加坡设晚宴招待他。他说早年赴法留学时曾途经此地，当时这里脏乱落后。他为新加坡取得的成就向我表示祝贺。我说：'新加坡华人的祖先都是福建、广东不识字又缺少土地的底层农民。真正的知识精英、文化传统都在您那里。我们国小而脆弱，尚能有所作为，你们没理由做不好啊！'邓小平沉默了一阵子，没有回答我。但是当他若干年后南方谈话时，我听说他对干部们说：'我们要向新加坡学习，并且要比他们管得更好。'算是一种回应吧。"我问："如果今天邓小平坐在你对面，你会对他说什么？"李光耀笑着说："我要说，你的成就已经超过了新加坡，祝贺你！"

2010年，中国在全球竞争力的排名上升到第27名，而在20世纪80年代，中国的许多官员还没有听说过这个概念。李光耀记得当年江泽民在上海做市长的时候曾带队访问新加坡，询问新加坡没有什么自然资源，为何能吸引这么多的外资。李光耀告诉他，秘诀就是全球竞争力排名。它是综合性的概念，不仅包括基础设施这些硬件，更重要的是法治环境、政府效率、商业友好、社会开放、劳动力素质等软件因素。他的话给江泽民带来了启发。有意思的是，在上海世博会期间，李光耀先生应邀在上海浦东干部学院演讲，而我则出任主持人。席间，李光耀再次提出法治环境的重要性："上海有了国际一流的城市硬件，要想进一步提升自己，就必须下功夫改善法治、教育、人才这些软件。说句得罪人的话，虽然中国已立法保护合法的私有财产，但现在有不少中国有钱人还是选择把相当一部分财产存在新加坡，就是因为怕有一天政策有变，财产不保。"我追问："那您是希望中国进一步完善法治，让老百姓安心把钱存在国内呢，还是宁可他们存有顾虑，继续把钱存在新加坡呢？"观众都心领神会地笑了起来，已经80多岁的李光耀反应灵敏，他探着身子两眼盯着我，面露狡黠地说："你猜！"众人大笑。言归正传时他预言，过去中国的官员成批去新加坡接受培训，再过10年，就该轮到新加坡官员来中国取经了。

不过即使你有了审时度势的雄才伟略，许多英明的决定也可能完全是误打误撞。美国前总统吉米·卡特在接受我采访时回忆说："中美建交前夕，我瞒着国务院直接领导对华谈判。一天深夜，我在梦中被电话惊醒。我在北京的谈判代表说，邓小平问能否每年派5000位留学生来美。我睡意甚浓，有点不耐烦地说，让他们派10万人来也没问题。"结果这个数字就成为中国赴美留学生的签证指标。这番话让我想起1994年准备赴美留学的我。在北京的美国大使馆排了两个多小时队后，我从一个小窗口递上所有的资料，心怦怦直跳，生怕被面试官拒签，因为我前面的那个小伙子好像根本没轮到回答问题就被拒了。那时我已经辞去了中央电视台的工作，如果被拒签，将意味着被列入了黑名单，以后签证就更难了。正在我忐忑不安之时，签证官抬起疲倦的双眼，打量了我一番，毫无表情地说："我会给你签证，因为我相信你在这里有很好的发展条件，应该不会有移民倾向。"还没轮到我回应，他就在我的申请表上签了字。如果当年卡特总统随口说，那就让他们派5000人来吧，我还会有留学美国的机会吗？想到这儿我不禁莞尔一笑：可见睡觉被吵醒也不一定是坏事。当然，1978年12月15日凌晨，当卡特将中美即将正式建交的消息亲自打电话通知勃列日涅夫等人时，谈话一定不甚愉快。

虽然卡特不一定是最杰出的总统，但他却是最受尊敬的前总统。在卸任之后，他积极投身于国际人道主义援助和国际争端的调停工作，获得了2002年的诺贝尔和平奖。在发表获奖致辞时他说："在当今世界上，虽然交通和通信科技发展迅速，但是这并不意味着人们可以更好地相互理解和沟通。相反我们看到隔膜和分离带来的误解、偏见和仇恨，甚至杀戮。"卡特总统此话是有感而发的。早在20世纪50年代，当时卡特从海军退役回到美国佐治亚州普兰的自家农场。那时的美国还存在种族隔离，美国南方的种族歧视尤为严重。当地的农场主们都要加入一个只有白人能够参加的俱乐部，谁要是对黑人友好就会被排斥在这个圈子外，那么在生意上也就会失去庇护和支持。卡特的母亲是一名护士，曾经常常照顾生病的黑人孩子，这让卡特从小就和黑人孩子一同玩耍，成年后也依然同黑人保持着友好的关系。诚实的卡特不愿意牺牲自己的原则，这让他饱受白人组织的排挤和孤立，几乎到了破产的边缘。他那时没有想到这段经历会最终成为他日后从政的人品背书。卡特写过十几本书，其中有一本名为

《藩篱后的巴勒斯坦》。书中他指出：如果以色列人以为把巴勒斯坦人关在高高的围墙之内就可以获得和平，他们就大错特错了。隔离只会积累怀疑和产生新的仇恨。他的这一观点来自他在中东斡旋的实地考察。在亲犹太势力异常强大的美国政坛，这给他带来了不少的批评，但他坚信自己的主张。这位常常自称是种花生的农民的前总统，一辈子相信只有你对土地诚实，对自己诚实，才能有所收获。最终完成中美建交的他也正是"沟通"的忠实推动者。在这个世界上，对话与沟通是明智的选择，这需要政治远见，更需要政治勇气。

对比那些从冷战时期走过来的老牌政治家，托尼·布莱尔和比尔·克林顿算是小字辈。在他们的任职期间，全球经济一体化带来的新的政治格局"世界是平的"，深刻影响到了他们的世界观与政治理念。托尼·布莱尔是1997年5月开始担任英国首相的，正值香港回归在即，他在一次酒会上主动向中国驻英大使马振岗表示希望亲自参加香港回归仪式。于是我们在电视上看到，对比查尔斯王子和彭定康阴郁的神情，布莱尔的表情是轻松平和的。他在接受我的采访时说："我们不能生活在过去，必须面对现实。我当时的想法是：看，这就是中国。她很快就会成为世界上最强大的国家之一，有一天可能成为最强大的。"当布莱尔执政后，他发现工党的传统信条过分强调政府的功能，不断抬高的社会福利遏制了经济发展的活力。于是他提出了"第三条道路"，即折中传统政治的"左""右"道路，把负责任的政府与有活力的市场结合起来。这一主张受到时任美国总统的克林顿的高度认同。而布莱尔也注意到，中国政府从过去僵硬的社会主义理论转向更加务实的改革开放道路，国家和私营经济之间出现了一种新的平衡。有意思的是，当年朱镕基总理出访英国时，曾开玩笑地称工党的党魁为"同志"。在社会制度改良方面，双方也有异曲同工之妙。

2008年8月，布莱尔在《华尔街日报》上发表文章，称北京奥运会代表一个新纪元，中国的开放进程已不可逆转。随着现代化中国的形象日益清晰，对中国的无知和恐惧会慢慢淡出。权力正向东方移动。布莱尔还告诉我，他的儿子从7岁起就开始学习中文了。

在历史和社会的演进中，政治的理念在"与时俱进"，宗教与社会的精神需求也在变迁。20世纪50年代，台湾地区盛行日本神道教，人们只在超度亡灵时才想起请和尚。年轻的星云大师苦苦思索：佛教不应该"出世"，隐身于山林之间，脱离社会，而应该"入世"，为大众服务，让他们在混乱的局势中有所依靠，在灵魂空虚时有所寄托。以佛教服务于人间的平安幸福，他的"人间佛教"的思想渐渐成形。他提出的佛教理念很有人情味儿：每年把僧人的父母接到寺中相聚，免得相互牵挂；他主持佛教婚礼，祝福新人百年好合；举办幼儿园和学校，让孩子们放学后有安全的去处。他的这些主张深深切合了台湾地区经济高速发展期人们对信仰的渴望，提供了无常世事间的心灵寄托，又借鉴了基督教教会与社区融合的经验，将佛教的社会功能大大提升。他还引入了现代企业的管理理念，都监会、执行长的内部治理机制和民主选举制度让他早早从日常营运中退身，专心于布道弘法。他马不停蹄地绕着地球跑，声称"忙"是一种快乐，也是一种修行，让人生有300岁。如今星云大师创办的佛光会在世界各地有200余所道场、9所美术馆、26所图书馆，信众逾百万。我在佛光山采访他时，正值上千名世界各地的佛光会住持们回山述职培训。与我想象中的宗教团体严肃持重的气氛不同，场内笑声不断，各地住持们在分享这一年中遇到的趣事。我远远地站在门口望了望，正准备离开时，被星云大师发现，唤我上前台跟大家说几句。我不禁开起玩笑来："我这次来佛光山有一重大发现，谁说法师视力不济了，我站在那么老远都被他逮到？"星云大师不紧不慢地说："我想看的就看得见，不想看的就看不见！"众人大笑。

既出世，也入世，这让星云大师面对了不少的争议。有人说他是政治和尚，不仅因为他的很多弟子是政坛中人，也因为他毫不忌讳地对政治发表意见。面对质疑，他总是说："政治是坏事吗？它有关民生，我是问政不干政。"吴伯雄先后两次就参选党主席一事请教师父，星云第一次反对，因为那时的对手是宋楚瑜，二虎相争必有一伤；第二次正值国民党式微，需要有人挺身而出，所以他支持吴伯雄出山。这一退一进，固然显示了星云的政治智慧，同时也是他对弟子的关爱。因为无私，所以潇洒。他告诉世人："世上所有的神明，都来自人的想象。土地公也好，财神爷也好，文昌君也罢，都是人们因为自身的需要创造出来的。信仰不是要求佛为我们做什么，而是增加我们自己行善的力量。人要为自己的行为负责，所谓自作自受是也。"

领先时代并不一定总被欣赏，受到嘲笑倒像是更容易发生的事。英国的查尔斯王子9岁就被立为王储，从那时起，他的工作似乎就是等待。因为他的家族拥有长寿基因，他的等待也就显得特别漫长。我认识他是在三年前的一次慈善晚宴上，他给我的第一印象是友好而害羞的。他的手很宽，骨节粗大，皮肤红红的，有点像农夫的手，这点很出乎我的意料。后来我才知道他特别钟情于乡村生活，常常亲自整理花园，马球等运动也是他的最爱，这些都需要动手。他说过，如果有机会选择自己的职业，他宁可做一名农夫。查尔斯王子说："土壤、树木、动物，都让我着迷。我设立了自己的农场，生产有机食物。我认为重新建立与土地的联系至关重要。我们的孩子不知道食物是从哪里来的，还以为天生就是干干净净地包装起来的。除非我们重新建立与大自然的联系，否则这个世界的生态平衡就会有大麻烦。"查尔斯王子20年前就在自己的宫殿里安装了污水处理系统，收集雨水，用花园里植物产生的木屑加热取暖，还安装了太阳能板。不过人们那时总是嘲笑这位王子，认为他有点古怪，特别是传闻他居然跟自己的庄稼说话，这就更加剧了他不合时宜的印象。不过他似乎已经习惯了。近年科学家证实植物的确会对周围的声音产生反应，我面前的查尔斯王子不无得意，又不无自嘲地低头摆弄着一双大手说："而且这样的蔬菜尝起来味道也会更好。"

他一不做二不休，在2009年发起了热带雨林保护计划，用经济补偿的方式鼓励热带雨林国家保护森林。他的宣传方案有点拿自己开涮的意思：一只三维制作的热带雨林角蛙成为了这个计划的吉祥物，暗合"青蛙王子"的童话故事。有一次在克拉伦斯宫（查尔斯王子的寝宫）举行的晚宴上，有一位英国的企业家向王子建议，等金融危机过了再推出这个项目也不迟，王子突然正色道："我的一生都在等待，想做事就有人阻挠，甚至被揶揄贬低。我受够了。只要是应该做的事就马上去做。况且经济不好时投资环保正可以拉动增长，成本也较低，有助于科技的进步。为什么不做呢？"一贯内敛矜持的王储突然慷慨陈词，让我和其他宾客在感到意外之余也颇为感动。看来他是动真格的了。有统计，查尔斯王子一年要参加的公益慈善活动高达560次，真够忙的！看来王子真的不愿再等待了。他的人生也渐入佳境。

所谓远见，即洞察力，是对历史发展规律的掌握和对未来趋势的预测。它是某种稀缺资源，不是因为它要求当事人有多么聪明，而在于能否在正确的时间做出正确的决定。我们普通人常常觉得所谓国家政策必是基于国家利益的理性论证之结果，而我在哥伦比亚大学国际关系课程中学过的重要一课就是：一个政策的制定过程起码是三种因素相互作用的结果，即国家利益、部门利益和个人利益。就拿美国的军费开支来说吧，地缘政治的考量是国家层面的，国防部的预算关系到部门的权力和与其他部门的关系，而总统和他的主要幕僚们的个人观点和情绪，甚至偶发事件都有可能左右最终的决策。回顾历史中一些重要的政治决策，并不神秘。有时是基于领导人的高瞻远瞩，力排众议，如林肯之解放黑奴，不惜南北交战；如邓小平之改革开放，允许一部分人先富起来；有时不过是审时度势，顺应民意，如奥巴马之当选，是美国公众对布什政府不满的积累和对一位能诠释美国梦的有色民族总统的期待的结果。有时政策并非出自道义选择，而完全是各方势力博弈妥协的产物；甚至是纯属偶然，事后才有好事者穿凿附会，歌功颂德。错综复杂的政治道路足以让人迷失，这让我想到《大学》中所提出的思维过程是非常可取的："知止而后能定，定而后能静，静而后能安，安而后能虑，虑而后能得。"没有对政治终极目标的坚持，也就谈不上把握历史的发展趋势并提供符合人民长远利益的远见了。

/ 一 问 一 世 界 /

"1996年是杨澜最有成就感的一年,这一年她拿了一个学位,生了一个孩子,做了一套节目。这些在别人看来需要思前想后、来回取舍的大手笔,都让杨澜同时给做了,而且做得一气呵成。有歌者吟唱:每个人都是在单行道上寻寻觅觅的跳蚤。而杨澜却驾驭着心灵机车奔驰于生活和事业的'双轨',以更快的速度,在更远的地方,看到了更美的风景。"

双轨

1996年3月18日，星期一，《纽约时报》财经版在头条位置登载了记者马克·兰德勒的报道"At 27, a Talk Star Sets Out To Transform Chinese TV"（27岁的脱口秀主持人将改变中国电视）：

和奥普拉一样，杨澜是中国最受欢迎的电视脱口秀节目主持人之一。1990年至1993年，每周由杨澜主持的《正大综艺》曾是中国收视率最高的节目。但和奥普拉不同的是，1994年杨澜放弃了这条坦途，赴哥伦比亚大学深造，在那里她将获得国际关系专业的硕士学位。在离28岁生日还有两周的时候，杨澜正在计划重返荧屏，她将于今年6月返回中国。杨澜正在打造一档周播的系列节目，这档名为《杨澜视线》的节目旨在关注西方流行文化及其对中国文化的影响。比如，中国人对史蒂芬·斯皮尔伯格（导演）和安德鲁·劳埃德·韦伯（音乐家）的喜爱会对中国文化产生怎样的影响。

秉承精确和负责为生命线，《纽约时报》被誉为具有"报格"的报纸，更被美国精英阶层比作"不玷污早餐桌布的报纸"。在一个早春的星期一，它将几乎半幅版面给了一位来自东方中国的女性，并在文字报道的右上角登载了杨澜的大幅图片。

细心的读者可以发现，杨澜的微笑中透露出一种幸福的母性。是的，此时的杨澜有着双重身份：一个是即将毕业的哥伦比亚大学国际关系专业的硕士，一个是刚刚孕育第一个孩子的准妈妈。对某些人来说，把持好自己的人生，也许不需要技巧，需要的只是天性。在"生活"和"事业"的双轨上正在激情并行的杨澜告诉《纽约时报》："我只是刚刚开始。"

1996年，距离杨澜从中央电视台辞职已有两年光景。当年放弃主持红极一时的《正大综艺》，飞越太平洋，选择到哥伦比亚大学国际和公共事务学院主修国际传媒，在外人看来难以理解，但这却是彼时25岁杨澜的主动选择。也许在她看来，坐在哥伦比亚大学的教室和图书馆里弄懂"地缘政治"等国际事务领域的诸多基础概念，要比站在喧闹的电视演播大厅里主持综艺节目更让她有成就感。

对于入行4年就获得中国主持人最高奖"金话筒"的杨澜来说，更货真价实的成就感来自"做有价值的电视作品"。这个念头伴随走向成熟的杨澜而日趋强烈，当美国人将关注的目光投向杨澜，将她和美国脱口秀女王奥普拉相提并论的时候，这位27岁的准妈妈正在进行着自己毕业作品的拍摄与制作，这部作品就是《杨澜视线》。

《杨澜视线》是杨澜与上海东方电视台合作的电视节目。1994年，当杨澜飞越太平洋来到美国的时候，上海东方电视台一档名为《飞越太平洋》的栏目摄制组也来到了美国，他们在哥伦比亚大学校园里采访了杨澜。在节目组看来，作为一个在中国观众眼里有着很高人气的前央视主持人，杨澜的留学生活显然更容易获得关注，也更容易成就这个节目的创作初衷。正是基于这次的接触，双方决定利用彼此的资源进行进一步的合作，那就是由杨澜担任主持人和制片人，由东方电视台提供播出平台，制作一档向中国观众介绍美国社会与文化的电视节目《杨澜视线》。按照国内电视节目的分类方法，《杨澜视线》属于典型的社会专题片，既有着主持人对人物的"访谈"环节，也有着纪录片的"纪实"风格，而这两种元素的结合恰巧满足了杨澜对于"深度访谈"和"人文纪录片"的喜爱，相比较以前主持过的综艺节目，《杨澜视线》与杨澜的价值标准更加吻合。

但喜爱归喜爱，事情做起来就和喜爱无关了，电视节目的生成除了脑力方面的创意，剩下的只有实实在在的体力活儿。《杨澜视线》正式投入制作是1996年年初，此时距离杨澜毕业只剩下屈指可数的几个月。怀有身孕的杨澜不仅承担着撰稿、主持人和制片人多重角色，还要一个人跟进从选题策划、联系拍摄再到后期编辑的全过程。这样的工作角色和工作量，对于只是从事过综艺节目主持行当的杨澜来说，真的算是以敝帚画西施。从百老汇的音乐剧到美国的老年问题，从好莱坞电影到减肥话题，游走于美国社会与文化的区域，无论与美国社会的精英对话，还是与低层民众交流，杨澜都尝试着将在哥伦比亚大学学会的"国际视角"和自身"与人交流"的天性结合起来。正是这样的尝试，开启了杨澜与"深度人物访谈"的缘分。

就在这个阶段，杨澜采访了包括美国前国务卿基辛格在内的众多知名人士。与大人物们面对面，让杨澜忐忑不安、两手出汗、大脑空空，问出的问题也显得大而笼统，让对方不知所云。但正是这样的尴尬场面，给了杨澜一个快速学习和历练的机会。随后，杨澜有幸采访了CBS《六十分钟》灵魂人物丹·拉瑟和《晚间新闻》主播克朗凯特。对他们的采访，让杨澜看到了新闻同道们对职业素养的捍卫。他们通过"访谈"去探寻真相，运用"观点"来提升栏目品质的风范，使得杨澜确立了自己未来的职业目标——做一名有见解的"记者"，做一名跨文化的沟通者，制作类似《六十分钟》这样富有社会价值和品牌价值的高端电视节目。

杨澜，已不仅是一个电视节目的制作者，还是一个孕育生命的母亲。此时她的身份就像不断发生裂变的细胞，越来越多：制片、策划、导演、主持人、撰稿人、约翰逊教授的学生、未来孩子的妈妈。但杨澜乐此不疲，十分享受这种欢愉的繁忙。

带着身孕进行着超负荷工作，杨澜将这种在两条轨道上同时行进的状态称为"全身心的一种享受"。杨澜患有神经性头痛，严重时需要靠止痛药来缓解。但自从怀孕后，就什么药都不敢吃了，头痛的时候眼泪直流也只能咬牙挺着。但在杨澜内心里，怀孕之初的幸福感从未消失过，无论每天多么疲倦，但腹中的小生命每天会给予她不同的全新体验，这种刺激和新鲜感是一生中最美妙的感觉,是与另外一个生命的奇妙呼应。

1996年5月,是美国这一年中最美的季节,春意盎然的四周让人感到无比惬意。曼哈顿街头的橱窗电视正在转播总统大选,民主党候选人克林顿和共和党候选人多尔正激烈地唇枪舌剑。虽然两人谁能主宰白宫与杨澜无关,但并不妨碍杨澜对他们做出自己的评判。相对于年龄偏大、不苟言笑的多尔,杨澜更倾向于那个口才极佳、有着和蔼笑容的克林顿。而后来的选举结果也证明,克林顿的确更深得美国人心。9年之后,当《杨澜访谈录》对克林顿进行采访时,杨澜发现克林顿并不是为了赢得选票才做出一种亲民的姿态,她所接触的克林顿,是位有着十足亲和力的沟通高手。

就在"准总统"们在电视上各显身手的时候,身穿硕士学位服的杨澜度过了她在哥大的最后一天。在哥伦比亚大学图书馆前举行的盛大毕业典礼上,已有近5个月身孕的杨澜无法和她的同学们一起欢呼雀跃,怀抱鲜花的她和家人一起分享了这个难忘的时刻。

如果说感受美国总统大选对于杨澜只是局外人看热闹,感受媒介在美国的生存变化则需圈内人看门道。就在这一年的2月8日,美国通过了《1996年电信法》,相比《1934年通讯法》,这部新出炉的美国通信和广播电视事业的基本法大大放松了美国政府对广播电视业的规制,使其朝着有利于市场的方向发展。这一政策呼应了传统的广电产业与数字化技术、网络化技术彼此渗透的态势,使得美国的媒介产业在加快自身重组的过程中,加大了向全球扩张的步伐,直接催生了少数媒介巨头。面对媒介市场的风吹草动,相较妻子杨澜对媒介内容制作的擅长,丈夫吴征更具商业先见。这一年刚刚29岁的吴征已经在美国拥有一家合资公司,负责将美国和澳大利亚的电视节目转卖给中国的电视台。1993年年末,吴征的业务迎来了突飞猛进的增长,时代华纳的音乐部门与吴征的Youban娱乐集团签订协议,将一档名为《华纳音乐群星》的节目销售给中国电视台。1996年,华纳音乐集团时任掌门人罗伯特·摩尔加多开始购入华纳持有的吴征公司的股份,与Youban进行了更深层次的合作。就在与东西方媒介机构与商业集团交往的过程中,吴征将妻子担任制作人的52集《杨澜视线》

成功分销给中国51家省级及市级电视台。中国2亿户拥有电视的家庭中，有八成观众看到了远在大洋彼岸的杨澜为中国观众展现的美国百态。

夫妻二人的联手合作，就如同《纽约时报》记者马克·兰德勒的评价：相比在研究生院学到的知识，这种关系对于杨澜的职业未来可能更为重要。

而忙碌奔波的杨澜终于在这一年的7月放下了全部工作，待在家里安心等待小生命的降临。恰在这个时候，她的父亲刚刚结束在美国的学术访问，为了更好地照顾女儿，杨澜父母特意在美国居留了一段时间。在父母和丈夫的陪伴下，1996年10月的一天夜里，在纽约Beth Isreal医院，杨澜诞下自己的第一个孩子。

对于杨澜而言，1996年的纽约秋天是最为迷人的，因为这一年是她最有成就感的一年：拿了一个学位，生了一个孩子，做了一套节目。这些在别人看来需要思前想后、来回取舍的大手笔，都让杨澜同时给做了，而且是一气呵成。

有歌者吟唱：每个人都是在单行道上寻寻觅觅的跳蚤。而杨澜却驾驭着心灵机车奔驰于生活和事业的"双轨"，以更快的速度，在更远的地方，看到了更美的风景。

最美

离开，还是留下？对于杨澜，这从来不是什么问题。

生完孩子的杨澜闲居在纽约的家里，此时邀请她加盟的电话、信件络绎不绝，其中包括CBS等美国主流媒体。按照指导老师、哥伦比亚大学教授唐纳德·约翰逊的想法，他的得意门生完全可以从做出镜记者开始，在美国的电视机构做到类似宗毓华的主播位置。但这只是他的想法而已，杨澜本人去意已决。

作为美国主流电视媒体主播台上鲜见的华裔面孔，宗毓华的职业生涯在20世纪90年代中期达到了制高点，她曾与丹·拉瑟一同担任CBS晚间新闻联合主播，被誉为美国华裔从事新闻职业的最高成就者。但自小移民美国的宗毓华是个十足的美国人，而杨澜是26岁才到美国，早已经拥有中国的思维系统和文化体系，用她自己的话说："我不认为我能够真正变成一个美国人，我觉得自己骨子里的东西已经是中国的了。"她无数次问过自己这样一个问题：通过勤奋工作，你有可能成为宗毓华吗？答案只有一个：没有。

杨澜选择回国是经过深思熟虑的。其中的深层原因，或许也是萦绕在许多飘零智者心头的困境，那就是文化归属。对于身处海外的华人来说，文化归属不是简单的语言问题，它是一套很复杂的体系，是社会环境、群体记忆和个人成长经历的交错缩结。当一种文化占据了一个人最初的认知并形成足够的侵入，那留下的烙印即便时间也难以抹平。杨澜知道她永远不可能用"猪八戒倒打一耙"来和美国朋友开玩笑，因为你解释一个猪八戒，就差不多要把整本

《西游记》讲述一遍，就算这样，美国朋友依然不明白那个猪八戒为何要"倒打一耙"；杨澜也不可能用《小兵张嘎》《鸡毛信》的故事来和美国朋友分享童年乐趣，因为当你讲述那些怀揣着时代记忆的故事时，对面的美国人却瞪大眼睛，质疑着儿童参战的合法性。

文化的差异就在于此。不同的生活背景决定了各自想法的迥异，无障碍的语言交流不等于情感的共鸣，这样的共鸣也不可能通过后天的学习实现。"作为媒体人，不管你的平台多么国际化，最终你和你的观众建立起来的共同情感、共同归属才是最重要的，这是成功的关键。"

此刻的杨澜分外想念曾经陪伴她走过四年的《正大综艺》的观众，想念那些可以与她一起分享小人书、三分钱冰棍、半夜鸡叫等回忆的观众们。当然，让她心动的不只是一张张具象的面孔，而是一个崛起中的国家向世界散发出的强大气场。身处异域的三年让杨澜以局外人的视角关注自己的国家，传媒人的敏锐使得她感知和触摸到了一个古老国度正在发生的伟大变化，这种变化始于她1993年首次参加申奥，数年的时间里中国就好像一个疾行的巨人，步履阵阵激发着杨澜的想象力。在一个伟大的时代里，她再不要做个旁观者，而是要做个见证者和参与者。

面对杨澜的决定，吴征用行动配合着妻子的激情，那就是卖掉美国的房子，举家迁回中国。

那是1996年的圣诞节，纽约依然下着雪。

洛克菲勒中心树立起全纽约最高的圣诞树，历年圣诞节它都作为全城的标志矗立在那儿，享受往来人群的欢呼，更聚焦着1000万纽约人的目光。每年这棵树从哪里砍来、怎样竖起来、上面挂什么样的装饰、设计师是谁，一系列关于这棵树的消息都是纽约人津津乐道的谈资。这棵树就像一张标签，折射出纽约的城市格调；年复一年的仪式也成为一种传承，容纳着一方人群的共同记忆。

即将回国的杨澜想再去看一眼圣诞树，与这个城市做一个心灵的话别。为了预防感冒，还在哺乳期的她被吴征包裹得像粽子一样严实。当两个人终于走近那一棵让纽约人为之骄傲的树，杨澜内心不禁涌荡起难以言说的感慨。"我知道，斯斯文文的你却最渴望冒险，或在高原上与日月热烈地舞蹈……"在1996年完成的随笔文集《凭海临风》中，杨澜写过一首《好孩子》，那首诗其实是在写她自己。很多时候，杨澜觉得自己的生活好像都是非常规范的，被规定好的，而且在别人眼里自己也一直是个顺从的女孩。但实际上，她的内心一直渴望改变，一直向往着探索。

就好像三年前离开北京，这一次离开纽约，又会是一次富有远见的选择吗？

睿智，有时不在于为别人指点了多少迷津，而在于能否在恰当的时候给自己一个正确的选择。就像聪明的登山者，不是一味攀爬，而总是在山麓小憩时，眺望云海去分辨到底哪一座山峰最终将属于自己。

回到国内的杨澜选择停留的山头叫作凤凰卫视。

1997年年底，凤凰卫视为杨澜配备了一个编导、一个统筹，加上兼职策划的曹景行，还有杨澜本人，总共"三个半人"，创办了一对一的访谈节目《杨澜工作室》。在这档节目中，杨澜不仅是主持人，更是制片人。一个"三人半"团队硬生生地将节目做了起来，而且做得很成功，《杨澜工作室》成为当年凤凰卫视收视率最高的节目之一，而且广告收入相当于整个台广告收入的1/10。"两年时间，一百期节目，'三人半'的团队"，这就是《杨澜工作室》的制作简史。

如果说《杨澜视线》让杨澜以制片人的角色初试身手，那么《杨澜工作室》时期的她则已经完全掌握了一个制片人的职业流程。更重要的是，与选题和节目形态都相对杂乱的《杨澜视线》相比，《杨澜工作室》具有了一档品牌节目的核心定位，那就是一对一的高端访谈节目。就在与100多位来自不同国度的嘉宾倾情对话，以自己的价值观与不同的生命个体对接的时候，杨澜从对方的眼神里看到了自己的价值，体尝到了《杨澜工作室》的价值。虽然此时的杨澜并没有成形的核心理念，但近在咫尺的"价值感"足以满足她对电视职业理想的狂热追求。若将《杨澜访谈录》比喻成一个正在经历成长期的生命个体，《杨澜视线》是他的童年期，《杨澜工作室》则是他的青春期。

1999年，杨澜离开凤凰卫视，开始孕育自己的第二个孩子。

时光流走，飞转即逝。一个世纪面临终结，而人类又将迎来新千年的曙光。20世纪末日趋发达的信息科技，让世界传媒领域焕发出了前所未有的生机。2000年，对于很多谋划"走出去"的电视行业英雄们来说，是个不错的年份。伴随着有线网络和数字技术的日趋成熟，中国出台了鼓励组建广播电视集团的政策，发出了行业政策与市场力量互动的先声，一批先行者们怀抱市场经济造就更大媒体发展空间的梦想，走出体制内，开始了充满激情的创业历程，彼时就有原《新闻调查》制片人夏骏从央视辞职，成立银汉传播，承制经营北京电视台七频道的先锋案例。与此同时，依附于技术支撑而兴起于20世纪90年代末的收费电视概念伴随资本的流转也进入中国，它带来的不尽然是对中国人"看电视免费"天经地义老习惯的挑战，也进一步撩拨着先行者们对于电视内容的控制想象。

2000年4月，由香港无线电视台成立的银河卫星广播有限公司取得了"对外固定网络服务营办商"牌照，开始提供卫星电信服务，并竞投香港收费电视牌照。经过近8个月的竞标，香港银河卫星广播有限公司在2000年年底，终于得到政府的许可，成为5个获取收费电视牌照的电视公司之一。而远在内陆的广西南宁，此时也悄然开辟出一个收费频道。

种种迹象表明，中国收费电视似乎有了兴起的趋势，这对于酝酿着将电视文化理想与市场结合的人来说无疑是一个令人激动的消息。一些富有远见的电视人跃跃欲试，这其中就有杨澜。1999年，《还珠格格》红遍大江南北，几乎所有的电视频道都在反复播放。此时的杨澜正处于离开凤凰卫视、回归家庭的时期。在空闲的日子里，每当她打开电视，看到的都是这部清廷格格剧。这种收视狂潮让杨澜看到了中国电视的窘况——频道虽多，但内容却严重同质。习惯对于东西方媒介进行对比观察的杨澜，却在美国看到了另外一种令她惊喜的态势：综合频道日渐式微，专业化频道迎来了发展的黄金时期。2000年以后，美国探索频道在146个国家播放，用户量达到1亿，而在1985年最初成立的时候，其用户量仅为15万。更为不可思议的是，探索频道的现场直播节目在美国的日收视率甚至打破了美国有线电视台的收视纪录，达到12.2，这对于一个专业化的频道来说，无疑是个惊人的数字。

中国鼓励媒介与市场互动的政策佳音，加上境外专业化收费频道成功运营的刺激，让一直怀揣人文梦想的杨澜热血奔涌，她认为电视节目不能简单依靠迎合观众来生存，而应该引领观众获取有价值的内容信息，她相信只要节目做出专业品质和个性内容，就一定会有它的忠实拥趸。

本着这样的信念，杨澜决定成立理想中的电视专业化频道"阳光卫视"，打造中国的History和Discovery频道。面对杨澜的执着，基于同样对历史和文化的热爱，吴征给予了妻子最有力的尊重和支持，不仅拿出启动资金并负责与海外供片商的谈判，还找来自己担任香港亚视营运总裁时的老部下徐小明担任阳光卫视总裁。

为了阳光卫视，有孕在身的杨澜几乎跑遍了港澳办、文化部、广电总局、外交部等相关部门，用最大的热情去说服每一位审批者。关于为什么要做阳光卫视，杨澜给出了两个坚定的理由：第一，从国家文化的角度，阳光卫视不仅要让世界看到政治和经济发展中的中国，而且还要让世界看到一个有深厚文化底蕴的中国在文化上的演进；第二，未来的电视格局应该是分众的时代，每个观众都有个性化的需求。阳光卫视致力于满足部分观众对深度内容的需求，通过记录一个国家的历史文化，制作高品质的电视节目。两个强有力的理由加之杨澜纯粹的热情，让审批者找不到拒绝的理由。终于，阳光卫视拿到了"有限制落地"的许可。

2000年1月，吴征、杨澜投入3500万港元，与友利电讯联手收购了主营建筑的香港良记公司，并将其更名为"阳光文化网络电视有限公司"。"阳光文化"作为上市公司，开始在香港、北京、上海三地布局：香港主要负责节目的包装，北京主要从事纪录片的创作，上海主要是翻译进口纪录片和筹备新版本的《杨澜工作室》。

为了让阳光卫视在卫星上占据好的带宽位置，杨澜亲自与卫星公司谈判。这个时候的杨澜还处于强烈的妊娠反应阶段，对牛奶味比较敏感，一旦有这样的味道飘进鼻子里，就会恶心呕吐。尽管杨澜在开会与谈判期间会尽量克制，但有时候实在忍受不住，只好跑进厕所呕吐。吐完之后，用胭脂粉遮盖满面的苍白，涂上口红，嚼上两块口香糖，回来继续进行。

在杨澜看来，人生中很多道理都是相通的，无论是孕育儿女，还是孕育阳光卫视，杨澜都是在用自己的心血去孕育未知，然后在希冀中等待幸福时刻的悄然降临。"人一辈子总是要做一点自己的事，有的时候可以拉开很长的时间做，有的时候只能强度很大地做很多的事。这是无法选择的，如果机会来了，没有把握住，懒懒散散，那么过去就过去了，年轻时该拼的时候就要拼一下。"艰难仿佛赐予了杨澜永不衰竭的激情，为了自己的电视理想，她最终以无畏的付出，将这股激情幻化成了8月8日那最美一刻的来临。

2000年8月8日夜，香港维多利亚港如往日一样戴上了熠熠生辉的皇冠，照亮香港这颗璀璨的东方明珠，初来乍到的游客们看着迷人的夜景有些沉醉。他们并不知晓，身旁的丽晶酒店即将上演另一个让人沉醉的盛景。

"五千年前的太阳和五千年后的太阳都照耀着我们这个地球，它不但能给人类带来温暖和希望，而且还是整个人类历史发展的光明见证……"当阳光文化网络电视有限公司主席杨澜在向来宾讲述这一段话的时候，亚太地区第一个以历史文化、人物传记为特色的主题频道——阳光卫视开播了。时任香港特首董建华身着庄重的黑褐色西装，满怀期许地将手放在启动仪器上，与杨澜一同按下了启动按钮，连成一片的闪光灯记录下了这个激动人心的历史瞬间。

当晚，站在启动仪式台上的杨澜格外美丽，她穿着一件粉红色的中式上装，上面有半透明的梅花形珠绣，配着St. John的同色长裙。衣服是松腰身的，既合体又舒适，宽松的裙裾恰到好处地包裹着凸起的腹部，勾勒出一种母性的曲线。早在启动仪式开始的几小时前，前来参加仪式的纽约大学电影系主任、香港城市大学创意媒体学院院长崔明慧刚走进会议大厅，就看到了不远处的杨澜。这位善于用眼睛捕捉个性的纪录片导演，一眼定格在杨澜的身上。她迫不及待地用惯有的大嗓门喊道："澜，你是我见到的最美的孕妇！"这个因拍摄纪录片《谁杀了陈果仁》而获奥斯卡奖提名的旅美华人，这个喜欢游走在灰色地带的纪录片导演，不愿将她由衷的赞美拖延一分一秒。率性而为的崔明慧并没有意识到她的喊声引来了那么多人的关注，当时站在大厅里的凌峰、孔祥东、朱哲琴，以及许多电视圈内人士纷纷将目光投向杨澜。

此时的杨澜，就像一个受到上帝垂青的天使，穿梭于人群之中，向众人尽情展示着她的惬意，而这种惬意也得到了周围所有人由衷的接受和赞美。是啊，此时的杨澜拥有着一个女人最为完美的幸福：媒体理想的实现，挚友亲朋的厚爱，更重要的还有牵着手的老公和即将出生的第二个孩子。

在后来的文字中，杨澜对2000年8月8日进行了幸福的回顾："不夸张地说，我感到自己时时沐浴在幸福中，那天几乎所有的人都对我说，'你是我看到的最美的孕妇'，我也毫不谦虚将这些赞美照单全收。不论那以后的道路是多么艰难，我曾经拥有了这样的时刻，已经很知足了。我认为那是我迄今为止最美的一天。"

2000年那一班

新生的阳光卫视裹挟着政治、文化、商业三合一体的热情，将8月8日的利好消息传递给了它的股民，也传递给了彼时大热的网络媒介，当然，还有传统的电视媒介。

2000年8月9日，上海电视台新闻频道编辑部照例一片忙碌，负责接收港澳台新闻信号的实习生金嘉楠忽然在一幅来自香港媒体的资讯画面中，看到了她很熟悉的两个人：一个是面孔慈祥、满头银发的香港特首董建华，一个是脸盘圆圆、穿着粉色孕妇装的主持人杨澜。在一群来宾的簇拥下，他们一起为一个新的电视频道剪彩……

看到香港特首出现，又看到名人杨澜，这位还在上海大学广播电视专业三年级学习的上海女孩感觉"大事发生了"，于是急忙请示值班的资深编辑老师："这条新闻我们要编辑采用吗？"没想到见惯大场面的值班编辑看完整条新闻之后，表现出了与她的资历并不相符的激动："当然要播！杨澜要办电视台了，这是真正的新闻。再者，你看，香港特首董建华都出席了，有他在，肯定能播。"

于是在编辑老师的指导下，金嘉楠开始复制此条新闻的信号，但因为画面上有港台的字幕和LOGO，而且画面质量太差，无法进行编辑加工，怎么办？此时的值班编辑表现出了她高度的敬业精神，一番拐弯抹角的查找之后，她竟然联系上了阳光卫视设立在上海的办事处，进一步联系，竟然又联系上了杨澜在上海的助手朱迪云。

于是，不到一顿饭的工夫，朱迪云亲自将阳光卫视开播的录像资料带送到了上海电视台，金嘉楠加班进行了编辑。就在双方紧密的配合下，8月9日当晚一条长约半分钟、关于阳光卫视在香港开播的消息在上海电视台黄金时间顺利播出。

阳光卫视的诞生就好像一首高亢的歌曲，虽然和那位值班编辑的个人命运无关，但将余音袅袅的激动遗留在了她的脸上。大三学生金嘉楠也许无法理解自己的老师为何为一条新闻如此亢奋，只是记住了她反复给予的忠告：小姑娘，好好干，将来去这样的电视台工作才有出息！

此时的金嘉楠没有想到，一年之后她真的走进了阳光卫视，成为了《杨澜访谈录》的一员。

在1999年至2000年的当口，一份纸媒的新年发刊词有这样一段话："阳光打在你的脸上，温暖留在我们心里。在这个时刻，我们无言以对，唯有祝福：让无力者有力，让悲观者前行。"一如上海电视台那位普通新闻编辑的亢奋，阳光卫视的诞生给这个无趣的时代带来了几多温暖的畅想。是的，阳光，总是为执着者照亮前行的道路，总是为人们内心最柔软的部分送去温暖和关怀，就像巴尔蒙特所说："为了太阳，我才来到这个世界。"

从2000年伊始，很多心中收藏着人文理想的人走进了阳光卫视。远在北京的电影制作人周七月得知阳光卫视成立的消息，是在2000年8月的一期《北京晚报》上。此时已经53岁的他刚刚放弃自己的企业，打算沉下心来重操节目制作的老本行。得知阳光卫视要做中国第一个专业化的人文历史频道，周七月倍感欣喜，他觉得自己应该参与进去，为阳光卫视做点什么。于是，周七月给杨澜写了一封求职信，并托人转交给了杨澜。这封信几经辗转，终于送进了阳光卫视上海节目制作中心——永嘉路387号的小洋楼里。

但凡是阳光卫视的老员工，都会对上海永嘉路387号有着极深的印象。这是一幢有着异国情调的两层联体式洋房，其建筑底层由红色清水砖砌筑，南面中部的大半露台由水泥砌筑。墙面为淡淡的橘黄色，窗框有红砖镶边。大门是阿拉伯风格的曲线形木门，红漆的木门上镶嵌着铁质的横栏，上下交错着，卷曲成藤蔓状的柔美花纹，门前的梯形台阶有五级。洋房的屋顶呈双坡形，由红色半露木构架而成。这样的设计风格，很容易让外面的人误以为这是一个三层的小楼。小楼最早建于1932年，当时是比利时商人鲁义士洋行住宅，后来由上海最大的红色资本家荣家成员之一的荣智勋所有。与这幢小楼相邻的383号，便是宋霭龄的故居。当年，宋霭龄与孔祥熙结婚后，就在这里建造了豪华气派的西方城堡式豪宅。如今，这些建筑已成为那段历史的珍贵遗存。

收到周七月的求职信，处于孕期最后阶段的杨澜很快给周七月打了电话，邀请其到上海面谈。两人的会面是在杨澜家楼下的一家真锅咖啡馆里，这是周七月第二次见到现实中的杨澜。第一次见到杨澜，杨澜还是《正大综艺》的实习主持人，正在上海主持一个节目。那时两人的相遇仅仅是擦身而过，匆匆一瞥。如今再次见面，两人才第一次有所交谈。通过这次的谈话，两人发现彼此之间有着很多投缘的话题。

因为年龄、出身等诸多原因，周七月很早便接触了西方影视界。从北京电影学院电影文学系毕业后，周七月进入了北京电影制片厂，职务是艺术创作中心的导演。从20世纪80年代起，他参与了多部中国内地与香港以及海外电影机构合作的电影作品，其中就有轰动一时的《火烧圆明园》《马可·波罗》《末代皇帝》等，这样的经历使他较早接触到了西方制作的价值起点——人文关照。1987年，周七月受美国帕库拉公司的邀请，来到美国参与《明天早上见》的节目制作。这是周七月第一次美国之旅。然而，他受到的最大触动不是美国先进的节目制作理念，而是美国乡村公共厕所里的卫生纸和水管里的热水。他惊诧地发现：在美国，不管地方有多荒僻，公共厕所里都会提供卫生纸，水管里也会有热水流出。周七月用"恐怖"一词来形容当时经受的冲击："到纽约的第一天，就觉得这里真亮，周围全是灯。经过中央公园的时候，看到一棵树，树上缠绕着很多的小灯泡，真恐怖。"

更早更深地感知东西方文化之间的差异，周七月自然具备了普通人不具备的跨界视野。二十世纪八九十年代，美国CBS制作人苏珊、主持人丹·拉瑟以及有着"美国电视新闻第一夫人"称号的ABC的芭芭拉·沃尔特斯先后来到中国采访，基于对两种体制和两种文化的通识，周七月受美方邀请，担任了"中方顾问"的角色。

美国人选择与周七月合作自有他们的理由。周七月出身于高干家庭，母亲王昆是中国著名的歌唱家，早在延安时期就是远近闻名的"红歌星"，新中国成立后更因扮演《白毛女》里的"喜儿"一角红极一时。父亲周巍峙也是中国著名的音乐活动家、作曲家，后来担任过中国文化部代部长及中国文联主席。当父母被"十年浩劫"卷裹进去的时候，周七月也遭受了长达13年的牢狱之灾。在"监狱大学"里苦读哲学经典，并数次与死亡擦肩而过的他，又遭遇到日渐开放的年代，周七月拥有着常人无以获取的丰富乃至繁杂的直接经验和间接经验。

为了让周七月对这个刚刚成立的公司更有信心，杨澜特意提起阳光卫视北京办事处设在"汉威大厦八层"。但杨澜没想到的是，周七月此前开设的公司恰恰也在汉威大厦。2000年的汉威大厦，是北京CBD核心圈里一座很有"威名"的高档写字楼。对于许多公司来说，进驻汉威大厦就是实力的象征。如果哪家公司将办公地点设在这里，那这家企业的资金实力就毋庸置疑了，要知道汉威的租金皆是以美元来计算的。听了杨澜的话，周七月默默地将自己的名片递了上去，地址一栏赫然印着"北京汉威大厦五层"，两人大笑。机缘，有时候就是这样巧合。

一场投缘的会谈快要结束时，杨澜决定，以周七月对节目价值的理解和他的丰富阅历，目前公司最适合他的职位只有一个，就是阳光卫视上海制作中心的节目总监。加盟阳光卫视之后的周七月和当时负责纪录片翻译的聂梦倩，编导李天、陈艳明、符定华等组成了阳光卫视上海节目制作中心的最初工作团队。

与周七月的"自投罗网"不同，在纪录片界被称为"老爷子"的陈汉元，是杨澜在阳光卫视筹划阶段就请来的元老级人物。早在杨澜的央视时代，陈汉元就担任中央电视台的副台长，这个曾制作过《话说长江》《话说运河》《望长城》等经典纪录大片的老人，是杨澜这一代电视人非常尊崇的一位前辈。陈汉元所具有的高度人文追求、丰富的情感世界，以及深厚的专业功底，促使杨澜专程聘请他来担任公司的高级副总裁，以总编辑的角色，全面负责原创纪录片的规划和制作。

如果说纪录片是时代精神和文化潮流的结合，是时代自然观、人生观、世界观的表现，那么，陈汉元所处的时代恰恰囊括了新中国成立以来，中国纪录片的四个阶段：从政治化纪录片到人文化纪录片，从平民化纪录片再到社会化纪录片。然而，无论身处纪录片的哪个时代，陈汉元的眼里始终关注的都是"一撇一捺"的人，关注的都是他们心灵的放飞和思想的自由。

"一撇一捺"，是陈汉元创作的大型电视纪录片《话说运河》第一集的片名。片中陈汉元把长城比作阳刚、雄健的一撇，把大运河比作阴柔、深沉的一捺，这种比喻正好契合了这两个人造工程的功用和气质——筑造长城是为了设置难以逾越的障碍，而挖掘运河是为了实现最大限度的沟通。从地图上看，中华民族创造的这两大人工奇迹在北京会聚，正好形成汉字里最重要的"人"字。在那个崇尚集体主义，主张将一切个体淹没于集体浪潮的时代，这种对"人"的关照无疑是超前的。让稀薄的人文气息浓厚起来，让人类的灵魂更富有尊严正是杨澜创办阳光卫视的初衷，她力邀陈汉元加盟，自然是希望借助老爷子的满腔热忱，在阳光卫视这个平台上共同记录"人"的壮阔历史。

当以陈汉元为核心的北京团队着手制作不同系列大型纪录片的同时，基于凤凰卫视版本基础上的新版《杨澜工作室》（随后更名为《杨澜访谈录》）也在紧锣密鼓的筹备之中。

2000年下半年，上海复旦大学教师蒋昌建参加了青岛的一次活动，同行的还有上海电视台主持人曹可凡、上海作家协会副主席赵丽宏。就在这次活动中，陈汉元见到了这位令他印象深刻的昔日最佳辩手。1993年，上海复旦大学国政系研究生三年级学生蒋昌建，与其他3位同学代表复旦大学队参加了在狮城举办的首届国际大专辩论赛，当日辩题"人性本善"，复旦大学队以"反方"应对台湾大学队。精彩的自由辩论结束后，作为复旦大学四辩的蒋昌建以高屋建瓴之势慷慨陈词，结尾一句"黑夜给了我黑色的眼睛，我却要用它去寻找光明",被评论为"犹如云层激发出雷电,把整场辩论升华到极高的价值观念境界,可谓气势磅礴",最后蒋昌建荣膺本届辩论会"最佳辩论员"。一时间蒋昌建的发言风靡整个华语圈,他本人也成为影响了一代人的偶像级人物。活动间隙,陈汉元找到蒋昌建:"我给你找个事做,做《杨澜访谈录》的总策划怎么样?"对于陈汉元发出的邀请,蒋昌建有些出乎意料,自己平时参与电视制作的机会不多,谈不上什么经验。但陈汉元却认为蒋昌建很合适,对蒋昌建说:"我看你行。"

陈汉元看好蒋昌建不是没有原因的。最佳辩手的背景意味着缜密的思维和完美的表达力,复旦大学博士的专业背景意味着严谨的学术素养,国际政治系作为复旦大学的强势学科,自然是藏龙卧虎之地,蒋昌建的加盟就意味着《杨澜访谈录》在把控时政领域方面有了顶尖学院派力量的强大支持,这样的策划力量对于维护访谈节目的"权威"与"严谨",维护杨澜秉承的高端访问之定位是非常有利的。

活动后,经陈汉元引荐,蒋昌建在上海永嘉路387号见到了杨澜。

出生于1965年的蒋昌建与杨澜几乎是同龄人,他们之间成长轨迹的并行和交集颇有些戏剧性:1990年,北京外国语学院毕业生杨澜登陆中央电视台《正大综艺》的主持舞台,此时的蒋昌建是一位以安徽芜湖为活动半径的安徽师范大学附属中学团委书记,每周会定时收看《正大综艺》,感觉女主持人"很清新";1993年,《正大综艺》火爆异常,杨澜成为著名主持人,此时的蒋昌建成为上海复旦大学国际政治系的硕士生,随复旦大学队参加首届国际大专辩论会,获"最佳辩论员"称号,杨澜激动地收看了这场狮城对垒,只是感慨这位复旦男生有点瘦,身着的黑西服有点肥;两人都是与大专辩论会有缘的人,1995年,还在美国学习的杨澜受邀主持第二届国际大专辩论会,蒋昌建作为志愿者担任组委会的工作人员,只是舞台上下的两人各自忙碌,没有相识与交流的机会。

当两人通过《杨澜访谈录》再次遇到对方,初次见面全无陌生,就像早已熟识的老朋友。不久之后,复旦大学老师蒋昌建和他的国政系团队成为了《杨澜访谈录》的智囊团。

2001年6月25日，《杨澜访谈录》暨新版《杨澜工作室》在北京昆仑饭店举办了开播仪式。当时《北京青年周刊》的首席记者对杨澜做了一次专访，并写下了这段文字："北京昆仑饭店，杨澜一袭黑色裙装，笑容得体地站在聚光灯下。面对众多赶来捧场的来宾、朋友，杨澜致辞时有些激动，眼睛里有泪花闪烁。背后的大屏幕，放映着从《正大综艺》到现在的杨澜，长发的杨澜勾起人们对往昔的回忆。"

7月，刚刚从上海大学毕业的金嘉楠没有和她的同学一样，选择进入上海电视台等沪上主流媒体，而是将简历投给了阳光卫视，成为了《杨澜访谈录》的助理导演。《2000年那一班》是1996年杨澜在纽约留学期间，与CBS电视台合作拍摄的，以比照中美儿童成长、预设国家前景的纪录片。随着岁月的推进，一些预设总在发生着微妙的变化，那是因为历史总是喜欢宏大叙事，个人的思想和影子充其量也仅是一些细节，微小得如同一个个细胞。但总有一些超越性的情感链接，在细微和琐碎之中投射出难得的时代感。"2000年那一班"就像一句预言，冥冥中将这些《杨澜访谈录》初创时期的达人们聚合，与他们每个人的灵性与远见——签署了千禧之约。

公民杨澜

2001年7月13日，是令全体中国人极端亢奋、充满期待的日子。

就在莫斯科即将揭晓谁将是七年后奥运主办国的前一刻，开播不到一个月的《杨澜访谈录》播出了对时任中国奥委会名誉主席何振梁的专访。在20世纪90年代初期，杨澜就参与了中国申奥活动，并于1993年与何振梁一同经历过摩纳哥蒙特卡洛的失利，近10年的交情使得两人像老朋友一样侃侃而谈。访谈当中，出现频率最高的一个词就是"面子"，关于"面子"，何振梁给杨澜讲述了这样一个故事：一次去危地马拉"争取面子"，该国的奥委邀请他坐上自己开的飞机，为了北京申奥，他将自己的生命交给了这位驾驶技术很差的委员，随他在空中颠簸、摇晃，而且满脸装着笑容和他聊天。为了民族与国家的荣誉，何振梁先生搭上自己的命"争面子"，这个故事让对面的杨澜感慨不已。

这个夜晚的莫斯科能否将"面子"给予中国呢？身为北京申奥形象大使，代表中国即将进行文化阐述的杨澜告诫自己不再去想最后的结果。"把自己忘掉，紧张从何而来呢？"那一刻，杨澜对自己说，"你就是一名信使，把信传达到是你的使命！要把每一个字，每一个词，把那些凝聚了许多人心血的，精简了再精简，推敲了再推敲的字字句句，都打到听众的心里去！"

"在新北京，一个充满活力的现代化大都市，交织3000年的文化宝藏的城市面貌，伴随着象征意象的紫禁城、天坛、万里长城正在向您展开，这个城市有着多样的影院、博物馆、舞厅、各种餐馆和购物中心，正在让您感到惊喜与兴奋。"

那天现场的光线从观众席后射向讲台，令杨澜有些看不清人们的面孔，但她又似乎能看见他们：该笑的地方，他们笑了；该惊喜的地方，他们在深呼吸。

"在我结束前，让我跟大家分享这样一个故事，700年前，当马可·波罗即将离世时，人们问他，'你所描绘的那个叫做中国的遥远而美丽的国度，到底是不是真的？'马可·波罗回答说：'我告诉你们的，不及我看到的一半。'实际上，今天我能够在这里向诸位展示的，也仅仅是正在等候你们的北京的一隅。这是一片神奇的土地，到我们中间来吧。"

从开头到结尾，杨澜的话语节奏显示了作为记者和主持人合为一体的职业练达，一种不再患得患失的放松感让她自己都有些惊讶。也许只有在这样百年一遇、创造历史的时刻，才能让一个"人"的"自信"如此强烈地仰仗她身后一个国家民众的意愿。

杨澜在莫斯科5分钟的英文陈述给全世界留下了近乎完美的印象。这一次，中国终于赢回了大面子。当中国与她的人民享受胜利的一刻时，有外国记者问杨澜："你并不为国家机构工作，甚至也不从事体育，为什么投入这么多时间做与奥运相关的事？"杨澜给出了这样的回答："主办奥运在中国现代发展史上是一件重要的事，中国与世界的融合与贡献，世界对中国的认识和理解，从此都将大不相同。我不仅仅是志愿者，也是受益者。因为我是国家的公民。"

置身于历史与现代纵横交织而成的时空界面，参与国家大事件淬炼出了公民杨澜思维的高度和深度，这种趋势借助《杨澜访谈录》的运行得以不断持续。

对于刚刚开播的《杨澜访谈录》来说，选择受访嘉宾至关重要，因为这位对面的人物将严重左右着节目的深度与高度。幸运的是，《杨澜访谈录》首个嘉宾是原国家主席刘少奇的夫人王光美，能够采访到她，要得益于周七月的私人关系。

为了全方位再现王光美的命运轨迹，《杨澜访谈录·王光美》按照纪录片的思维去策划拍摄，摄制组首先来到北京市中心的百灵寺，在友谊博物馆内拍到了缅甸前总理奈温送给王光美的红宝石项链,正是这份美丽而善意的礼物成为了王光美后来遭人羞辱与折磨的祸端。后又来到翠明庄的宾馆,让服务员回忆当年王光美出狱之后的情形。为了更完整地掌握信息,《杨澜访谈录》打破了一对一的模式,又采访了王光美的女儿刘亭亭。

当周七月带领团队和杨澜来到王光美的家中采访时,采访时间又创造了《杨澜访谈录》的最高纪录:整整4个小时。4个小时的时间里,王光美带领着杨澜走进了一场政治风暴的核心地带。在王光美的身上凝聚着中国当代史最惨烈的一段记忆,重提那段家破人亡的痛苦经历,杨澜在采访前特地对她说:"对不起,可能要引起您那些伤心事。"而王光美却很快回答说:"没关系,你问吧,我受得了。"

"那您挨斗的时候,您站在台子上,他们硬要您穿上旗袍,并把乒乓球串起来套在您的脖子上,您害怕吗?"

"您觉得江青她对您有没有嫉妒的成分呢?"

访谈的过程仿佛泅渡一条波诡浪险的大河,杨澜在王光美充满传奇的人生历程中,看到了聚集在她周围泯灭了人性的恶的力量,又看到了她自内心散发出来的强大的善的力量。当历史的受害者有胸怀去担当起拯救者的角色,旁观者会发现人生的大船需要两种燃料才会走得稳稳当当,那就是王光美赐予《杨澜访谈录》的礼物:和解与宽容。

"我不想去追究,因为如果我追究的话,这个人就要倒霉了。

"我把我母亲的东西给卖了,我说我舍不得,但么多贫困母亲她们都没饭吃,我留这些干什么,我确实就把这些东西给了她们,因为我自己的妈妈好。"

杨澜终于用自己的提问复原了那段不堪回首的历史,也彻底被王光美的"人性"之美所征服。从52期《杨澜视线》到100期《杨澜工作室》,直到此时的《杨澜访谈录》,阅人无数的杨澜仍旧视《杨澜访谈录·王光美》为无法超越的"孤本"。因为嘉宾固有的"典型性"是如此吻合阳光卫视探询历史真相的定位,嘉宾命运的"戏剧性"又如此具备穿透历史的人性力量。历史总是无独有偶。南非前总统曼德拉,曾被关在荒凉的大西洋小岛上27年,受尽了三位看守的虐待。当1991年他就任总统时，他的一个举动震惊了整个世界——邀请这三名前狱方人员到场。当年迈的曼德拉缓缓站起身来，恭敬地向看守们致敬时，在场的所有来宾乃至整个世界，都静了下来。他说："当我走出囚室、迈过通往自由的监狱大门时，我已经清楚，自己若不能把悲痛与怨恨留在身后，那么我仍在狱中。"正是曼德拉博大的胸襟和宽容的精神，使得南非的白人和黑人通过不断的和解来共同建立一个新兴的民主国家。正是这种具有超越性的人性力量引领新生代的《杨澜访谈录》形成了观察历史、揣测人心的态度，包括对痛苦和泪水的处置方式。

在这期以宽容的底色描摹悲惨命运的节目中，流下泪水的不是王光美，而是不期然出现在录制现场的王光英。当他听到妹妹王光美说到自己婚姻的选择时，两人在摄像机前有了一段令人心酸的对话：

王光英：她嫁给少奇同志无怨无悔，我替她担心……
王光美：什么？
王光英：无怨无悔，这话对不对？

看到哥哥动情的泪水，王光美与他拥抱在一起，并抚摸着老哥哥的头说："你说我都没动感情，老哥，你也无怨无悔，你沾我的'光'也够呛，别动感情，我给你点镇静药吃。"

抓拍到这一场面，是周七月的临门一脚，因为面对两位老人的拥抱，摄制组都似乎一起被感动，而忘记了自己的工作，一直站在监视器后的周七月大吼一声，才唤醒了他的团队，但《杨澜访谈录》的镜头并没有推上去用特写暴露老人的泪水，只是用中远景关照了他们沧桑的表情，就如同王光美以优雅的"镇静"对待苦难，《杨澜访谈录》对待浮现于镜头前的"泪水"也保持着一份"控制"的态度。

在周七月看来，美学的至高境界是把情绪控制在宣泄以前，最感人的时候不是受访者泪雨滂沱，而是想哭却又极力压抑的时候。在这一点上，杨澜与周七月有着共同的认知。如同一个富有修养的人，在他人的软肋面前，表现出的不是廉价的同情，而是尊重的空间。这种高级的人文关照从第一期《杨澜访谈录》就开始坚持，并由杨澜在谈话节奏的一起一伏间通过有意识的控制来实现。

从《杨澜访谈录·王光美》采访"领袖夫人"开始，2001年《杨澜访谈录》也开启了自己的"领袖系列"。得益于阳光卫视有限制落地而提供的较为宽松的话语空间，从对"文革"反思到观照台湾民主，穿梭于世界各地的公民杨澜通过访问不同领域的嘉宾，在很大程度上保持了传媒人的独立做派。其中就包括2001年6月《杨澜访谈录》台湾之旅中与华语文坛"意见领袖"龙应台的对话。

从1999年9月开始，龙应台的身份变了，从独立的作家变成了"台北市文化局局长"，从一个批评者变成了一个当政者，她将自己比喻成"挂铃铛的老鼠"和"政治磁场中的一颗身不由己的棋子"。

杨澜：你说40岁以后发现了历史，兴趣不再是直接的或者是简单的批判，而是把事情放在一个更大的坐标里面，那么如果从这个角度来说，你觉得现在在任上所做的工作，还有台北市它这个文化特质，在一个大的坐标里是什么呢？

龙应台：我看有两个坐标，一个是纵的，一个是横的，纵的坐标我会想到你刚刚提到的像康有为，一拨一拨的中国的知识分子，他其实是投入公共事务的争取，对不对，然后看到的是一拨一拨的失败。那么我自己在做的事情会让我想到这其实就是胡适在二三十年代他所说的"好人要进入政府"那个概念的延续，所以它不是一个孤立的现象。

拿李敖的顽童式心态与认真做事的龙应台对比，杨澜问她："你是不是偷偷也有点羡慕？"龙应台回答："这无法羡慕。青蛙与蜻蜓彼此也无从羡慕。"个性迥异的李敖和龙应台共生于岛内，同为文人却有如此不同的生存状态，非常有趣。

两人的谈话最后以"远见"结束。

杨澜：其实台北有很好的文化基础，但是它可能需要领导者有这个远见，以及有一个国际化的一种大的胸怀，但是你发现这个是很欠缺，是不是？

龙应台：非常欠缺。

"远见"实在是个很容易说出口的词语，但是因为它"非常欠缺"，因此要实现它实在是件麻烦事，对于一个打着飞的到世界各地去采访的节目来说，"时差"和"变化"对于计划和远见具有着极强的杀伤力。

相比较出现在《杨澜访谈录》中的政治领袖，对于正处在创业初期的杨澜而言，与享誉全球的商业领袖杰克·韦尔奇的对话更显得过瘾。

在百年企业发展史上，通用电器公司一直在全球各大企业中名列前茅。而在第八任CEO杰克·韦尔奇的领导下，通用电器公司从一家制造业巨头转变为以服务业和电子商务为导向的企业巨人，成为真正的业界领袖级企业。在过去20年的潮起潮落当中，他驾驶着这艘商界的泰坦尼克号不断获得新生，1981年他接任公司CEO时，公司的市值为120亿美元，而到他卸任时，已暴涨到4800亿美元，用"富可敌国"形容它是绰绰有余的，而韦尔奇本人，也被认为是20世纪最优秀的管理者之一。

在纽约曼哈顿的GE总部，杨澜选择从杰克·韦尔奇最初上任CEO谈起。随着问题之间的缝隙不断缩短，她的提问节奏也在不断加速，似乎想急切地看一看这位火车查票员的儿子到底有何过人之处：

杨澜：你是通用电气历史上最年轻的总裁，你当时是否很担心在几个月时间里，进行那么大刀阔斧的改革，会不会成功？

杨澜：在最初的三年里，你犯的最大的错误是什么？

杨澜：一个中年人坐在这么大一个跨国集团首席执行官的位子上，是否有些让人诚惶诚恐？

　　杨澜：但你怎么有时间做那么多事？见那么多的人呢？

　　杨澜：其中哪些错误是你感到无法原谅的？

　　杨澜：在你做的决定中，哪一个对这个企业是最重要的？

　　杨澜：当你解雇员工时，你通常是自己亲自去说呢，还是让别人去说？

　　杨澜：你有没有主观的时候？受主观意识驱动的时候？

　　20世纪中后期，世界工业从大机器时代逐渐过渡到芯片时代，在这个重大变化的过程中，韦尔奇同样带领GE成功转型，使企业继续保持了活力和竞争力。谈及这样的管理神话时，杨澜从企业管理者的角度提出了她的质疑。

　　杨澜：所以你预见到了世界的变化，所以你就事先为你的企业做好了准备，你真的那么有远见吗？

　　韦尔奇：我喜欢思考，是的，我对世界的变化有一些感觉，但我进行改革的真正原因是出于时代的需要，事实上我们很幸运，我们获得了成功。

　　接受杨澜访问时的韦尔奇正是他准备全身而退的前夕，可以说他在《杨澜访谈录》中重新梳理和回顾了自己的管理生涯，也将自己管理的精华理念给予了杨澜。说起初入商海时的"不自信"，他坦然地告诉杨澜："我那时自信远不如今天，假如你在1981年采访我的话，我会很紧张。"

　　面对杨澜，2001年的韦尔奇一点也不紧张了，是的，原因就在于他说的"我很幸运，我成功了"。

　　成功就是世间最大的硬道理，只有这个前提成立，远见才始为远见，否则这位火车查票员的儿子的命运又将是另外一种局面。

　　你真的那么有远见吗？

　　在一个膜拜成功的商业时代，对于依托高扬理想主义大旗的阳光卫视来说，这个问题注定成为杨澜和《杨澜访谈录》的前瞻之问。

中学时期的杨澜　　　　　在央视工作期间

1994年留学美国，在纽约大学参加纪录片研修班

1996年哥伦比亚大学毕业。此时的杨澜已经是一个幸福的准妈妈

2009年采访老布什。在美国历任总统中,老布什无疑是与中国缘分最深的一个,他也在采访中直言中国代表未来

2010年采访新加坡前总理李光耀。虽然已经86岁高龄,在接受杨澜采访时李光耀仍然思维敏捷,一个多小时的采访一直保持着挺直的腰杆

在杨澜眼中，查尔斯王子是友好、羞涩的

和丈夫吴征与卡特总统夫妇合影

杨澜所接触的克林顿，是位有着十足亲和力的沟通高手

与王光美的对话，杨澜用自己的提问复原了那段历史

2010年采访星云大师

02

你不想赢吗？

杨澜问韦尔奇先生：
"你难道在所有的竞争中都必须胜利吗？"
"没错！高尔夫、桥牌，凡是我做的事我都要赢。"
他坚定地回答。
顿了顿，他又带点挑衅地反问杨澜一句：
"难道你不想赢吗？"

/ 一问一世界 /

稻盛和夫

·布兰森

比尔·盖茨

B.C.福布斯

赢的定义让人想到竞争，丛林法则。

我曾两次到肯尼亚的马塞马拉大草原，面对灵巧的汤普逊瞪羚、温顺的斑马、雄壮的大象、悠闲的长颈鹿、冷静的猎豹、威武的狮子、猥琐的鬣狗……我搞不清自己的同情心更应该放在哪一方，是给小豹喂食的母豹还是那只被咬断脖子的羚羊？这片草原的生态比较平衡，植被、食草动物、食肉动物、食腐动物数量匹配，各有领地，各得其所。日出月落，风来雨往，生生死死，聚聚散散，每个种群、每只个体，都顽强生存，也安于宿命。它们要赢，赢得土地，赢得配偶，赢得生育的机会。生存的法则虽然残酷，但动物们并不贪婪，大自然没有浪费：猎豹吃饱的时候即使瞪羚从眼前走过也不会发起进攻，鬣狗咬碎了最后一块骨头，还有甲虫热心地分解掉它们的排泄物。作为一种动物，想赢是常态。糟糕的是人比任何一种其他动物都要贪婪，而且浪费惊人。安然公司的垮掉和2008年以来的国际金融危机就再次证明华尔街的贪婪和破坏力。

我采访杰克·韦尔奇是在2001年年初，那时他还担任着世界最大的公司通用电气的董事长兼首席执行官。采访的场所就是公司纽约总部的董事会会议厅，墙上挂着包括发明家兼第一任董事长托马斯·爱迪生在内的历届董事的照片。这些照片就像一部无言的历史，提醒着继任者砥砺前行。在前辈们或慈祥或严厉的目光注视下，韦尔奇在过去的20年使公司的市值从1981年的120亿美元增长了40多倍，成为名副其实的"经营之神"。而他的六个西格玛质量管理体系在中国也备受尊崇。他从一名工程师成长为公司历史上最年轻的CEO（上任时只有45岁），看透了大公司的官僚拖沓，决定再也不要看那些死气沉沉的计划书，而是要提供计划的人坐在自己的面前。"我要看着你的眼睛，看到你的激情！"于是他把管理层次从9个减少到4个，称之为扁平化管理。他还给自己的经理们定下了标准，那就是每年都要淘汰10%的员工，而且一家分公司要么在同行业竞争中处于第一或第二的位置，要么就会被卖掉。"这不是有意为难他们，没有什么比在一个名列第四、第五的公司里任职更糟糕的了，因为他们会非常沮丧。我认为我们必须有一种求胜的氛围。"甚至有一次他去百货商店买衣服时，还被商场经理拉到角落里问："韦尔奇先生，您认为我有必要每年更换10%的员工吗，即使他们没犯什么错？""没错，你必须这么做。"顾客韦尔奇不吝赐教。"这是不是有点太没人情味了？"我问，"你难道在所有的竞争中都必须胜利吗？""没错！高尔夫、桥牌，凡是我做的事我都要赢。"他坚定地回答。顿了顿，他又带点挑衅地反问我一句："难道你不想赢吗？"

赢，在维珍集团创始人理查·布兰森眼里似乎更是品牌的成功而非单纯的规模或利润指标。为此他曾经不惜代价将已上市的公司撤市。哪里有垄断他就冲向哪里，似乎有种探险家兼侠客的味道。维珍因此进入了食品、保险、化妆品、铁路客运、太空旅行等许多风马牛不相及的行业中，而布兰森本人就像是一个有着极重好奇心的小男孩，四处寻找着挑战和乐趣。"干吗一定要做最大的呢？我要的是最好，有时做第三名、第四名也没什么关系。我认为品牌比利润更重要。"他说。被公认为商业领袖的他居然分不清纯利和毛利的区别，直到有人告诉他把net想象成一张渔网，里面的就是纯利，他才恍然大悟。而平常如果有人向他汇报经营数据，他就问：是好消息还是坏消息？20世纪90年代，他决定出售自己创业起家的维珍唱片以注资挽救不断亏损、前途未卜的维珍航空，在许多人看来，这个行为根本不符合商业利益为先的原则。他回忆说："我已经证明了我经营独立唱片公司可以成功，但还没有证明自己经营的航空公司也能成功。所以我做出了这个决定。滑稽的是，在我痛苦地向员工们宣布了出售公司的决定后，心里非常难过。我在街上跑着，眼泪顺着脸颊流下来。路上经过一个广告牌，上面写着：布兰森出售唱片公司狂赚10亿。我就这样泪流满面地愣了一会儿，然后继续往前走。"

　　布兰森的庄园占地很大，有静静的湖泊和悠闲的天鹅，房子却朴素低调。他发现一家人相处的大部分时间都是待在厨房，如果有很多空房间反而会显得空荡荡的。在这一点，英国人的喜好似乎跟中国人相近，自然朴实的田园生活更令他们向往。不过英国人与中国人不同的是他们崇尚冒险精神，英国人尊敬那些探险哪怕失败的英雄，这恐怕与地理大发现和海外扩张时代有关吧。身价亿万的布兰森身体里流动着冒险的血液，他常常以身犯险。布兰森在家里总待不长，刚刚学会驾驶热气球一个星期，他就试图成为第一个乘热气球横跨大西洋的人。结果中途热气球失控，与他同行的伙伴跳伞，而他被孤零零地困在了高空，绝望地俯视着海洋。幸好命不该绝，他落入海中被正巧在附近的直升机救起。你以为这下他该消停一阵吧？可不久后，他又挑战飞越太平洋的极限。这回他遇上了一股高空气流，时速达到250千米／时，创造了热气球飞行速度的最高纪录。鉴于他热衷于冒险，没有保险公司愿意为他投保，所以他干脆自己开了一家保险公司。还有一次，他在乘热气球穿越中印边境时，热气球被高空气流吹到了中国西藏的军事禁飞区内。面对中国边境部队的警告，他只有拨通英国首相布莱尔的电话求救："拜托你告诉中国军队，我实在无意冒犯，但这该死的风偏偏把我吹到这儿！求求他们千万别开炮！"他说："工作只是我生活的一个部分。我觉得人生只有一次，就是要活到极致！"

　　不知是否是受到了布兰森的影响，一位中国的企业家也常常放下自己的企业，出门进行登山、航海、滑翔等极限运动。这个人就是万科集团的创始人王石。44岁的时候他突然感到左腿剧疼，查出来是腰椎上长了血管积瘤，随时有瘫痪的危险。他一下蒙了，发现原来一直想做却因生意忙而不断推后的事，比如去西藏看珠峰，恐怕再也无法实现了。为了不留遗憾，他决定马上动身，没想到这之后就一发而不可收拾。甚至带动了一批企业家参与极限运动。他曾数次身陷险境，有一次离万丈冰崖只有咫尺距离，让他后怕不已。他数次咒骂着"我要是再来就是王八蛋！"，但还是一次一次经不起远山的诱惑。极限运动不仅是对体能和意志的挑战，更是他了解自然，完善人格，提升智慧的途径。

他知道山峰不是用来征服的，它只是允许你靠近。我采访他的时候是他刚以50岁"高龄"登珠峰归来不久。人又黑又瘦，但两眼精光四射。让我印象深刻的是，他自以为创造了中国人登珠峰的年龄纪录，却在不经意中发现一位70岁的日本男子和儿子一起也从峰顶下来，给正在长野室内滑雪场滑雪的99岁的老爷爷报喜！一时无语。我们一直以来给人生设立的条条框框是那么荒谬，甚至可笑。他告诉我，在一次商界聚会中，一位企业家听了他的故事，深受触动，感叹说："人生还可以这样活，对比之下我们还以每天吃鱼翅鲍鱼当作生活品质的象征，实在太庸俗了。"极限运动不仅给王石带来了全新的生命体验，也让他对人生的轨迹产生了新的认识："我发现登山中不允许你感情用事，必须时时提醒自己保持冷静。而且下山比上山更难，很多人就是因为登顶后太兴奋或大意，以为大功告成，结果酿成悲剧。所以其实在最高峰的时候你不能得意忘形，要到安全返回大本营才算成功。做企业家也是一样，要能够全身而退才是最有智慧的。有一位日本作家写过一句话：评价一个男人，后半生比前半生更重要。"我前后三次采访王石，从他登山，到他60岁之后去哈佛读书，又去英国和以色列的大学进修，我看到的是一位中国当代企业家不断追求精神成长的自我驱动力。更为可贵的，是他身上自省的力量。他说去南极时曾因为怕队友能力不足，拖后腿，就拒绝他们加入。那时他满脑子就是争强好胜，证明自己多么牛X。"回头一想，我真是一个混蛋。"他说。竞争的价值在于为目标共同努力，共同超越，而不是个人逞能。一个不放弃、不抛弃的王石，登上了人生新的巅峰。

要说不断超越自己，日本京瓷集团和KDDI的董事长稻盛和夫算是一位。他与松下公司的松下幸之助、索尼公司的盛田昭夫、本田公司的本田宗一郎并称为日本的"经营四圣"。技术员出身的他完整地经历了日本从"战后"重建到经济奇迹，又到泡沫破裂的全过程，还应政府邀请出手挽救濒临破产的日本航空公司。他出身贫寒，大学毕业时正值"战后"萧条时期，求职竞争非常激烈。像他这样从农村来，没有什么社会关系的人很难找到工作。面对社会不公，练过空手道的他甚至萌发了加入黑社会的念头。进入松风工业公司的时候，企业不景气，发不出工资，别人都在抱怨、罢工，他却因专心研制新产品，被同事们孤立了。晚上在宿舍附近的河边，他会唱起《故乡》，想起父母弟妹都在家乡努力工作，就重新鼓起勇气。后来他创立京瓷，经营工业陶瓷，使企业成为东京证券交易所"日本第一股"。他把"敬天爱人"当作是商业精神和道德准则，并把17亿日元的股份赠予一万多名员工，让公司成为员工的保障。1997年他做出一个惊人之举：到京都圆福寺剃度出家。让他最难忘的是脚踏草鞋，沿街托钵化缘的经历。他初次化缘的那天，脚被磨破了，流着血。正当他拖着疲惫的步伐回寺院的时候，一位正在公园扫地的大婶走近他，往他的钵里放进了100日元，然后说："师父一定很累了吧，路上买个面包吃吧。"稻盛和夫顿时感到全身像被电击了一样，一种无上的幸福感把他包围，泪水难以自禁。他经手的资金何止亿万，但这100日元所蕴含的善把他带上了人生的巅峰。

企业家是个有趣的人群，他们天天和钱打交道，但十有八九不承认钱是他们的第一追求，抑或是我们知道他们的名字时，他们往往已经完成了原始积累，变得有资格谈点钞票以外的事。1917年，只有小学文化程度、身无分文从苏格兰来到纽约的B. C. 福布斯创办了他的杂志，目光盯住了那些在商场上有所作为的人，并把自己的杂志定位为"资本家的工具"。他似乎发现了生意的真谛："做生意不是为了赚钱，而是为了创造快乐。"但是从1982年开始，他的儿子马尔科姆·福布斯开始统计并发布前400名的美国富豪榜，而不是美国快乐榜，可见人还是热衷于可以量化的标准。几十年来，产业轮替，技术革命一方面造就着新的富翁，一方面也让老面孔被迅速忘记。至于那些跌倒了又爬起来的，自然成为商界英雄。随着排位的上上下下，几家欢喜几家愁，最快乐的倒是《福布斯》杂志本身，特别是当广告纷至沓来的时候。马尔科姆开始真的享受起生活来，他在法国买城堡，在斐济买小岛，飞热气球，与伊丽莎白·泰勒约会，收藏复活节珠宝彩蛋，骑哈雷摩托车，但他深知这一切也是为杂志做的最好的宣传。他的快乐由广告商埋单。在《福布斯》杂志总部的大堂里，并排挂着父子的照片：马尔科姆·福布斯穿着皮夹克，骑摩托车，一副西部牛仔的神情；儿子史蒂夫·福布斯西装革履，面带微笑，一派循规蹈矩的气质。与自己的父亲花花公子的作风不同，史蒂夫的乐趣是从政治中寻找到的。他曾两次试图代表共和党竞选总统，都在党内竞选中无功而返，每次白白花掉3000多万美元的竞选经费，让子女们都很不开心。史蒂夫终于买了一条教训：他的快乐必须自己埋单，而他在赢得读者方面比赢得选举更有天赋。对商人而言，没有快乐的生意做不好，可没有生意支撑的快乐也走不远。

《圣经》上说，富人入天堂比骆驼穿针眼还难。18世纪，顺应新兴资产阶级的需求，新教又宣扬合理获取的财富是上帝对善良勤劳者的奖励。人类对于财富的观念真是充满纠结。商场上比的是财富的创造与积累，但是不论你赚了多少钱，你只能是财富暂时的保管者，企业家最后在乎的还是精神遗产。想明白了这件事，19世纪美国的工业巨富卡内基与洛克菲勒先后决定捐出大部分财产成立现代意义上的慈善基金会。卡内基说："在巨富中死去是一种耻辱。"但仅仅捐钱还不够，他同时认为钱应该捐给那些愿意为改变命运而努力的人，所以教育就自然成为他的首选。他在《财富的福音》一文中声明："那种以慈善的名义随意捐钱的人比守财奴还要可恶，因为这可能制造新的乞丐。"

当比尔·盖茨决定捐出400多亿美元的个人资产成立基金会后，他发现捐钱有时比赚钱还难。他提出了做慈善要允许犯错的主张，甚至每年会拿出百万美元做"试点项目"，买的就是错误和经验。他也不忌讳谈自己走过的弯路。他曾捐巨资改善美国的基础教育，却发现吃力不讨好，因为人们对教育的标准有着千差万别的认识，而且很难分清政府的职能与公益组织的作用。于是他把目光投向贫穷国家的公共卫生，通过基金会下疫苗订单的方式给制药企业提供市场，再交给这些国家的政府分发接种，从而形成政府—企业—慈善三足鼎立、相互支撑的模式。股神巴菲特认同盖茨的慈善理念和管理能力，决定把自己400多亿美元的资产分年度逐渐转交给盖茨基金会。因为他相信，把钱交给盖茨夫妇这样既聪明又诚意做慈善的人很放心。

2010年9月，盖茨基金会与阳光文化基金会在北京举办"巴比晚宴"，盖茨和巴菲特与五十几位中国的企业慈善家聚首，谈的就是怎样更"聪明"地做慈善。我问盖茨："过去企业家往往制定遗嘱，在身后捐出财产。你为什么人到中年就决定捐献？"盖茨说："如果你已经死了，怎么知道善款是否得到了善用呢？我认为还是应该在自己年富力强、头脑清醒的时候组建专业的团队。"巴菲特也相信做慈善要趁早，他要在生前就把财产基本捐掉，所以要求盖茨夫妇必须每年把他捐的十几亿美金全部花掉，投入公益项目，不然就不安排第二年的拨款。这下盖茨夫妇立觉责任重大，不禁感叹："挣钱难，花钱更难，花别人捐给自己的钱难上加难！"夫妻俩为此必须全身心投入日常营运。盖茨和巴菲特的领导力不仅体现在投资、创业的巨大成功，也不仅体现在捐赠的巨额数字，而更是一种示范：人可以支配金钱而非成为它的奴隶，人有机会在物质和精神层面都成为富有者。当我问到巴菲特是否在乎后人只记得盖茨基金会而可能忘记他的名字，他笑着说："我根本不在乎人们是否记得一个名字。对于我来说，有一个生活在非洲的孩子不必因为感染疟疾而夭折，就已经足够了。"在盖茨与巴菲特之间，他们两人除了惺惺相惜，也有一点善意的竞争：看谁更聪明！盖茨说他认为巴菲特最不可思议的地方在于他的日程极不饱和！而巴菲特立马就从裤兜里掏出日程本，炫耀似的在我面前哗啦一翻，果真字迹寥寥！言下之意："孩子们，别整天把自己搞得很忙，多给自己一点思考的时间。你们还得学着点！"

有时，赢的定义可以很温暖。

"直到现在,杨澜都深深感谢自己的父亲,是父亲的抉择给予了她语言的优势,并因这个优势得以走进电视主持行业,与东西方的各路精英们谈古论今。杨澜越来越感到掌握母语之外的一门语言,不仅仅是获得了一种工具,而且得到了一种新的思维方式,甚至是被引领进入了一个新的世界,进入一种文化的比较,对于不同世界的一种比较。"

真相

2002年3月的一天，阳光卫视北京制作中心一位名为君达的纪录片编导接到了上海总部的紧急电话，让她放下手头工作，立刻随《杨澜访谈录》摄制组去美国。去美国？君达一时间还回不过神来。

此时《杨澜访谈录》"中美关系特别节目"即将赶赴美国实地采访拍摄，日程安排很是紧张。因为是出国采访，过境时指不定会遇到什么麻烦，所以栏目组想找一个英语好、出入境方便的编导。拥有澳大利亚国籍、在海外留学多年的君达，成了最合适的人选。

这并非《杨澜访谈录》的首次美国之行，但对首次接触《杨澜访谈录》的君达来说却是一次"富有挑战"的工作之旅。《杨澜访谈录》有一家长期合作的美国纽约本地摄制团队，所以一般去纽约采访，《杨澜访谈录》是不带国内摄影班底的。在摄制组完成了首站纽约的采访后，君达一行就坐火车来到了华盛顿。因为美方摄制团队是按照一天10小时计算费用，如果超出10小时，则按照美国的实际工资来支付费用。而此次去华盛顿坐火车就要十来个小时，如果带着这支纽约摄制队去华盛顿，超过10小时的工作时间就要多出数千美金的昂贵费用。所以，在去华盛顿之前，《杨澜访谈录》的制片人就联系了中央电视台驻华盛顿的记者，想租用他们的机器拍摄。然而，到了华盛顿之后，君达才发现华盛顿记者站所用的摄影器材是新闻摄影机，和《杨澜访谈录》视频设备采用的PAL制式无法匹配。在试用机器的时候，又发现这台新闻式摄影机一直无法正确对焦，几经联系寻找，终于在当地的一家中文电视台找到了可以勉强使用的摄影机。

摄影机的问题刚解决，灯光的问题又来了。原来，华盛顿记者站使用的灯光是新闻灯光，其质量标准根本无法达到人物访谈类节目的录制要求。发现这个技术问题的时候已经是深夜了，而第二天下午就要开始录制采访。如果现在打电话让美国纽约的摄制团队赶来，时间肯定来不及，成本上也不允许。没有办法，当时的君达拿起宾馆里的美国"黄页"（电话簿），逐个打给华盛顿的制作公司，一番讨价还价之后，终于在有限的时间内租到了价格合适、质量过硬的专业灯光设备。

第二天下午，《杨澜访谈录》一行出现在了美国前国家安全事务顾问布热津斯基的华盛顿办公室。就在杨澜与布热津斯基进行礼节性的寒暄和问候的当口，摄影师和灯光师早已提前将设备调整到位。"布热津斯基博士，非常感谢您抽出时间来接受我们的访问……"当杨澜的开场白如期响起，一场访谈顺利展开的时候，站在摄影师旁边的编导君达终于吐出了来到华盛顿之后的第一口大气。

与放松下来的君达不同，现场有一个人始终与访问者杨澜的思维一起紧绷着，他就是总策划蒋昌建。作为《杨澜访谈录》2002年大制作"中美关系特别节目"的智囊，此时他手里拿着的是上万字的《布热津斯基访谈策划文本》。作为复旦大学国际政治系的老师，他对布热津斯基的解读更多地来自其英文原版著作。《失去控制：二十一世纪前夕的全球性混乱》主要从宗教和哲学的视野来分析未来世界的形势；《大棋局》则是典型的地缘政治分析方式。对于和自己同样有着"政治学"专业背景的布热津斯基，蒋昌建设置了这样的提问：您为何选择进入蒙特利尔大学的政治学系求学？我们发现有关您的资料，大多是关于您担任国家安全事务顾问时的，对您年轻时候谈论得很少，当时是不是您自己决定要考政治系的？在中国，现在孩子们选择大学的专业都要听取父母的意见，您是不是也问了您父亲应该如何选择？

蒋昌建对这个问题的关注是有意味的。20世纪60年代中期，蒋昌建出生于南部沿海城市厦门，在中国内地还很闭塞的70年代，刚刚看到电视的他同时也看到了"来自海上的信号"。父亲是常驻部队的军人，对他成长影响更多的是做纺织工人的母亲。仿佛是命运的吊诡，一个"宽松"的环境造就出了一个具有"自尊心"的好学生。"自尊"产生的力量驱使着蒋昌建选择了安徽师范大学政治教育系，这位青年人的目的很明确，就是"要在这个领域里成名成家"。他的这个"伟大"的想法在当时太正常了，因为80年代的中国泛滥的不是"金钱和奢侈品"，而是像金子一般璀璨的"理想和主义"。当萨特的《存在与虚无》成为年轻人人手一册的必备读物时，喜欢朦胧诗派的蒋昌建在外文系的资料室又遇到了波德莱尔，一朵《恶之花》给予了他"新的战栗"：原来诗歌也可以这样写！来自外文系的种种新奇又像新一轮"来自海上的信号"，让蒋昌建感喟如舶来品一般的"真相"。

一代人接近真相的方式是如此趋同，当政教系学生蒋昌建流连于外文系英美文学原著和大部头哲学书籍中时，北京外国语学院英美文学专业的学生杨澜将阅读范围渐渐锁定在了与人文历史有关的书籍：尼克松的《领导者》、"美国电视新闻第一夫人"芭芭拉的个人传记、关于两次世界大战的内幕，甚至苏伊士运河危机，这些还原真相的书籍和专题片总是能格外满足杨澜对历史深处的"窥探欲"。

1994年，杨澜远赴美国继续求学，还未来得及在纽约站稳脚跟，哥伦比亚大学就给这位来自中国的好学生来了一次下马威。在国际和公共事务学院开学进行的基础概念课摸底考试中，杨澜得了一个"不及格"。何谓"联合国系统中的几大机构"，何谓"古巴导弹危机中对峙与心理战"等考题，对于一个国家电视台综艺节目主持人来说是陌生的概念，尽管杨澜非常喜欢相关的知识，但感性上的兴趣爱好和建立一个"政治、经济、法律、外交"四维框架的专业能力有着天壤之别。经历过这次魔鬼考试之后，25岁的杨澜开始了一段疯狂填补空白知识的学习历程。

成人的世界观也许不可能被后天启蒙，但可以被补充完善。经过1993年国际大专辩论赛的洗礼，蒋昌建将"最佳辩手"的得来归于自己在复旦大学经历的魔鬼般的阅读与讨论。在教授们开出的长长的书单里，学生们先是认领各自的阅读对象，往往是间隔很短的时间，老师就会开展讨论对话课程。在老师们轰炸式的提问下，那些未被认真阅读的书籍就会自动露出原形。讨论的过程既是对知识的高浓度提炼，又是对表达能力的残酷锻炼，两者相结合的最好效果是催生"创造性的思维"，这个思维是对一名学生知识体系和表述能力的全方位锻造。也只有经过这样的一段"厚积"才会有辩论会上的"薄发"，因此蒋昌建评价复旦的学习训练使得他"敢于站出来，能够说对的话"。

"黑夜给了我黑色的眼睛，我却用它寻找光明！"对于这句17年前被自己引用过的著名诗句，蒋昌建曾经纠结过，比赛前的头一天晚上本不想用这段话，在他看来，其实不讲这段话，结尾也可以完成这个任务，也能赢。但是后来征求队友以及老师的意见，他们觉得还是要用，所以就用了。没想到，两个月之后，这首诗的作者顾城就自杀了。直到今天，蒋昌建还认为"我不该讲这句话，冥冥之中，我不知道，不该讲这句话的"。虽然这次巧合强化了蒋昌建的"纠结"，但在这个"纠结"背后是他对"辩论实质"的探询，相对于外界对于辩论出输赢的观点，他认为"辩论的目的恐怕是以辩论形式充分展开对立双方的观点、相互比照，以利接通趋近真理的线路罢了"。

缘自母亲"己所不欲，勿施于人"的宽容教育，大学时代理想主义的渲染，再经过复旦八年的严谨历练，在接近真理的路上，蒋昌建更趋于谨慎而保守的方向，在这个方向的视野中淡出的是"二元对立"，凸显出来的是"多元融通"，是回复到"人"之个体生命的具象关照，而不是往日对于宏观、抽象和主义的热衷。

不同于蒋昌建经受的来自纸上的阅读与讨论训练，哥伦比亚大学给予杨澜的国际观训练是通过书本加脚底板实现的。哥伦比亚大学国际传媒专业约翰逊教授告诉杨澜："记者最忌一个'懒'字，落在纸上的东西一定要亲自核实，切不可照搬道听途说。"为了完成若干个采访作业，在去往一个个"现场"的路上，杨澜接近着那个真实鲜活的美国。

当她带着平视的眼光去观察的时候，发现美国其实和中国一样，并非天堂，亦非地狱。当她带着平和的态度去和美国国民对话的时候，也收获了探究真相的方式和途径。当纽约世贸中心地下车库爆炸案发生以后，杨澜去采访纽约的一位城市安全问题专家，采访完了之后，他告诉杨澜："你的采访非常好，你真的是为了找到真相，而不是带着自己的观点来找我吵架的。"专家的话对于杨澜是个莫大的鼓励，也在无意之中肯定了杨澜正在成熟起来的新闻价值观，那就是"突破偏见"。尊重个体生命的经验，而不是简单地武断地贴标签，这种能力叫分辨力。它不只去迎合某一种思潮，而是有一种相对清醒和独立的思考能力。

1996年春天，杨澜即将从哥伦比亚大学国际事务学院毕业，经过两年的系统学习与专业训练，此时的她自信地告诉《纽约时报》的记者："在我所处的位置，我要去做一些超越意识形态的事情。"她的这种"超越意识"和总策划蒋昌建的"多元融通"，在制作"中美关系特别节目"过程中实现了契合。

在对布热津斯基的分析中，蒋昌建给予这位嘉宾的定位是"一个典型的冷战老战士"，固执得近乎顽固的"斗士"。当杨澜从布氏《大棋盘》一书中的内容开始提问时，对方的回答完全印证了他的这个特质。

杨：您说中国从根本上来说需要外部世界在资金和技术上的支持，尤其是美国的支持，而非俄罗斯或印度的支持，您的意思是不是说中国更需要美国，而不是美国更需要中国？

布：我的回答可能听上去有些自负、有些霸道，确实，在某些方面中国更需要美国，但是美国也非常需要中国，但是我不会为了讨好中国观众就说："是的，中美两国同样重要，同样强大，同样富有，在技术上同样领先，在军事上同样强大。"因为这并非事实，因此，如果我们的关系恶化，我们双方都会遭受损失，中国遭受的损失可能会大一些，但是我们也会有损失，我们不愿意发生这种事，因此保持稳定正常的关系很重要。千万不要随意夸大问题，比如去年3月击落一架飞机。

杨：不是击落，是撞机。

布：对，是撞机。

布热津斯基对中美关系的态度非常实际,在他眼里国家之间永远利益为重,与私人情谊无干。在杨澜看来,这是一个深谙地缘政治的实用主义者。对于布热津斯基脱口而出的"击落",杨澜马上纠正"不是击落,是撞机"。作为中国记者,杨澜用这种方式表达了自己的观点,在她眼里,"撞机"才是真相,事实不容许口误。

但布热津斯基显然不是口误,而是他的观点。面对各自观点里的"真相",杨澜所能做到的超越就是将双方的观点不带偏见地呈现给观众。

在《杨澜访谈录》"中美关系特别节目"的开场,杨澜评论中美两国是"好了又吵,吵了又好"。在世纪之交,两国关系更是进入了一个跌宕起伏的时代:1999年5月7日,以美国为首的北约发射导弹袭击中国驻南斯拉夫联盟共和国大使馆;2001年4月1日,中美发生撞机事件。2001年"9·11事件"的爆发是个转机,共同对付恐怖主义的袭击使中美两国发现彼此的需要,也使得两国关系出现了改善迹象。2001年10月19日,江泽民和布什在上海参加亚太经合组织第九次领导人非正式会议时举行了会晤;2001年12月27日,布什签署命令,正式宣布给予中国永久正常贸易关系地位,一时间,中美两国的外交上空可谓是"雷暴夹杂着彩虹"。

2002年是美国前总统尼克松访华以及中美第一个《联合公报》发布30周年,布什也选择在2月21日对中国进行了工作访问,很多人乐观地估计这次访问之后中美关系有可能进一步好转,然而事情的发展并不如人们所料。一时间,中美关系错综复杂,吊诡毕现。但作为全世界最重要的双边关系,中美之间的政治演义无疑是所有媒体关注的焦点,《杨澜访谈录》迅速将"中美关系特别节目"的制作计划提上了日程,并列出了一个长长的嘉宾名单:从前总统国家安全事务助理到任期最长的驻美大使,从两国最高学府的知名教授到战略研究所的中美问题专家:布热津斯基、哈里·哈丁、李希光、李道豫、阎学通、西摩·托平。杨澜一一和这些历史现场的当事人、一流的专家学者们对话沟通,从政治、外交、学界等多个层面和视角对中美关系进行观察和剖析。恰如汉斯·乔治·伽达默尔所言:"口含一词欲说之际,你必须知道,它并非一般工具那样，效用不好即可弃之如敝屣。相反，你却被它锁定在一个思路之上。这个思想来自远方，不在你驾驭之内。"一场谈话一旦进入核心地段，所谓真相大门的轮廓就开始变得模糊不清起来，因为它们总爱隐匿于所谓的灰色区域，作为访问者要接近这个区域，有时需要跨越的不仅是历史的空间，还有语言的疆界。譬如台湾问题。

那么在这个中美关系当中最复杂、最敏感，甚至最富有爆炸性的问题背后，到底有着什么样的真相与秘密？《杨澜访谈录》选择布热津斯基作为采访对象是相当有眼力的，因为此人在1977年至1981年期间曾经担任卡特政府的国家安全事务助理，是中美建交过程中卡特与邓小平的中间联系人，并亲自出使北京，最终就台湾问题与中国政府达成了协议。谈起当年签署第二份"联合公报协议"，双方为何要将"对台军售"问题放在一边时，杨澜提问说："你们是不是原本应该可以解决这个问题的？那样的话，很多其他问题就可以避免了。"此时的布热津斯基立马反问道："怎样解决呢？如果是你，你会怎么解决这个问题呢？"当杨澜不置可否，回答"我不知道，你是……"的时候，布氏给出了答案："我们其实解决了这个问题，那就是同意双方保留不同意见，是的，我们向中国政府清楚地表明，即使是在宣读'联合公报'的那一天，我们也这样告诉他们，我们对协约的理解是：我们同意终止防御条约，但是我们依然保留在历史过渡期对台出售武器的权利。"

作为《中美上海联合公报》最核心、最敏感的问题，当年对台湾问题的处置方法是"求同存异"。中国国际问题研究所副所长苏格在接受杨澜采访时，表达了自己的观点，那就是在20世纪70年代冷战背景之下，基于对付来自北方的危险，建立统一战线的国家利益的融汇，才有了互相的妥协，两国政治家运用了自己的政治智慧，"逾越"了"台湾问题"这样一个难关，而实际上台湾问题就是暂时地被搁置了。无论是与历史现场的见证人面对面探求真相，还是聆听国际政治领域专家的深度观点，杨澜个人的观察总是有着英语语言专业上的敏感。在1979年的中美建交公报中，她关注到有这么一个细节，就是说美国"承认"中华人民共和国是中国唯一合法政府，美方用recognize这个词，后边谈到美国"承认"只有一个中国，台湾是中国的一部分时，则用了acknowledge这个词，在翻译成中文的时候，可能两个都是承认，但是acknowledge在英文中也可以翻译成认知，意味着"知道有这么一个现实"。类似于这样在语言上的不同运用，成为"联合公报"在法律文本上的灰色地区，对于它们的不同解释，也成为双方各执一词的一种来源，或者是一种依据。

大到实用主义的传统思维，小到修辞语义上的微妙差异，跨体制、跨文化之间的沟通显然不是可以轻松实现的，而对于中美两个大国之间存在的交流瓶颈，《杨澜访谈录》致力于做的事就是在东方与西方之间亮出这只瓶子。

2001年11月，在中国"入世"前夕，WTO首席谈判代表龙永图在上海接受了杨澜的采访。回顾中国"入世"的艰难，他打趣说："我的英文名字是Mr. Long，所以外国人说，你做的这个事注定是个漫长的过程。"16年的谈判生涯，失望与惊喜并存，挫折催熟了成果。其中最令龙永图感叹的是，在最初6年里，"入世"谈判的焦点竟集中在"中国到底是不是市场经济"上。1986年，根据当时中国的经济体制，中方给出的定义是"市场调节与计划调节相结合的商品经济"，但"商品经济"是英语中并不存在的词汇，如何表达出来才能让对方明白？

杨澜："商品经济"，英文怎么说呢，美国人能理解吗？

龙永图：Commodity economy，英文他们搞不懂。

中美两方的"入世"谈判就像是在自说自话。对于中方翻译的commodity economy，美方谈判代表根本无法理解。直到1992年，邓小平在南方谈话中提出了社会主义市场条件下也可以搞市场经济，中国谈判代表终于找到了一个打破对话迷阵的缺口：将"商品经济"改为"市场经济"。可是"市场经济"之前的"社会主义的"限定词，仍然让对方迷惑不解。他们不知道何为socialist market economy。

杨：那么这个定义他们就能够认同吗，"社会主义的市场经济"是什么意思呢？

龙：我说我们在搞市场经济的时候，更注重social justice，注重社会的公正、公平，所以我们中国一个方面搞市场经济，另一方面搞社会保障体系。

Mr. Long的解释最终得到了美方的认同，双方的谈判才得以继续进行。

语言哲学奠基人维特根斯坦说过这样一句话："语言的边界，是我世界的边界。"游走于两个体系之间做一名沟通者，语言的能力是具备超越性对话的关键因素。杨澜记得当年自己考大学前夕，本打算报考艺术类或者社会学、历史学专业。经过许多的犹豫和彷徨之后，父亲最终帮她做了一个决定。父亲告诉她："你还是去学英语吧。中国正在改革开放，正在逐渐与世界融合。无论将来在哪个领域，英语都会成为一个有用的工具。而且等到你再成熟一点之后，还可以有进一步选择的自由。"于是，杨澜选择了去北京外国语学院学习英语专业。

直到现在，杨澜都深深感谢自己的父亲，是父亲的抉择给予了她语言的优势，并因这个优势得以走进电视主持行业的大门，又在今天《杨澜访谈录》的对话平台上，与东西方的各路精英们谈古论今，从容交流。就在这个过程中，杨澜以对话者和沟通者的姿态推进着中国与世界的融合，也让西方世界和外部世界逐渐加深了对中国的了解。随着工作的开展，杨澜越来越感到，掌握母语之外的一种语言，绝对不仅仅是获得了一种学习工具，而是得到了一种新的思维方式，甚至是被引领着进入了一个新的世界，进入了一种文化的比较，对于不同世界的一种比较。

2002年4月，美国前国务卿基辛格博士率团访华。刚刚结束3月美国之行的《杨澜访谈录》迅速联系上了这位著名的外交家。4月13日，时任国家副主席的胡锦涛在人民大会堂接见基辛格一行，就在胡锦涛和基辛格见面的间隙，杨澜争取到了这次难得的采访机会。80岁高龄的基辛格仍带着他那副标志性的黑框眼镜，矫健的步伐，温文尔雅的谈吐，依稀间仍是那个被尼克松信赖的、有着翩翩风度的国务卿。这是杨澜第二次采访基辛格,头一次是1996年,当时杨澜尚未从哥大毕业。那次访问在杨澜的记忆中是一次失败的经历。在见到基辛格之前,杨澜只是浮光掠影地过了一遍其他媒体的报道,用她自己的话说"那次的采访真是太小儿科了,问题都是八竿子打不着的,无一例外地在结尾希望人家对中国观众说几句话,或者是您在外交事业中最骄傲的是什么等等,都是对任何人都可以问的问题"。六年后的杨澜成熟了,多年的访谈工作让这股成熟又剔透出敏锐和干练。同样的采访对象,同样的国际事务话题,这一次杨澜的切入点竟是2002年年初鲍威尔的中东之行,"1973年的赎罪日战争后,你在中东也有过外交穿梭……"采访后,基辛格给杨澜的打分是"amazing"(令人惊奇)。

基辛格哪里知道,为了这次采访,杨澜几乎通读了他的全部外交著作,查阅了大量历史文献和资料,临场的那份从容是建立在大量的"功课"基础上的。当时采访地点位于人民大会堂,杨澜和她的摄影师们早已准备就绪,听到入口处传来脚步声,杨澜快速迎了过去,结果进来的是基辛格的助理。他告诉杨澜,基辛格博士每次出镜必戴的黑框眼镜落在了他夫人的包里,而夫人南希这时又去了离这里较远的一个会客厅休息,所以采访可能会推迟一下。就这样,原本宝贵的40分钟采访时间又被压缩掉了10分钟。接着助理还提醒杨澜,不能耽误基辛格下面的行程。杨澜只好调整采访计划,她知道基辛格语速很慢,就很有技巧地把一些基辛格容易发挥的问题放在了最后。临近结束时,看到基辛格还在意犹未尽地侃侃而谈,杨澜向他的助理眨了眨眼,意思是"这是你的老板在延长时间"。

面对着这位美国外交政策的"现实主义"设计师,又是中国人民"老朋友"的政治家,杨澜决心将从美国开始的追寻真相之旅进行到底。

杨:正如您刚才所说,上海"联合公报"非常独特,因为它既谈到了中美双方存在异议的地方,也给将来留下了很大的辩论空间,比如说到底是用"认识到"还是用"承认"这个字眼等诸如此类的问题。现在回想起来,您觉得当时有没有可能做得更好一些？

基：不可能了。做"联合公报"起草工作的人总会发现这样两个现象：一是那些没有参与起草工作的人总是觉得他们可以做得更好；二是20年后，总会有人来跟你说你在哪些方面本来还可以做得更好的。台湾海峡两岸的问题不是由"认识到"和"承认"这两个字眼引起的，也许当时我们也可以用"承认"这个词，但这在当时并不称其为问题。

"真相从不简单纯粹"，CBS主播丹·拉瑟曾对杨澜如是说。也正如2002年普利策奖得主艾美·高斯坦所言：成为好记者的两个特征是：好奇与坚持。作为既有着国际视野，又兼具家国情怀的沟通者杨澜，好奇与坚持使得她的超越意识形态之路总是能曲径通幽，柳暗花明。

什么是事实真相？什么又是客观公正的报道原则？媒体记者应以什么样的原则报道事实真相？当哈里·哈丁、托宾、李希光、阎学通等中美一流学府的研究者们在《杨澜访谈录》留下各自精彩独到，又截然对立的观点后，杨澜亮出了自己的观点：那么出路在哪里呢？我们可以看到这些问题的形成是一段长时间的积累，也具有一定的普遍性，绝不是靠一两篇报道或者一两个记者编辑就可以扭转的。在这里我们想说的是：虽然媒体在不断地塑造着公众的舆论，然而在一个成熟的社会当中，公众是不是也应该对媒体有更高的鉴别能力呢？

媒介所提供的见解也许只是一种见解，所有的见解也只是一种偏见而已。那么，真相到底在哪里呢？《杨澜访谈录》的答案是：真相，就在你不断突破偏见而最终掌握的背景之中。

昂贵的"原创"

2002年，走出《杨澜访谈录》演播室的主持人杨澜，瞬间就恢复了她彼时的身份——阳光文化网络电视有限公司董事局主席。从组织"三个半"人的《杨澜工作室》，到拥有"七八条枪"的《杨澜访谈录》，再到管理跨越香港、北京、上海三地制作中心的几百人马，杨澜作为商业公司管理者，考虑的最重要的问题不是做好生意，而是十足电视人的创意——立足国际大视角，在中华五千年历史文明的沃土上，凭借阳光卫视的媒介平台，制作出优质的人文历史原创节目。

杨澜与有着同样CCTV背景，有着同样的原创精神，也有着同样人文理想的陈汉元迅速达成了共识：以创设一家电视台的方式展开创业的蓝图。于是，阳光文化除了在北京、上海、香港分设节目中心之外，又在香港柴湾工业园区内建起了3000平方米的演播中心，雇用近200名香港员工负责节目后期的包装和推介。如此的规模和布局让第一次来到这里的吴征非常吃惊，面对妻子燃烧的创业激情，他第一次产生了不祥的预感：这么"烧钱"可怎么得了。

毕业后就进入央视工作的杨澜，早已习惯了国家级电视台的宏大气势和完备机构：演播厅、转播室、制作部、设备和人员，这是杨澜对一个电视台的基本认识。在杨澜看来，一个播出平台必须具备了这些，才能算合格的电视台，虽然在前期设备和人力成本上投入了巨大资金成本，但基于对文化理想的极度热爱，使得杨澜坚信前方的道路是乐观的。

2000年，阳光卫视诞生之初，刚从澳大利亚悉尼科技大学毕业的北京女孩君达,来到北京节目制作中心担任《百年婚恋》的编导。君达很快被这里的人吸引,在她眼里,他们是极具理想主义的创造者:不只是思考如何将节目做得好看,更倾向于开发一种前所未有过的纪录片形态,而且这种全新形态的纪录片又必须具有极高的历史沉淀,即便若干年后从头再看,依然能领略到超越时代的光芒。他们又是极具"野心"的记录者:所制作的纪录片不仅要记录官方的历史,还要记录草根的历史,既客观真实,又感人至深;既具有本土风格,又要具备国际思维。

君达所参与的纪录片《百年婚恋》是一部系列作品,通过一代名人的婚事情史,回望一百年历史的沧桑变迁。这部长达9集的纪录片耗时近两年,首先从浩如烟海的史料中挖掘素材,经过一轮轮策划会的精心打磨、提炼主题,然后经过编导和摄像的实地拍摄和后期创作,最后才会形成成品节目。作为这部大型纪录片的总导演和总策划,陈汉元将对人的关怀和对历史的解读深度结合,率领着整个团队将每一集节目都打造成了具有经典质地的精品。

除了原创之外,外购节目也是阳光卫视的节目来源之一,如购买美国A&E公司及Discovery等国际多家专题节目供应商的片源,进行后期加工后再播出。正是因为这个机缘,2001年9月,毕业于哈尔滨工业大学科技英语专业的东北小伙毕崑应聘到上海永嘉路387号上班,负责翻译制作外购节目《人物志》。因为具有在北京节目公司工作的丰富经验,毕崑对于自己的工作充满了自信,但这一份新工作还是让他有点出乎意料,他们的加工标准是如此之高:英文版本的节目经过"汉化"(将英文翻译成中文)后,对每一句中文都要仔细修正,以达到"信、达、雅"的标准,在叠加中文字幕时对于位置也有明确的规定,有了美观的字幕之后,还要花钱聘请专业配音人士声情并茂地配音,配了声音还没结束,根据片子的内容板块,还要加上主持人的串场,内容制作完毕之后节目最后拿到香港制作中心再做包装。经过环环相扣的细致流程,A&E的《人物志》才得以在阳光卫视闪亮登场。

坚守高端标准与完美质地,是杨澜对于节目质量线的苛求,也是骨子里追求卓越职业理想的信念使然。每年由哥伦比亚大学校长公布的普利策奖获奖作品，从大学时代起就吸引了杨澜的关注，那些既有着好的故事，又有着好的语言的作品被杨澜视作很棒的精读文本。入读哥伦比亚大学以后，每次路过新闻学院的入口处，在普利策半身青铜雕像前，她常常放慢脚步。作为哥大新闻学院创始人的普利策将媒体人比作"社会守望者"，所创设的普利策奖代表着美国媒体界的顶尖成就，也被全球媒体从业人员誉为新闻界的"奥斯卡"，他将一份探询真相和追求卓越的执着留在了哥伦比亚大学，每年的普利策奖获奖作品成为教授们向学生推及的专业案例，来自母校的专业训练也更加强化了杨澜追求完美的一面。无论是对阳光卫视的原创节目，还是外购节目，她都坚持着一贯的精致路线，而对于亲自打造的《杨澜访谈录》更是精益求精。

杨澜的精益求精对于节目的编导们来说却不是件美妙的事。2001年7月，刚刚进入《杨澜访谈录》的金嘉楠从助理编导做起，任务就是协助正式编导收集嘉宾资料。对于收集资料的量，节目组有着明确的规定，就是至少提供50页A4纸的信息，量够了，质也绝对不可以放松，若中间有重复的信息是不算在其中的。50页的信息包括采访嘉宾之前的专访、新闻报道、书籍、作品等等，简直是对嘉宾的"一网打尽"，但这些收集齐整的信息往往被杨澜评价为"内容泛泛，没有亮点"。

学会寻找和发现人物亮点的过程，是助理导演金嘉楠成长为正式导演的过程，也是她被杨澜的价值观"洗脑"的过程，那就是要学会对一个人的还原。人都不是完美的，还原不是简单赞美式的描述和概括，而是带着独特的人生感悟，去解读嘉宾的内心成长。为了发现杨澜所说的这个亮点，用心的金嘉楠不再刻板地收集50页资料，而是注意在50页的死文字中发现活的细节，连蛛丝马迹也不放过。为了准备2002年4月对台湾音乐人李宗盛的访问，金嘉楠几乎收集了两岸媒体对他的采访报道，并同时在百度、谷歌上面持续搜索，临近搜索终结点的时候，她忽然在一篇私人博客上发现了这样一个故事：当年为了帮助歌手娃娃出专辑，作为音乐制作人的李宗盛把自己的奔驰车给卖了。于是她将这个细节提供给了杨澜。当杨澜拿这个问题询问李宗盛时，他感到很是诧异："嘿嘿，你怎么连这个也知道？"一个动人的小细节却勾起了李宗盛的一番大感慨："因为我很疼爱我的歌手，我觉得我们俩是在一条船上。我认为歌手的未来就是我的未来，我如果能够做成了，这个男生，作为一名歌手，他的生命就可以改观。只要我做对一件事情，只要我写对一首好的歌。"一场面对面的谈话交流，正是有了这样平实又真切的细节参与，才有了谈话节目的情感亮点。

在《杨澜访谈录》的成长之路上，对"串场"的讲究是很有说头的。早在凤凰卫视《杨澜工作室》期间，两个人面对面的干聊在港人看来是很无趣的，为了加快谈话节目的节奏，也为了增加节目的好看度，杨澜和她的团队在"串场"上下了一番功夫，或是增加主持人的出镜，或是插播外拍小片，戏剧性的故事和具有冲突感的细节就好像是调味剂，被撒进稍显乏味的清谈之中。如此的方式被《杨澜访谈录》继续延用，并不断以新的内容构成串场，使得串场所承担的功能也日益重要。若将谈话的行进比喻成一条静静流淌的长河，串场就好似一面突起在河面上的大坝，在这幅浪花激荡的人生断面上，呈现出的是有机叠加的时代背景，抽象升华的人生感悟，牵动人心的戏剧冲突，越过一个又一个这样的"串场"，嘉宾的心路历程才会被一场谈话节目描摹得立体深刻而又生动好看。串场在一档谈话节目中通常由"主持人亮相"或"旁白"组成，表面上看只有数百字，但对于欠缺生活阅历或者深度思考力的年轻编导来说，称得上是一根可以压死骆驼的稻草，因为不是每个人都具备杨澜对人物的快速分析和提炼能力。

如果说资料搜集考验的是编导笨功夫基础上的用心发现，撰写节目串场需要考量的则是编导全方位的人生体悟。杨澜对串联词有着极高的要求，既要以独到的视角切入，又要语句简短且信息量大，还需要有戏剧性的冲突。面对《杨澜访谈录》的高端嘉宾，每一个人物都是某个领域的翘楚，如何将他们的人生用几个串场进行精到的勾连，这让初任编导的金嘉楠一度陷入每临撰写串场，就紧张得失眠的状态。往往是将熬了一宿的串词交给杨澜，温和的杨澜只是慢慢地说："这样写可不行啊。"然后是一句话一句话地修改，最后几乎百分之七八十的语句都被修改掉，这样的失败感总让金嘉楠非常受伤。作为一名善于学习的年轻人，她一直对于杨澜的现场提炼能力保持着好奇，当别人用"聪明"形容杨澜的时候，2002年夏季的新加坡之行让她看到了杨澜聪明背后的"笨功夫"。

从上海起程去机场的路上，杨澜就开始抱着一摞厚厚的资料认真阅读，几个小时飞行过后，抵达新加坡樟宜机场的杨澜还在阅读，只不过手里换了一本厚厚的李光耀传记。因为从出舱口到机场出口有一段距离，推着行李车的杨澜还在抓紧时间阅读。旁边的金嘉楠犯起嘀咕：这次是采访儿子李显龙啊，怎么看的是他老爸的书啊？此时的杨澜完全不理会身边的嘈杂，只顾边走边继续读书，金嘉楠此时注意到由于连日的疲惫，杨澜此时的面孔显得异常的憔悴，行程匆忙让她连墨镜都未来得及携带。直到上了接站的车辆，漫长的阅读过程才告一段落。而就在去往住宿酒店的路上，杨澜又抓紧这个空隙与同行的节目组人员交流了采访细节。

"您父亲曾大力提倡亚洲价值观，但在金融风暴后，它受到了质疑，甚至有人把它总结为CCN：Corruption, collusion and nepotism，即腐败，官商勾结和任人唯亲。你认为有必要重新审视它吗？"2002年8月30日，在新加坡财政部的一个会议厅里，当杨澜与新加坡副总理兼财政大臣李显龙面对面，直截了当地提出这样一个颇具挑战性的问题时，金嘉楠才终于理解了杨澜一路努力的终极目的。

《杨澜访谈录》对人物的解读在一个恒定的系统标准之内，并不是散点式地四面开花。在海量信息之上进行观点提炼，进而完成对嘉宾的"人物分析"，是蒋昌建和他的复旦团队致力去做的核心工作。"明日的创建，今日的改变"是《杨澜访谈录》最初的口号，作为总策划的蒋昌建对节目的期许不仅是"影响有影响力的人"，还有"影响那些想成为有影响力的人"。虽然当时的《杨澜访谈录》处于有限制落地的境况，但他所做的就是依据节目的定位来圈定嘉宾范围，提供人物分析，并从目标观众的心理出发，拟写出采访提纲，给予杨澜更加宽泛而深刻的参考信息。

在蒋昌建看来，一个成功的采访取决于了解对方多少，因此他相当重视初期的资料搜集工作，由复旦大学学者和硕博士组成的团队拥有着丰富的搜索通道：图书馆、报纸、杂志、互联网。对于境外嘉宾，则直接去外媒和原版书籍上获得信息。信息搜集在了一起，如何处理信息呢？在蒋昌建的把控下，随后开始了一项非常重要的工作——人物分析。对资料进行分析，从他的祖先家庭、教育背景、婚姻生活、职业生涯，直至性格特点、价值观念，最后形成几个大的内容板块。接着进入到第三个阶段，那就是提问策略分析，针对每个内容板块召开反复的阅读讨论会，团队成员从各自的思维角度形成不同的问题，然后再由蒋昌建汇总权衡，最后生成由"人物分析"和"访谈问题"组成的策划文本。

此时的策划文本往往只是一稿，杨澜会将自己的观点再补充进来，经过双方反复的沟通，第三稿、第四稿的策划文本会越来越薄，最后在采访现场出现的一定是杨澜本人用A4纸手写的3～4页的提问纲要，这是杨澜在吸纳、判断、剔除、消化各方意见之后，仰仗自己的语言组织、即兴发挥、现场应变、总结概括之核心能力让谈话现场美不胜收的个性脚本。

打造一个专业的访谈现场同样需要高端的技术标准。2001年秋天，做过10年北京电影学院教师的吕毅成为了《杨澜访谈录》的技术总监。军人出身的吕毅学过特技摄影、水下摄影和显微摄影等，在电影学院做老师期间掌握了系统的电影拍摄技术，拍过故事片、科教片、电视剧、广告、卡拉OK、MTV、电视栏目，几乎在各种形态的节目领域中走了一圈，最后走入了《杨澜访谈录》。

虽然没有拍摄过人物访谈类节目，但吕毅并没有感觉到很大的压力，多年的电影和电视拍摄经验，使得他在脑中印刻上了诸多配方一样的艺术技巧，如何将一张脸拍得美一些，还是丑一些，似乎是属于直觉领域的反应。他将人物访谈类节目的现场拍摄总结为三大元素：近景、造型、光。为了将镜头中的杨澜拍得更漂亮，爱琢磨的他就好像在学校里拍摄石膏塑像一样，将杨澜的照片放在机器前面从正面和侧面看了又看，最后他决定改变原来的布光，用光来调整杨澜的脸部轮廓。按照一般人物访谈演播室的布光，主持人和嘉宾的用灯最多是4盏，吕毅的新创意是完全按照电影中人物用光的标准，用3盏灯来雕塑一个人，一个是轮廓光，一个是造型光，一个是背景光，这样主持人和嘉宾就会一共用到6盏灯。

在摄影师和灯光师吕毅的眼里，对杨澜一定不能用侧光，由于长时间的劳累，镜头中杨澜的眼袋会比较明显，一用侧光就会凸显出来。为了更为完美地解决这个问题，每到《杨澜访谈录》开场前的几分钟，吕毅就会利用杨澜在场的机会，抓紧时间按照各种方案调试灯光，一点一点慢慢调试的过程就好像慢慢用光去雕刻一件作品。灯光和镜头的精密配合，为访谈空间的杨澜缔造出了非常理想的形象。

杨澜，一个有着原创情结，却不太具有成本意识的领导者，带领着一群心怀人文理想的电视人，为大中华区第一个人文历史频道的运作付出了昂贵的代价，不仅有巨额的金钱，还有难以用金钱计量的心血和时间。

理想主义者的努力似乎收到了回报：2001年4月，阳光文化2001年第一季度财政收支接近平衡；2001年10月被《福布斯》评为"全球最优200家小企业"之一；2001年阳光卫视广告实收8000万港币，仅次于凤凰卫视。

但是，这一切只是看上去很美。

支持系统

2002年年初，在复旦大学策划团队提供给《杨澜访谈录》的策划文本中，对即将出现的嘉宾——贝塔斯曼全球CEO托马斯·米德尔霍夫，做出了以下的人物分析：

贝塔斯曼是世界五大多媒体产业公司之一，欧洲第二大公司，仅在法国的Vivendi Universal之后。

他拥有世界最大的出版社兰登出版社、欧洲最大的电视广播公司RTL和贝塔斯曼音乐集团。

他的主要任务就是将一个于1835年靠印刷赞美诗起家的公司带入进能够适应股票市场生活的多媒体产业。

贝塔斯曼是个私人公司，因此，并不是透明的，他正在重组。

但是有人对他则不以为然，一个管理层的人说，"他来自外层空间"，他们担心这位CEO。

2002年新年伊始，国际传媒巨头贝塔斯曼集团的董事会主席兼首席执行官托马斯·米德尔霍夫对中国进行了访问，一周时间内他与中国传媒领域的最高主管部门频频接触，为贝塔斯曼在中国市场的业务拓展积极活动，米德尔霍夫还向有关部门表示："贝塔斯曼分布全球的营销渠道将鼎力支持中国的文化产品在海外市场的拓展。"

1月20日，托马斯·米德尔霍夫在上海接受了杨澜的专访。同为传媒产业经营管理者的身份，使得两人的谈话既轻松又深入。当杨澜提及米德尔霍夫的博士论文《信息时代的规划问题》，他惊呼道："你竟然知道！"这篇完成于20世纪80年代的学术文章，暴露了年轻的米德尔霍夫对于新兴媒体的大胆预测和浓厚兴趣。正是在这个思维的支配下，1994年他以贝塔斯曼CEO的身份，带领这个百年历史的家族企业与美国在线合作开展欧洲业务，2001年又收购了提供音乐免费下载服务的Napster公司，21世纪之后的米德尔霍夫又在为争取贝塔斯曼2005年成功上市多方游说。谈到中国，米德尔霍夫充满信心地说："我们有成熟的市场，而在中国我们会看到市场在成长。除了扩大与中国印刷企业的合作，我们甚至希望涉足广播电视业务。"

一方是欲拓展在中国的传媒业务，一方是想将中国的业务扩大到世界，没有经过太多的磨合，贝塔斯曼与阳光文化就达成了书面的合作意向。2002年6月至7月，双方兼并重组的方案已经进行到了连办公室的座位都已经划分好了的阶段，一个跨洲际、跨领域的大型媒体集团即将诞生在世人面前。7月26日，星期五，在德国柏林，杨澜与米德尔霍夫完成了最后阶段的商谈。7月28日是个周末，就在这一天，米德尔霍夫突然被贝塔斯曼集团解职，这位CEO如"外星人"一样消失了。陡转直下的局面让杨澜错愕不已，但也深感无奈。原来在公司是否应该上市这个问题上，作为CEO的米德尔霍夫与家族的拥有者之间产生了重大的不可调和的分歧，积聚已久的矛盾恰好在这一天骤然爆发。

"外星人"消失，阳光文化重归现实。多年之后，杨澜将这一幕称为"充满戏剧色彩"的一幕。但如此荒诞的情节出现在2002年是有其合理性的，就好像米德尔霍夫成为"被革命的革命者"，贝塔斯曼集团的保守派重新坐庄一样，对于"网络"概念的冷落与时代大背景紧密相关。始于2000年的网络泡沫在2001年至2002年愈演愈烈，有媒体这样描述：2000年，或许只是互联网的冬天，2001年却是整个IT业的冬天，2002年，"冬天"再度成为挂在人们嘴边的一个词。信息技术的冬天、电信业的冬天、股市的冬天，一连数个冬天使我们身处的世界变得前所未有地寒冷。这对于以"网络"和"电视"概念出世的上市公司阳光文化显然是一个太过冷酷的发育环境。再加上中国传媒市场仍然处于有限度开放，此时的阳光卫视无法实现在中国珠三角地区的落地，广告来源自然受限。中国内地有线电视收费平台的缓慢推进更是粉碎了杨澜先前的乐观估计，依靠有限的收视用户，阳光卫视根本无法维持自身的生存。

一面是经营的困境，一面是烧钱的理想，永远尊重妻子精神追求的吴征，就内容制作方面第一次有了自己的独立意见。在他看来，在这个"内容为王"的时代，实现电视节目的差异化、品质化可谓势在必行，但就生产模式而言，吴征并不赞同杨澜的"原创"概念。作为一个成熟的商人，吴征考虑的是在确保节目质量的同时还能做到成本控制，毕竟原创要面对未知的风险和巨额的负担。对于一个刚成立、尚未成功落地的电视频道，比较适合的赢利模式是用低价格购买电视节目，"很多节目可以买，干吗要自己辛辛苦苦做呢？自己做，成本那么大，靠广告短期根本就无法回收。"面对丈夫的异议，杨澜依旧是对理想的坚守："我们要耐得住寂寞，一个卫视频道总要有生长期。"

但生长期的延长需要的是巨额资本的投入。面对妻子的执着，吴征还是妥协了。看到妻子为新生的阳光卫视所付出的心血，吴征下定决心，准备通过资本运作为杨澜解决最为关键的资金问题，他不能眼看着爱人的理想之行，因金钱的羁绊而步履蹒跚，于是就有了后来的"光水合作""阳光四通"等系列的跨界合作。吴征进行的资本运作，并不是单纯的财富"滚雪球"，这其中都有一个归根结底的目的，就像他面对《世纪经济报道》采访时坦言的那样："只是想给杨澜一个更稳定的舞台。"

窗外的世界风急浪险，上海永嘉路387号优雅依旧，走进这里的杨澜总是能够拥有片刻的轻松，因为这里有着她最爱的《杨澜访谈录》团队。此时经营着这个温暖大家庭的是2001年年底加盟进来，自称"大管家"的第二任制片人郝亚兰。

从一名工人到英文专业大专生，再从大专到四川外语学院研究生，郝亚兰的进取之路充满了川妹子的辣味。研究生毕业后，郝亚兰被分配到四川省广播电视厅担任翻译，外表柔弱的她工作起来是一派雷厉风行，圈内人称

"郝姑娘"。由于工作出色，后又调入四川电视台体育部工作。1993年，四川电视台与印度托拉斯电视台合作，拍摄纪录片《南方丝绸之路》，郝亚兰作为翻译兼领队踏上了这条绵延千年的古道。一路上，郝亚兰事事亲力亲为，前前后后招呼着整个团队，使得随行的编导和同事们领略到了"郝姑娘"又泼辣又细腻的工作风格。20世纪90年代初期的中国电视界还没有"制片人"的称谓，而此时，跟随拍摄组艰苦跋涉的郝亚兰还没意识到，自己已经在担当制片人的角色了。

摄制组沿着恒河一路行走，不久就到了古城瓦腊纳昔。这是在印度教徒眼里可以洗脱一生罪孽的圣地，很多人千里迢迢赶来，就为了在河水中沐浴一番，以求得心灵的纯净。还有一些自知时日无多的人也悄悄来到这里，他们端坐在岸边，虔诚的双眸望着远去的夕阳，等待着最后时刻的降临。这些人死后，他们的家人会将遗体就地火化，然后将骨灰撒入河中。那一刻，生命与圣河一体，灵魂为天神接纳，从此永不分离。为了再现伟大的恒河文明，摄制组雇用了一条船行驶在恒河上拍摄。远处，尸体火化的味道不时飘过来，空气中飘散着一股甜腻腻的味道。似乎是要考验一下这位女领队的胆量，一位四川电视台的领导"挑衅"似的对着郝亚兰喊道："郝姑娘，敢不敢跳？"郝亚兰毫不示弱："谁借给我衣服穿？"这边刚一答应，一转眼的工夫，郝姑娘已经跃入恒河的怀抱，享受着圣河的洗礼了……

瓦腊纳昔之行，对郝亚兰来说是一场别开生面的新奇之旅，不仅让她初次体尝到了一个团队管理者的滋味，也让她对于遥远的宗教和生死的轮回有了更深刻的体味。回国以后，郝亚兰写了一篇颇有意味的文章：《瓦腊纳昔，生与死的分解》。

也是在1993年，在第二届四川国际电视节管理翻译团队的郝亚兰与担任评委、时任中央电视台副台长的陈汉元相识，郝亚兰和她的团队以极其出色的表现，圆满完成了电视节评选的翻译工作，"郝姑娘"不仅让陈汉元称赞不已，也让所有参加电视节的国内外专业人士竖起了大拇指。出色的英语沟通能力加上管理团队的能力，这个不简单的川妹子给陈汉元留下了非常深刻的印象。当2001年《杨澜访谈录》需要新任制片人的时候，他第一个向杨澜推荐了郝亚兰。

在北京的一家餐厅里，郝亚兰和杨澜正式见了面，性情的投缘让两个女人颇有些心心相印的感觉，更有趣的是，最让郝亚兰喜欢的，是杨澜身上的"泼辣劲"，两个能干的女人彼此有了很好的第一印象。谈起未来的合作，郝亚兰很直接地说出了自己的想法："我就先试三个月。如果在这三个月中，你要是觉得我不合适，就直接和我说。如果我干不了这事，我不能待在这耽误大家，就这样定了，好吗？"杨澜相信陈汉元的眼光，也更相信自己的第一感觉，眼前这位有着大姐风范的女人就是自己要找的"管家"。

郝亚兰做出这个选择并不容易，一个是她的人事关系都在四川广播电视系统，丈夫也在成都工作。放弃原有的工作，远离亲爱的丈夫，对于任何一个女人都是需要三思之后再三思。但"郝姑娘"就是"郝姑娘"，先是和领导反复沟通，快速办理了停薪留职手续，丈夫这里也给予了妻子最充分的理解和信任。2001年12月的一天，郝亚兰登上了飞往上海的班机。透过舷窗，看着渐渐远去的川蜀大地，想起从此将与恩爱的丈夫天各一方，心头的依恋难以名状，但似乎是为了一个承诺，又似乎被一个新世界所吸引，四川女子郝亚兰风尘仆仆飞到了黄浦江畔。

走进永嘉路387号，郝亚兰就被这座小洋楼深深吸引了，别致的金属围栏，古雅的花纹雕饰，与郝亚兰想象中的阳光卫视之格调非常相符。温馨的环境慢慢消解了她心中的一丝忐忑。来到办公室，和所有人打招呼，看到的是充满真诚的笑意，听到的是四面八方的口音。郝亚兰忽然被一种纯粹的温暖所包围，就像当年跃入恒河那一瞬间的紧张过后，在圣水中享受到的是超越一切的精神愉悦。直觉告诉她，这里是一个可以踏实做事情的地方，是一个可以制造梦想的工坊。作为《杨澜访谈录》幕后的管理者，郝亚兰将自己定位成"大管家"，那就是全力以赴为这个家庭的主人——杨澜做好排忧解难的工作。先是从人力资源管理入手，她借鉴自己管理三届四川电视节翻译团队的具体经验，细致地发掘着身边每一个人的潜力和能量。

郝亚兰就任制片人的时机，正值《杨澜访谈录》编导大换血，为了更快地培养新的合格的编导，她将搜索的目光放在了内部人员之中。当时还是"跑龙套"的助理编导金嘉楠做事很是刻苦，而且郝亚兰发现，这个小女生在用心工作的同时，还能对收集到的资料进行分析，然后得出自己的结论。在郝亚兰看来，做电视编导不见得一开始就要懂行，重要的是有没有积极的心态和出色的悟性；而金嘉楠的认真劲儿，让郝亚兰眼睛一亮。当她得知金嘉楠此前在上海电视台有过编辑新闻片的基础，就更坚定了她培养金嘉楠独立编片的决心。面对这样一档高端访谈节目，金嘉楠露出了乖孩子的胆怯："郝老师，我不敢。"而郝亚兰却拿出了强硬的口吻："你必须要上，现在不上，永远上不去，你现在就得编。"强令之下，金嘉楠只好硬着头皮答应下来，而当她看到自己承接的第一档《杨澜访谈录》的标题时，不禁目瞪口呆。《回眸2001》——《杨澜访谈录》2002年的开年大作。当金嘉楠快速融入角色并发挥主动性的时候，才发现先前的用心积淀的确促成了这一刻的绽放，在这期和吕毅合作的节目里，金嘉楠创造性地用了拼盘的形式，展示了2001年那些经典难忘的片段。后来的播出效果证明，郝亚兰的确没有看走眼。

王祖继比郝亚兰早半年进入永嘉路387号工作，原来是上海某工厂的八级电工。在同事眼中，这位典型的上海男人话语不多，很内向，但修理电器尽职尽责，分外的事也是有求必应。郝亚兰看到王祖继那么吃苦肯干，就决定要给这个憨厚的上海男人一次机会。当时，《杨澜访谈录》正好缺一个灯光师和摄影师，王祖继在技术上的精到让郝亚兰觉得他有这方面的潜力。于是，郝亚兰找到了担任技术总监的吕毅，希望吕毅能收下这个小徒弟，在灯光摄影方面多多栽培，也算是给这个员工找一个更专业的饭碗。吕毅听了郝亚兰推荐，连连摇头，觉得这种培养想都不要想，摄影师、灯光师不是只懂得摆弄器材，更重要的在于艺术审美上的悟性，这种悟性不是每个人都有的，何况王祖继学历不高，能领悟摄像中的多少奥妙实在不好说；再加上王祖继当时已经30多岁了，重新学一门专业技术，能不能坚持下来都是个问题。但郝亚兰不信这个，她相信凭着王祖继的钻研劲，一定能学出来。当郝亚兰告诉王祖继要把他培养成摄影师时，王祖继表现出了从未有过的兴奋。虚心的学生感动了认真的老师，吕毅重执教鞭，手把手地调教着这个电工徒弟。慧心巧手的王祖继很快掌握了灯光和摄影方面的很多技巧，而且对公司所有器材的型号、功用、大小了如指掌。每次外出的设备装车时，有时器材多了大家都觉得装不下，但经过王祖继一番巧妙的摆弄调整，大小器材装配得井然有序。

作为制片人，最重要的工作就是成本核算。郝亚兰是个精打细算的人，但精细不等于吝啬。王祖继当上摄影师后，郝亚兰想既然王祖继干了这份工作，多出了份力，就应该给人家报酬。当时王祖继的正式身份还是公司的电工，但参与了很多灯光、摄像工作，于是郝亚兰就在王祖继每月的工资里又加上了摄像这部分费用。这样，一方面，原本工资不高的王祖继提高了收入，生活得到了改善，同时也增强了他对阳光卫视的归属感；另一方面，培养王祖继等于为阳光卫视储存人才，可谓一举两得。这笔账，郝亚兰算得很高明。

依托自己原来的人脉资源，2002年7月，郝亚兰又从四川电视台体育部调来了摄影师韩治学，为《杨澜访谈录》摄制团队补充了新鲜的血液。与此同时，已经在阳光卫视《人物志》担任译制片编辑的毕崑，也被调配到了《杨澜访谈录》做编导。毕业于杭州师范学院英文专业，曾在上海锦沧文华大酒店从事过管理工作的邓陆也加盟进来，担任制片助理。针对每个人的优势和特点，制片人郝亚兰都给予了不同的关照：君达拥有澳大利亚国籍，出入境方便且英语流利，所有去英语国家采访，基本都由她负责；金嘉楠英语水平稍弱，需要境外采访时，一般会安排她去香港、东南亚一带可以说中文的地方；毕崑因为是男生，英文很棒又偏好财经类题材，因此涉及财经类题材的节目，郝亚兰就会分配给他；邓陆具有中英双语的交流优势，又具备市场和营销经验，就由她负责对外联络和统筹工作；吕毅作为技术总监，倚靠他来指导王祖继和韩治学；除了美国纽约有《杨澜访谈录》长期合作的摄制队不需要两人跟去外，其他所有境外采访，郝亚兰都会派韩治学和王祖继去，这样不仅能省去雇用当地摄制组的高额费用，也可以让他们历练技术，开阔视野，尽快成长为优秀的摄影师。

在郝亚兰的精心安排下，所有工作人员都在各自的岗位上充满激情地展开工作，《杨澜访谈录》有条不紊地向前运行，这种运行不是依靠冷冰冰的工作手册，而是仰仗整个团队的互相配合、共同担当。他们中的每一个人都有不同的背景，但相同的是都有一份纯粹而高贵的精神追求，精诚合作的众人共同构成了杨澜事业的支持体系，而这些支持又化作杨澜梦想之路上的鼓励和提醒。

以杨澜为灵魂，以郝亚兰为制片人，吕毅、君达、金嘉楠、毕崑、邓陆、王祖继、韩治学组成了《杨澜访谈录》上海时期的"梦之队"。《杨澜访谈录》2002年全年节目高达87期，采访足迹遍及中国、俄罗斯、美国、日本、新加坡、德国……

2002年，对于飘飞于理想主义空中的杨澜来说，有着冬天的冰冷，但《杨澜访谈录》这座港湾给予她的却是生长着纯粹梦想的春意。

这一份来自荒诞时代的安全感由她身后的亲情、爱情，以及友情倾力提供。

你不想赢吗？理想主义的旗帜似乎无法在冬天的霜雪中高扬，但这个问题却被杨澜在2002年当成了激励自己和同道人的武器。

赢了自己，就是赢了一切，因为这是梦之队的打法。

与杰克·韦尔奇合影。这位名副其实的"经营之神"一语中的问过杨澜："难道你不想赢吗？"

与福布斯家族的第三代——史蒂夫·福布斯合影

慈善是项美丽的事业。作为世界级富翁，盖茨与巴菲特在慈善事业上的联手，与中国企业家群体的互动，推动了慈善公益事业的发展

2002年采访基辛格,这位"拨开冷战冰霜、回暖中美关系"的核心政治人物给杨澜的打分是"amazing"(令人惊奇)

热爱极限运动的王石认为：在最高峰的时候你不能得意忘形，要到安全返回大本营才算成功。做企业家也是一样，要能够全身而退才是最有智慧的

回顾中国"入世"的艰难，WTO首席谈判代表龙永图打趣说："我的英文名字是Mr. Long，所以外国人说，你做的这个事注定是个漫长的过程。"16年的谈判生涯，失望与惊喜并存，最终挫折催熟了成果

03

谁能在石头上轻松睡觉？

当一个人决定离开床的舒适，
去石头上睡觉时，
他就已经摆脱了某种惰性，
而带来许多种可能。
有一天，顽石上也会留下他的温度。

/ 一问一世界 /

陈凯歌

谭盾

林怀民

冯小刚

我前后三次采访台湾"云门舞集"现代舞团的创始人林怀民先生。第一次是在1993年，那时我所主持的《正大综艺》是第一个把台湾从北到南"走透透"，系统介绍台湾风土人情的节目。我在台北郊区长满荒草的山上采访林怀民时，他正吩咐舞者们利用排练空隙，采摘练功房旁边池塘里盛开的荷花，运送到香港，作为即将在那里上演《九歌》的舞台布景。第二次是在2003年，还是在台北，那间铁皮屋顶的练功房依然孤独而倔强地站立在山草中。我正感慨舞团练功条件的简陋，他却像看着自己心爱的宝贝似的述说它的种种好处：安静、接近自然、锻炼舞者的承受力。第三次是2007年他带领舞团来北京保利剧院演出《水月》《行草》和《红楼梦》。

　　已经60岁的他，眼神依然清澈明亮，说起话来手舞足蹈，容易激动。他说自己年轻时脾气很急，为了排出舞团的第一部舞剧《薪传》，对人对己都到了苛刻的程度。一次他看到两位舞者在应该排练热身的时间还蹲在外面吃面，就冲上去演讲了一番排练的重要性，说你们这样不珍惜自己，那还跳什么舞！说着手掌啪地一下敲碎了旁边的玻璃窗，顿时血流如注，但他还在继续慷慨陈词，说我们要创造自己的现代舞剧需要克服多少困难！场面骇人而悲壮。谈起这些，林怀民有点不好意思地笑了。曾经由于缺乏资金，舞团几近破产，他也心灰意冷放弃过。一次坐出租车，司机无意中提到自己看过他们的舞蹈，很喜欢，要林先生加油。林怀民就因这样一句话呆住了，泪流满面，当下决定从头再来。

如今云门已有160多个舞蹈作品，成为亚洲最具影响力的现代舞团，林怀民也因成功地将中国文化转化为能与世界沟通的身体语言而被称为20世纪最伟大的编舞家之一。如果说他早期的作品更多地表现了祖先不屈不挠的奋斗史，而后10年的作品则更多地在追求一个"静"字。在快节奏的现代社会里，静，成为人们的向往。为了演绎中华传统文化的神韵，让"静"成为心灵与身体的一种自然状态，他让演员们放低重心，练习太极、吐纳、书法、静坐。为了体验天人合一的境界，他做过一个有趣的实验，就是让舞者们在河边被水冲刷得光溜溜的大石头上躺下来，放松身体，看谁能先睡着！你一定要完全放松身心，让肌肉顺应石头的弧度，把石头变成一张天底下最舒服的床。居然，舞者们做到了，他们先后安然入睡，也许是因为林怀民的这一番催眠，更大的一种可能是：他们真的累坏了！如果你看过《草书》或《水月》，你会被那其中充满动感的静谧氛围感动，仿佛自己的呼吸也随着舞者的吐纳变得深沉悠长，或随着他们的腾转挪移动静相宜。

艺术家大多有流浪者的内心，无法忍受按部就班的生活，即使身体安顿了，精神还是需要漫游，永远在寻找什么。因为这样寻找是劳筋骨、苦心智的，所以总有那么一些阶段，他们让自己和周围的人很不舒服。按作家刘震云的说法，就是"拧巴"。他们与命运的关系就像林怀民的那个实验：躺在石头上睡觉。看起来光滑的大石头实际上并不平坦，何况生硬，先是怎么躺着也不得劲儿，后来发现，你没法改变石头，也不需要改变自己，你只需要找到两者相适宜的角度。

有时，大时代会把人逼入生存的死角。画家黄永玉把自己称为"无愁河上的浪荡汉子"，并以此为题写自传体小说。不知是他记忆力太好还是经历的趣事太多，他写啊写，好几年才写到自己小学毕业那时候，而文稿已达30多万字。出生于湘西凤凰的黄永玉中学没有毕业就随剧团四处奔波，靠木刻赚点小钱，不料因此而成名。20世纪40年代末，他在上海参加左翼运动，为避免迫害，去了香港。可他一心想着北京，终于在1953年如愿成为中央美术学院教授，那时他还不到30岁。他天性活泼风趣，屡次在政治运动中被指"不沉重"。不沉重哪行！"文革"中他被批斗，背上被打得鲜血直流，经常被倒拎着双手做"喷气式"。可是脾气不改。甚至发展到他自己在家里也练习"喷气式"，以台上一分钟台下十年功的精神，锻炼身体柔韧性以更好适应批斗。在劳动改造期间，他躲在被窝里打着手电筒为妻子张梅溪写下长诗《老婆呀，不要哭》："中年是满足的季节啊，让我们欣慰于心灵的朴素和善良。我吻你，吻你稚弱但满是裂痕的手，吻你寂寞而勇敢的心，吻你的永远的美丽。因为你，世上将流传我和孩子们幸福的故事。"

他的好朋友中也不乏这样天真而乐观的人。黄苗子、郁风夫妇在"文革"中日子也不好过。黄苗子被下放到东北去劳改，寄了一张明信片回来，说自己如何翻过山，遇到大雪，眼前一片苍茫，还要在这一片苍茫中搭窝棚。郁风看了哈哈大笑："哈，好一个北国风光啊！"黄永玉回忆说："她一定在背后哭。"眼看那些老友先后辞世，黄永玉称自己是晚上八九点钟的月亮，静静地看待人间的事情。他把自己的墓志铭也想好了，五个字：爱，怜悯，感恩。他爱荷花，把乡村别墅称为"万荷堂"。近90岁高龄的他依然在画大幅的作品。他说自己在牛棚里错过了人生创造力最旺盛的时期，现在不能再错过。而他画的荷花于生动中透露着张扬与隐忍的混合气质。

我在纽约认识谭盾时第一印象就是他很狂，这个靠少一根弦的小提琴考入中央音乐学院，20岁写出一部交响乐《离骚》的天才，他的口才一流，介绍起他的各种稀奇古怪的音乐理念更是眉飞色舞，没完没了。对我这样的门外汉来说，要想从那些几乎没有旋律的先锋作品中找到多大享受是徒劳的。但是出于对艺术家和创新的尊重，我总是尽可能地出席他的音乐会，还资助过他把交响乐与原生态歌曲结合的作品《地图》，并且在他的各种发明——改良的埙、水的琴、纸的鼓中听出些神秘诡异的味道。

给谭盾带来音乐启蒙的正是楚文化中的乡村音乐，祭神的、结婚的、哭丧的，仿佛可以连接人间与天堂。这应该就是时下最时髦的"穿越"了。而他事业上的最大转折是与李安合作的《卧虎藏龙》，他的音乐因此进入了大众视野，更因此获得了奥斯卡最佳原创音乐奖。他跟李安说："我要借助中国戏曲里的打击乐，把中国文化的魂打出来，再用马友友的大提琴把神秘与伤感拉出来。"他用一个比喻形容民族音乐与西洋音乐的结合：辣椒巧克力。原来谭盾的母亲是湖南人，吃什么都要加辣椒。一次他给妈妈送去一盒巧克力蛋糕，老太太拿出一包辣椒酱佐餐，吃得津津有味！后来谭盾在意大利的西西里岛上真的吃到了当地名产辣椒味巧克力，印证了妈妈的"前卫意识"。这种跨界的灵感让他左右逢源，于是帕尔曼的小提琴拉出了马头琴的悲凉，日本的大鼓呼应着《越人歌》的凄美，上亿年的顽石敲出了禅宗的意境，创意无法阻挡。他说艺术创作的魅力就是让你在孤独中痛苦，也在孤独中找到一线无法比拟的光芒，成就你生命的意义。他应该已经找到了在石头上睡觉的姿势了。

对于艺术家而言，最难的不是一举成名，而是不断地超越自己，走出舒适区，颠覆曾经让自己成功的套路，虽然这意味着风险。我是2008年第一次采访蔡国强的，后来我们成了朋友，常常探讨艺术创作的话题。90年代，当一批以政治反讽为特色的中国当代艺术家受到西方评论界和收藏界追捧的时候，他比较早地提出了这样的问题："当我们不再以反对什么来表达自己的时候，我们还能为这个世界贡献什么样的叙事？"他用火药，中国四大发明之一，来进行创作，把"破坏"与"创造"这两个过程奇妙地结合在一起。从北京奥运会走过天空的历史足印，到在世界各地顶级美术馆致敬艺术大师的系列创作与展览，他在一次次爆破中打破已有的定式，超越现实的迷思，让东西方精神的火花碰撞，并创造出充满不确定性的时空之美。火药，也让他始终留住了内心里那个泉州总想搞出些名堂的男孩子，让他有一天回到家乡，为近百岁的老祖母奉上了史上最壮观的"天梯"。

电影《梅兰芳》中邱如白有一句台词："谁要是毁了这份孤独，谁就毁了梅兰芳。"编剧严歌苓写的是她对梅兰芳的理解，也是自己对写作的体验。她发现孤独的奇妙之处在于，你可以用头脑构筑一个世界，可以自由地设计每个人物的命运，让每个人物说出你要说的话。这给她带来快感。老天给了她发达的创造力，也让她的大脑由于过于兴奋而失眠。她最高纪录是连续30天睡不着觉。那种经历痛苦不堪，她在煎熬中无语流泪，整天在家里穿一件宽大的睡衣，老公上班时她如此，下班回家时发现她还是如此。

在她脑海中时而想起的，是自己12岁去了西藏当兵，闻到的高原草场的芳香；是19岁在西南边境保卫战的包扎所里无法逃避的空气中鲜血的腥味。这些强烈的刺激让她感受个体生命的可贵与脆弱，也让她从一名文艺兵转身一名作家。她也想起30岁那年离婚，经历了情感上的一次死亡，决定抛开国内的一切只身去到美国，几乎从零开始学习英文乃至用英文写作。还有与她相爱的美国外交官莱瑞，在严歌苓遭遇FBI几近侮辱性的调查中，毅然用辞职捍卫自己与未婚妻的尊严，给她一份温馨平和的生活。

严歌苓的经历实在太丰富了，想象力也太丰富了，一个个女性的生命在她的笔下鲜活起来：《少女小渔》《天浴》《扶桑》《一个女人的史诗》《小姨多鹤》《第九个寡妇》《金陵十三钗》《芳华》。这些女人各有各的不幸，却都有一份天真与倔犟，一如扶桑，19世纪60年代生活在旧金山的中国妓女，接受白人男子的爱，却拒绝他的拯救："你可以爱我，但请不要来救赎我，因为这样我们永远不可能平等。"严歌苓就这样为她们营造着一个个世界，她去那儿生活，跟她们聊天，听她们苦笑，看她们生死。通过孤独而自由的写作，一个小女子终于拥有了一个大宇宙。而现实中的她，要趁着精力旺盛的几年多写一些，让酒在最佳的发酵期内成为佳酿。写作让她平静，让她与孤独找到对话的姿态。

与孤独为伍也好，与世俗拥抱也好，"艺术"与"商业"似乎是活在当下的艺术家们解不开的两个扣儿。对冯小刚和陈凯歌两位导演的采访，使我看到了他们在纠结中的前行与自我的回归。第一次采访冯小刚是在《夜宴》公映之前，他的坦率让我感动。他说自己从前很羡慕陈凯歌、张艺谋他们拍大片、拿大奖，偏偏自己时运不济，早年影片被禁，很有挫败感。无奈之下，从轻松搞笑的贺岁片拍起，希望有一天可以从"偏房"进"厅堂"。然而对于当时社会和专业界普遍重正剧不重喜剧的认识，他又气不过："能够让一个人开怀大笑，比让一个人哭难得多！后来我就觉得我也装一回孙子，社会既然有这样的偏见，哥就给你们拍一部看看。"

在电影的丛林中，冯小刚说他要做饥饿的掠食者。《夜宴》之后有了《集结号》《唐山大地震》，悲剧、正剧照单全收。他的坦率还带着些许自卑："我是穷人家的孩子，有时候穷人家的孩子撒谎，是因为他承担不了诚实带来的后果。我会有见人说人话，见鬼说鬼话的时候……我说过谎，但我尽量做到说的时候心虚着点，让人能看出来。"我第二次采访他是在《唐山大地震》公映之时，坐在我面前的他明显地放松了许多，说话不必谦虚，更不用心虚。对比几年前他对媒体记者的小心翼翼，这一次，他毫不隐晦地表达了对娱乐传媒的不满。"随着成功的积累，我也愿意有时把话说得直一些，说直接话还是挺痛快的。面对娱乐媒体，我烦透了，但是没辙。你一拳打过去，都是空气，有时媒体也是一派打另一派，挺脏的。"不需要装孙子的他终于不再费力地去证明自己，而是给予自己更多的自由与舒展，自比为"穷人家的孩子"的冯小刚终于挺直了腰板，"孙子"成了"老子"。

对陈凯歌的采访共有三次，分别是在他拍摄了《荆轲刺秦王》《无极》《赵氏孤儿》之后。三次采访他给我的印象也有很大不同。第一次他喜欢引经据典，说起话来很深刻，也有点沉闷，曰人性，曰命运，曰个体，曰国家。不过与上亿投资相比，电影最终只得到几百万票房。第二次，他愤世嫉俗，谈起中国电影的求存，言必称商业电影。他说："过去艺术家都生活在自己的梦幻里，现在已经赤裸裸了，必先以一个商业的姿态进入市场，不然谈不上什么艺术。"又说，"过去有一本书主义、一部戏主义，我窃笑不已。你以为人们排着长队，到那个小玻璃框前头，看着蒙娜丽莎的时候，是真的和达·芬奇有了什么心灵的共鸣吗？他们欣赏的不过是一点名气，有一点好奇心而已。所以千万不要以为人们对艺术抱着什么美好的幻想，说到底，所有的事都是你自己的事情而已，跟别人没关系。"历时三年，投资逾3亿的大制作《无极》，最剧烈的一次改变，最奢侈的一部巨作，也是最冒险的一次赌博。他输了，被《一个馒头引发的血案》恶搞了，他越是义正词严，就越被捉弄，那阵仗，用他的话来说，是"棍棒相加"。第三次，陈导演显得平和多了，言辞中频频出现《心经》中的话。他主动谈及《霸王别姬》后的自我膨胀、《无极》后的内外困扰，反省自己当年野心太大，失去了判断力和控制力。他究竟想拍什么样的人、什么样的故事？一言以蔽之，就是拍"不合时宜"的人。《霸王别姬》里的程蝶衣、《梅兰芳》里的十三燕莫不如此。"如果在这个社会中大伙儿都是那么识时务者为俊杰，没有棱角，美其名曰圆润；活得挺精明，美其名曰智慧。这让我想起苏东坡写过的一个故事，说的是方山子从小学剑想匡扶天下，失败；苦读诗书想兼济天下，也失败。一贫如洗，然而他的妻儿面有得色。我喜欢这样的牛人。"

放下野心，回归常理，是这次采访中我听到他最常说的话。就连程婴的舍子救孤，屠岸贾的穷凶极恶，他也要演员演出常态来。回归常态的陈凯歌终于找到了来时的路，那就是他对电影的兴趣与情感远远胜过对超越以往成绩的兴趣和情感；那就是少年的他在"文革"中背叛过自己的父亲，而父亲却从未责怪；那也是当年电影学院的哥们儿渴望着找到新的故事、新的语言，在拍摄《黄土地》的路上，身不由己地跪拜在黄帝陵前。回归常态的陈凯歌就做他最擅长的事，不求青史留名，亦不惧风言风语。当他收敛起自身的光芒，电影的光芒显得愈加明亮起来。周围的人说，凯歌导演爱笑了。莫非他找到了在石头上睡觉的姿势？

石头当然没有床舒服。谁能在石头上轻松地睡觉？两种人：找到适合的石头的人或让自己适应某一块石头的人。还有一层意思是说，旁人只看到此人酣然入睡，他是否睡着了，觉醒后是否腰酸背痛，就不得而知了。如是，人选石头，石头也选人。有跟石头较劲的，时间久了竟也在上面睡出了人形，即合用了；也有随遇而安的，这块石头不合用，俺再找下一块便是。并无唯一法门。关键是，当一个人决定离开床那熟悉的舒适，去石头上睡觉时，他就已经摆脱了某种惰性，而带来许多种可能。有一天，一块顽石上也会留下他的温度。艺术家的心灵之旅，其实就是这么一回事。

"任何痛苦与磨难,都是砥砺性格和信念的机会。理想者总是以这样的方式去撩拨内心不灭的火,谁知道这其中是否也存在无法控制的因素。面对强硬的无奈,有些人承认自己的局限,有些人埋怨世事的无常,杨澜的选择无疑是前者。"

人类需要阳光

2003年的春天弥漫着84消毒液的味道，一个名为SARS的冠状病毒自2002年冬季起到2003年春季肆虐全球。因为每天多达90~100的新增病例，北京启动了一级疫情防控措施。为制止SARS的传播，中国政府宣布取消五一长假。面对这个来历不明的变异病毒，5月至6月春夏之交的中国经历了前所未有的仓皇时期。

2003年6月2日，在一架由上海飞往德国汉莎的国际航班上，乘坐着《杨澜访谈录》的一班人马。为了应对这次特殊时期的境外采访，制片人郝亚兰专门携带了口罩和手套等消毒用品。与有过多次出国经历的郝亚兰不同，这次北欧瑞典之行是摄影师韩治学的首次境外之旅。听到郝老师告知他这次到达转机地点德国汉莎要经历十几个小时的飞行时，韩治学才知道除了长途火车，还有长途飞机之说，但在短暂的好奇过后，陡然袭来的是一阵恐惧感：这么长的飞行，如果中途飞机没有油了，怎么办呢？

夹杂着恐惧和亢奋的复杂感觉，韩治学与同事们抵达了德国汉莎机场。在头等舱就座的杨澜特意来到同一处候机厅会合。原来这次采访源于瑞典一家知名企业家杂志邀请杨澜前往斯德哥尔摩与瑞典工业部长进行一次专访，此时的《杨澜访谈录》因SARS肆虐正无法自由采访，杨澜决定带着节目组出行，顺便完成一系列对瑞典创意工业领域的人物访。

仿佛一个电视画面的倏然切换，人物活动的场景从东亚变幻到了西欧。就在这个短暂的转机空隙，杨澜的神态似乎也发生了微妙的变化。在《杨澜访谈录》团队成员们眼睛里，来到国外的杨澜有着国内少见的放松，甚至带有些许小女生的可爱。在讲到采访瑞典政要的注意事项时，杨澜善意地提醒摄影师们一定要注意穿得正式一些，起码是带领子的衬衣，否则邋遢的外观看起来有点像"我们是害虫"来袭。看着眼前和大家打趣的杨澜，郝亚兰不禁有些微微的心酸。担任《杨澜访谈录》制片人一年多来，虽然对于阳光卫视的经营没有具体的了解，但她如何不知道老板杨澜此时内心的困顿？尽管杨澜从不对外人诉苦，也从不抱怨遇到的不公平，但每当看着杨澜一手拿着合同与人交涉，一手还要修改节目文稿，郝亚兰总会适时劝说她，"慢一点，有时候慢一点，事情反而会更好"。面对着杨澜"一心两用"，甚至是"一心多用"的紧张与忙碌，作为制片人的她尽最大力量做好做细节目组的管理事务。在郝亚兰的管理理念中，最大的核心点就是"一切以杨澜为中心"，从制片、编导、技术全力围绕这一个中心运转。她做出严格的规定：在采访现场，无论是在国内还是国外，除非嘉宾特别发出邀请，工作人员不得主动提出与嘉宾合影；为了给嘉宾留下深刻而美好的印象，还专门购置了专业的图片打印仪器，在杨澜采访前由摄影师先行为两人合影，然后由专人利用访谈时间进行打印制作，访问刚刚结束，嘉宾就可以拿到新鲜出炉的与杨澜合影的纪念照片。配合着杨澜精益求精的职业追求，制片人郝亚兰精心打造着一个个细节，逐渐将一个崭新的团队引领上配合默契、高效职业的道路。

从德国汉莎转机到瑞典斯德哥尔摩已是当地晚上12点。与国内那种笼罩在"非典"阴云下的恐慌截然不同，此时的瑞典风平浪静。早在出行前，导演毕崑还担心，国内的"非典"肆虐会不会让他们在瑞典遇到什么麻烦。然而，当到达瑞典后，却发现这里一切正常，没有对入境的他们进行什么特别的检查。6月3日，《杨澜访谈录》如约来到瑞典外交部，采访外交部长安娜·林德。当采访车驶入瑞典外交部阿尔博蒂娜宫之后，毕崑感到惊异的是，官门口竟然没有卫兵站岗，甚至连保安也没有。要知道，在国内所有国家部委机关大楼都是由武警把守，没有证件任何人都不能随意出入；而瑞典的外交部就和普通写字楼一样，各色人等走进走出，私家车随便停放，把官门口围了个满满当当。

安娜·林德准时走进采访间，白衬衫，深蓝色西装，一头金黄色的齐耳短发，显示着这位女外长的干练，尤其是她手腕上的水晶手镯，一闪一闪的光华，使外长于干练风姿外又流露出中年女性特有的柔美韵致。北欧是全世界女性参政比例最高的区域，瑞典议员中40%是女性，在任的22位内阁部长当中，有10位是女性，其中最具人气的就是安娜·林德。

宾主简短寒暄之后，便迅速进入了采访状态。采访中，杨澜问安娜·林德，在最初接受外交部长任命时是否犹豫过，林德坦承自己的确是犹豫过，但很快就意识到这是一个不容错过的机会，因为处理国际事务对她来说非常具有吸引力，于是她欣然受命。那时的她还没意识到作为外长将会面临这么大的挑战。

一个世纪以来，瑞典以中立、不结盟的国策避开了两次世界大战的荼毒，并迅速发展成为一个富裕、安定的国家。但在全球一体化的趋势下，特别是欧盟的影响，一向独善其身的瑞典也必须更多地参与国际事务，在这方面，安娜·林德是最主要的推动者。这位以平民性和坚持原则著称的女政治家，此时正在积极推动瑞典加入欧元体系。当杨澜问到"是否担心因积极推动加入欧元体系而造成个人政治资本损失"时，这位女政治家毫不含糊地回答："在这个问题上，我的观点从不会因为个人得失而改变。"看来她对最后的结果充满期待。

20分钟的访谈一气呵成，两个女人都表现得干脆利落，访谈的角度、深度也都非常到位，如此高质量的访问让始终站在监视器旁的郝亚兰大为感叹。这样的感叹伴随着她出现在《杨澜访谈录》现场已有多次，但每次总能生发出更加强烈的感慨。在同为女人的她看来，杨澜并不漂亮，而是属于美丽，一种从内到外的女性的大美，这种质地的美丽不炫目夺人，却有着非凡强大的气场，这使她想起2002年5月间的日本之行。当《杨澜访谈录》来到东京歌剧院，即将采访指挥家小泽征尔之前，小泽征尔的助理走过来告诉郝亚兰，在采访开始15分钟后，小泽征尔有一个非常重要的电话要打，到时候一定要停下来，让他打这个电话。采访开始了，杨澜的精彩提问让小泽征尔打开了话匣子，当15分钟过后，小泽征尔的助理在摄影机后用手势提醒杨澜，要暂停采访时，杨澜向小泽征尔问道："您现在有个电话需要打，要不要停下来？"谁知，小泽征尔用手一挥，说道："不用管他们，请您继续提问，我们继续谈。"就这样，小泽征尔与杨澜的交谈完整持续了下去，采访结果让小泽征尔非常满意，他还主动帮助《杨澜访谈录》引荐了多位日本重要嘉宾。

6月的北欧，正是最佳的旅游季节。斯德哥尔摩是一个四面环水的城市，三面临湖，一面与波罗的海相连，碧水蓝天，阳光和煦，带给人们惬意的享受。就在6月5日杨澜访问红遍欧洲的ABBA乐队成员比约恩的时候，窗外传来了一阵阵鸣笛声，巨大的噪音致使采访被迫中断。原来，窗外的斯德哥尔摩正在举行最有名的"成人礼"。对于很多高中生来说，这一年的6月具有非凡的意义。18岁的他们从此步入成人期。学生们乘坐高大的敞篷卡车，在闹市转悠，个个兴高采烈，高喊着"自由！自由！"之类的口号，司机则鸣笛与他们呼应。他国的美景和他人的快乐对于来自中国的《杨澜访谈录》团队来说，虽然生动逼真，却无法令他们产生共鸣，来自国内关于"非典"的信息并不令人乐观，已经有越来越多的国家限制中国往访团组，但令人欣慰的是，进入6月中旬以来，"非典"感染人数开始呈现下降的趋势。

为了让大家开心一些，在采访间隙，杨澜不仅带领他们去参观了当地多处人文景观，还接受了当地一位华人的邀请，去他的庄园做客。为了感谢主人的美意，郝亚兰发挥川妹子的优势，跑到当地销售中餐配料的超市，购买了辣椒、鸡肉等，为大家烹制了几道富有特色的川味大餐。异国他乡的彼此温暖，让节目组的每个人享受着《杨澜访谈录》大家庭一般的温馨。

6月11日，杨澜一行来到斯德哥尔摩市政厅的蓝厅。从20世纪30年代至今，每一年的12月10日这一天，这里都要举行上千人的盛大晚宴，为新一届的诺贝尔奖得主庆祝。就是在这里，杨澜将访问瑞典之行的最后一位嘉宾——诺贝尔基金会执行总裁迈克尔·索尔曼。

蓝厅的正中央摆放着一张巨大的圆桌，因为桌子占据空间太大，使得摄像机无法正常放置机位。在采访现场移动桌椅对导演毕崑来说，并不是什么大事，因此也就没有和对方商量，就和韩治学、王祖继几个人一起将桌子移到了一边。正当他们气喘吁吁地摆设拍摄机器时，迈克尔·索尔曼走了进来。当他看到桌子被移动了位置，立刻大发雷霆："谁让你们动这个桌子的？一百年来都没有人动过，你们怎么可以动这个桌子？"此时的杨澜正在和蒋昌建商讨着预备要采访的问题，听到迈克尔·索尔曼在大发脾气，赶紧走了过来，连忙向他解释并道歉。由于迈克尔·索尔曼的坚持，杨澜与他只能是一个侧位，一个斜侧位，这样的位置虽然在镜头里非常别扭，但也只能按照嘉宾的规矩进行录制。

采访中遇到的大小问题，总是有方法可以化解。但对于即将回国的杨澜来说，将要面对的局面却让她感觉棘手。"非典"肆虐的同时，阳光卫视的运营状况给她带来了越来越大的压力：一边是每天消耗的庞大运营开支，一边是广告费用的缓慢回笼，虽然吴征用了许多办法支持杨澜的职业梦想，但巨大的资金短缺将这个新生的专业频道一步步拖入低谷。

有意思的是，虽然两家媒体从规模到知名度都不具备可比性，但此时与阳光卫视的命运形成呼应的是美国在线时代华纳的走势。2003年5月7日，《纽约时报》头条刊登了《美国在线时代华纳副总裁特纳抛售大量公司股票》一文。文章称，美国在线时代华纳副总裁、该公司最大的个人股东泰德·特纳，以大约7.9亿美元的价格抛售了大约6000万股公司股票，数量超过了他持股量的一半。美国在线与时代华纳的联姻似乎出现了"三年之痒"。与此同时，曾经被誉为中国第一个类似"美国在线-时代华纳"的跨媒体联合体——阳光卫视与新浪的联姻，已名存实亡。互动电视和网络媒体技术的不成熟，网络与传统电视的强强联合终究不能实现。在阳光卫视运营的第三个年头，杨澜执掌的这个专业频道日渐式微的迹象越来越明显。事实上，自创办之日起，阳光卫视就一直处于亏损状态，三年累计亏损超过2亿港元。

阳光文化成立之初，曾打算采用卫星电视和收费电视网络相结合的方式，推销历史文化的主题内容，亦即"内容为核心，两条腿走路"发展战略。然而，创办一年后，由于种种原因，其实一直是一条瘸腿在走路，这样的行走方式导致阳光文化出现了巨大的资金黑洞。后来，《中国证券报》在《阳光文化前程是否充满阳光？——杨澜回首功与过》一文中指出：

收视群和收视率始终上不去，但阳光卫视的投入却并不因此而稍有减少，为满足整个频道24小时内容播出的需要，得购买和制作大量节目，但真正能带来实质性广告收入的节目局限于晚上的黄金时段。此外，公司还要耗费大量资金维护卫视这个平台。就像一条高速公路有10个车道，资金投入的80%要用于整条公路的维修上，而真正带来收入的仅为其中的3条车道。与此同时，由于阳光卫视定位使得受众群相对狭窄。这种选择，利弊都很明显。好处是能够在短时间内提升公司的品牌；弊端则是因为资金有限，过多消耗在平台日常维护之上，而没有使这个卫视频道有效地产生利润。卫视单频道的商业模式，需要不停投入，但收入却甚少，每个月都要被"吸进去"1000万~2000万。阳光卫视的资产额只占整个"阳光文化"的5%，营业额只占20%，但亏损却占了80%以上。在杨澜看来，这是阳光文化在过去几年中流血不止、步履维艰的最关键的因素。

此时阳光卫视铺设的大摊子，就像一个永远吃不饱的巨人，等待大量资金的填充。面对严峻的商业形势，吴征不断进行各种尝试：几次预算削减和人员遣散、撤掉香港的3000平方米的演播中心……即使这样，阳光卫视的资金漏洞依然无法弥补。有时候，吴征刚通过资本运作争取一部分资金进来，就立刻被频道运营消耗得一干二净。在节目形式上，吴征也反复劝说杨澜，是不是可以引进一些纯娱乐类的节目，减少纪录片的创作，这样不仅可以增加广告收入，还可以很大程度上降低阳光卫视的成本投入，毕竟做纪录片的成本太高了。可在杨澜看来，如果把阳光卫视打造成既娱乐又人文的"大杂烩"，那还不如不做。就这个问题，吴征和杨澜曾发生过激烈的争吵，面对理想的破碎，一向坚强的杨澜也流下了眼泪。看着妻子的坚持，吴征只好安慰着她："那我们再想想办法，再撑一撑吧！"此时的吴征能给予杨澜的，就是尽量将这个难以为继的事业再拖延一段时间。但吴征所能做的也只是拖延，阳光卫视已无力回天。

该来的终究要来，当阳光卫视的经营局面已到了最后的临界点时，吴征和妻子进行了一次理性的长谈。吴征语重心长地说："一定要把阳光卫视的控制权转让出去。目前的阳光卫视仅次于凤凰卫视，还有着一定量的节目和美誉度，如果让别人来经营，可能会做得更好。你为什么一定要把它揽在自己怀里，让它老是像现在这样吃不饱？"

坚持，还是放弃？此时的杨澜就好像是那个在生与死之间抉择的哈姆雷特，心灵深处的战场里反复进行着"残酷的现实"与"纯粹的理想"之间的多轮交战，放弃阳光卫视，等同放弃了自己孕育多年的孩子，真的是万分难舍。但人的一生，总会面对几次痛苦的取舍和抉择，人们往往很明确抉择之后会失去什么，而对于抉择之后所能得到的，却要等待命运揭晓。

为了让自己下定这个决心，杨澜找到了香港的一位投资者，怀着矛盾的心情问："你说，从投资者、股民的角度来说，是不是大家都希望我离开这个上市公司，转给更好的经营者？"这位投资人诚实地回答："是的。"投资人的话对杨澜来说简直是醍醐灌顶，将杨澜一下子激醒了。是啊，作为一个上市的股份公司，股民最看重的是经济利益的最大回报，对于他们而言，这不是文化理想，而是一门生意。为了自己的"爱好"，使得丈夫殚精竭虑地为自己付出，这是不是太自私了？

2003年6月的一天，对杨澜来说是刻骨铭心的日子。她最终做出了自己的决定，将阳光卫视70%的股权出售给了星美传媒集团。自此，杨澜退出了卫星电视的经营，阳光文化走上了从"卫星电视运营商"向"电视内容提供商"转型的道路。

阳光卫视的主权嬗变丝毫没有改变《杨澜访谈录》的工作节奏，云南昆明一位91岁高龄的老太太刘德伟成为了2003年7月的采访嘉宾。刘德伟60年前就已经在美国获得硕士学位，经历过战争的动荡和"文革"的动乱，她的人生经历就是20世纪中国历史的一个缩影。当杨澜问刘德伟："最经常出现在你记忆里的是什么样的一些人和事情呢？"老太太回答说："我想起的是我的爱人，我常常忘记了他是过世了,我常常想,哎呀,这么好的时光,他要是也在,我们共同享受多好。昆明一下变得那么'MODERN'。我就常常想,哎呀,他没看见。"阅尽人世沧桑的她没有表露出任何的愤懑与怨恨,留在心里的只有柔软的爱与思念。在《杨澜访谈录》显赫的嘉宾名单里,刘德伟算不上重量级知名人士,但她所表现出来的那种柔中带刚的强大精神力量再次诠释了《杨澜访谈录》的高端趣味:所谓高端人士,不是权力或者职位上的高端,而是对人生和社会有着深入理解与独到见地,甚至引领社会价值的人。

采访结束后,返回上海的导演毕嵩收到了刘德伟老人从云南邮寄给他的书信,信是老人亲自用毛笔写的,开头是客气又老派的"尊敬的毕嵩先生",信中,老人问了两个问题:采访自己的节目具体在哪一天播出?在哪一个台的哪一个频道可以看到?接到老人的来信,毕嵩及时并准确地回复了刘德伟老人。但在毕嵩指定的时间里,守候在电视机旁的刘德伟还是没有看到那个叫"阳光卫视"的频道,老人甚至发动所有亲人收看这档节目,但依然没人看到。老人再次写信询问,毕嵩害怕再次让她失望,就将这期节目刻在一张光盘里,给老人寄了过去。就这样,经过几次来信沟通,刘德伟终于看到了盼望已久的节目。

刘德伟无法在电视上收看到自己节目的遗憾,恰恰暴露了阳光卫视处境的尴尬,飘在空中的阳光卫视虽然绽放着灿烂的笑脸,但遗憾的是,远在云南的刘德伟和她的亲人们却沐浴不到这缕遥远的阳光……

三年来,阳光文化一直在资本市场上"摸爬滚打",其中与新浪结盟后又"黯然退出",和国际传媒巨擘贝塔斯曼联手在最后阶段"功亏一篑",收购香港《成报》又未能"善始善终"……杨澜在资本运作的分分合合中,尝尽了甘苦滋味。作为一个以历史及人物传记为主题的华语卫星频道,杨澜一直试图通过高端和特色节目塑造阳光卫视的传媒品牌,吸引既有较高学历,亦是最具消费力的高收入人群。在杨澜看来,虽然频道定位比较专业,但哪怕需求只是人口的5%~10%,仍然是相当可观的数字。但杨澜忽略了一个事实:在阳光卫视不能"落地"的情况下,只能撷取到这10%中的10%,那么相对人数就非常少了，这正是《中国证券报》的发言"收视群和收视率始终上不去"的根本原因。而且，阳光卫视的广告大多为形象广告，鲜有消费品广告，这也大大限制了广告来源和收入规模。"在这样一种模式下，收入不会因为投入的增加而同比例地增加。这一点直接导致在开播三年的时间里，阳光卫视一直流血不止。"杨澜事后对中央电视台记者说。

此外，尽管阳光卫视的节目得到很多电视台的认可，但他们却无法大量购买，因为一旦外购节目，就意味着台内制作班底会面临下岗待业，这显然是任何电视台都不愿看到的。为了保持电视台人员的稳定性和积极性，这些欣赏阳光卫视的电视台，也不能选择大量购买。在一个不纯粹的电视市场环境中，阳光卫视要成为电视节目供货商的远大志向，显然是难以企及的。

"任何痛苦与磨难，都是砥砺性格和信念的机会。"采访中，刘德伟将她母亲传给自己的话转告给了杨澜。痛苦、磨难……是机会，理想者总是以这样的方式去撩拨内心不灭的火，谁知道这其中是否也存在无法控制的因素。面对强硬的无奈，强者和凡人的选择并没有本质的区别：要么承认自己的局限，要么埋怨世事的无常。

是年9月11日，正在出差路上的杨澜，意外收到了一则消息：2003年9月10日，瑞典外长安娜·林德在斯德哥尔摩市中心一家百货商场购物时遭持刀歹徒袭击，因伤势过于次日去世。简短的通讯，让杨澜倒吸一口凉气，她简直不敢相信自己的眼睛，三个月前，这位美丽、干练的女外长还和自己谈笑风生，可如今却是阴阳两隔。回想起安娜向自己描述儿子们和丈夫一起动手制作礼物和三明治，为自己庆贺母亲节的幸福眼神，使杨澜不禁担心他们的亲人如何承受这样残酷的打击。为了抚慰亲人对安娜的思念，作为最后一个电视采访安娜·林德的全球媒体，《杨澜访谈录》特别复制了专访安娜的光盘邮寄给了瑞典外交部，希望转送给安娜的亲人们。

人说世事无常，生命在这难以料想的无常中是如此的脆弱，而世事又总是渗透着冷峻和无情。就在安娜·林德遇害的第四天，瑞典全民公决拒绝采用欧元货币。自此，这个原本可能成为安娜·林德一生最大的政治遗产，足以青史留名的金融改革计划，也随着她的离去烟消云散了。

　　死亡的理想仍然是理想，它与心灵的映照永远不会死亡。也许只有这样，仓皇的世界才会增添一份如阳光般温暖而强大的力量。2003年年底，杨澜在接受一家财经媒体采访时，用形象的比喻回顾总结了自己从创办到放弃阳光卫视的心迹："三年前，我觉得自己就像生活在小溪中，周围的水很清，付出的努力和得到的回报都看得清清楚楚。有时候，觉得小溪太小了，就会渴望更大的空间，比如进入一条河流。但河流中泥石俱下，鱼龙混杂，并不是一种很单纯、宁静的环境，需要在危机当中求得生存，更需要克服许多感情的因素，去做出理智的选择。不过，要是问我是否后悔离开清澈的小溪，我不会后悔的，因为这是我自己的选择！"

　　2004年，《杨澜访谈录》依然在阳光卫视的平台上与有缘分看到它的观众见面，但此时的阳光卫视已经不再属于杨澜。

刀马旦

就好像平淡的生活需要戏剧性的元素来调和一样,浸润于《杨澜访谈录》近四年的编导金嘉楠,对于出现在面前的嘉宾,已经逐渐有了自己的发言权。她勇敢地站立在他们的肩头,去观望一个时代的戏剧性荒诞。2003年秋天,先锋导演何平裹挟着《天地英雄》的豪气,走进了《杨澜访谈录》。对于何平和他摄影机中的人物,金嘉楠的串场词写出了一种悲壮:

也许是现实生活当中的理想主义气息过于稀薄,21世纪的"中国英雄们"更多地选择在银幕上和我们见面,他们来自不同的朝代、不同的门派,肩负不同的使命,也诠释着当代人的不同理念和感受,当然,人多的地方就成了江湖,为了争夺观众的眼球和钱包,这些古典主义的英雄们在银幕上频频过招,这不,2003年的秋天,江湖上又出现了几支来自大唐西域的人马,而站在他们身后的,则是以"中国西部片先锋导演"闻名的何平。

自称被《杨澜访谈录》洗脑的金嘉楠,对于这个节目的气质有了70后的独特感悟,那就是:在面临理想主义与现实主义的两个选择前,《杨澜访谈录》逐渐有了两者皆属备选的包容姿态。在2003年至2004年的《杨澜访谈录》嘉宾名单中,既出现了流行乐坛的刀马旦李玟,又有在广西原始森林里从事科学研究的北大教授潘文石。而对于后者的选择,使得《杨澜访谈录》的演播室现场呈现出极大的跳跃性。刚从美国纽约、德国柏林回朝的一队人马,转头就出现在由上海开往广西南宁的普快列车上。这一次,杨澜和她的同事们到达的是广西崇左板栗乡,北京大学崇左生物多样化研究基地就坐落于此。与金嘉楠观点不同的是,这里是现实世界中一个理想主义气息过于浓郁的地方。

在20世纪90年代中期,醉心于纪录片创作的吕毅为了拍摄《吉祥西藏》,曾经与同伴们奔赴那曲,在海拔4000多米的高原上冒着生命的危险,完成了一部铭刻着强烈的个人理想印迹的作品,虽然这部作品并没有公开播放,但那片荒僻的无人区却给予了他生命最有价值的顿悟,那就是对于名利和欲望的淡然,对于生命本体的尊重。当吕毅得知要去广西实地采访时,心底里对土地和大自然的亲近之情,使他生发出一种久违的兴奋感。与兴奋的吕毅截然不同的是,对于这个遥远的目的地,杭州姑娘邓陆却有些恐惧,因为在潘文石发来的邮件里,他特别说明此地经常有大蟒蛇和眼镜蛇出没,为以防万一,请务必带一些蛇药前来。这句话着实吓了邓陆一跳,于是她跑遍了附近各大药房,却都买不到蛇药。带着这种忐忑,邓陆和一班同事登上了由上海开往南宁的火车。

由于杨澜和郝亚兰有事情还未处理完毕,邓陆、吕毅、毕崑、韩治学、王祖继就先行出发了,30多个小时的旅行时间,并未让一班人感觉疲惫,而是一路上有说有笑,过得非常愉快。火车行至半途,还在上海的杨澜打电话给邓陆,询问摄制组到了哪里,当听说他们要坐这么长时间的火车后,杨澜特别嘱咐邓陆说:"时间太长了,以后这样的距离就不要坐火车了,就坐飞机吧!"一席话让大家感觉到了杨澜特有的关心和体贴。远赴广西崇左,正值阳光卫视收缩经营规模、削减支出的时候。但无论怎样减少支出,阳光文化对于《杨澜访谈录》的资金投入始终没有减少。不计代价、不计成本到达嘉宾的生活和工作现场,是杨澜一直秉承的职业准则,也是《杨澜访谈录》维持优质水准的重要手段。

到达南宁已是半夜12点了,此时杨澜和郝亚兰正在飞往南宁的班机上。从南宁到崇左只有汽车可以通行,《杨澜访谈录》一行人聚合后,乘坐当地的中型大巴前往山里。山路崎岖,四周一片黑暗,车上的人特别紧张,祈祷别出什么状况。就这样颠簸了一个小时,终于到达了目的地。所谓基地就是一个废旧的军营，住处陈设非常简单，只有被褥等基本的生活用品。夜里的山区异常潮冷，经过长途跋涉，节目组的成员早已疲惫不堪，顾不得其他，杨澜和同事们在营房中倒头便睡。

第二天凌晨4点，摄制组的所有人便起床跟着潘文石教授进入了猴子山。山里的猴子一般在早晨出现，为了拍摄这些树梢上的精灵，他们起了个大早。作为北京大学生命科学学院教授，出生于泰国的潘文石在1958年考入北京大学动物学系，同年参加了珠穆朗玛峰科学探险队。1980年，他参加了四川卧龙地区大熊猫的研究工作；1985年带着研究生进入秦岭，对野生大熊猫进行跟踪观察和研究；1996年他和他的弟子们在广西崇左板栗乡的一个废弃的军营里建立了北京大学崇左生物多样化研究基地，又开始了对白头叶猴的研究。由于潘文石长期用望远镜观察，他的眼角边总是会碰触望远镜的镜片，致使眼角常年处于发炎的状态，当杨澜观察并了解到这样的细节时，很是感动。一路上，潘教授兴奋地向杨澜讲述着自己的研究成果，两人谈笑风生。潘教授带领的路非常崎岖，加上脚下的土地又湿又滑，这让扛着摄影机的韩治学感到有些吃力，但看到潘教授在这样艰难的条件下还如此乐观，跟踪拍摄的韩治学似乎也受了感染，用尽全力支撑着肩头的设备，将他工作和生活的真实场面全部记录下来。

没有合适的室内空间，杨澜和潘教授的访谈就设在山上的一座小亭子里。此时，天空渐渐下起了小雨，为了拍摄到最后的景色，吕毅决定将摄影机架在亭子外拍摄，并由他负责为摄影师打伞避雨。一个多小时的采访时间里，站在旁边的郝亚兰和邓陆感觉到风雨的袭人，都有些忍耐不住，而杨澜一直坐在冰凉的石头上，与潘文石教授完成了一场真诚的对话。

崇左基地的条件异常艰苦，经常停电不说，通信信号也很微弱。如果到了靠近中越边境的地方，手机就彻底打不出去了，于是整个团队就好像与世隔绝般和外界失去了联系。拿着手机尝试了多个地方，毕崑发现在基地附近的篮球场有信号，于是众人纷纷来到这个篮球场给家人拨打电话。谁知这个方法也不是那么好用，信号还是非常微弱，韩治学发现自己的手机朝着一个方向、保持特定的姿势，才能勉强接收到稍强一些的信号，几乎是在刚显示信号的同时，他的手机蓦然响起，原来是远在上海的吴征。由于杨澜的手机一直无法接通，心急如焚的他于是挨个拨打《杨澜访谈录》成员的电话，拨了许多次，才在这一刻拨通了韩治学。杨澜急忙借着韩治学的电话，给吴征报了平安，在电话中她才得知，由于节目组和上海总部失去联系，挂牵着杨澜一行安全的吴征正要亲自赶来广西。

采访期间，由于条件有限，潘教授和当地百姓一起为摄制组准备了大锅饭，杨澜和节目组的成员们围着一张简陋的小桌，一边说笑着，一边享受着山野农家的粗茶淡饭。此时的杨澜在大家眼里，就是团队中的平凡一员，不是什么知名人士，更不是让人敬畏的老板。远离了城市的喧嚣，身处偏僻闭塞的山区，《杨澜访谈录》的成员更加强烈地体味到了共同担当、共同成长的合作精神，更从蜗居营房、坚守理想的潘文石教授身上发现了商业世界里罕见的勇气与淡然。广西崇左之行，对于《杨澜访谈录》来说，更加强化了它作为访谈节目的另类气质：所谓高端并不一定需要光鲜的布景等专业形式，而是到达嘉宾工作和生活的现场，通过真实的记录和面对面的恳切交流，实现驻足受访人物心灵高地的实质目标。在快餐文化盛行的电视时代，不惧费时费力去烹制电视大餐的刀马旦做派，其实正是杨澜骨子里永不死亡的职业理想。这与是否放弃阳光卫视毫无关系。

2004年，对中国民营企业来说是不平凡的一年。从年初开始的关于民企原罪的争论到宏观调控是不是针对民企而来的各种猜测等等，都给民营企业家们带来了更大的影响。关注中国民营企业家成为2004年《杨澜访谈录》的重点内容之一。在调查中，杨澜发现了这样一组数据：中国每年新生的（民营）企业数在15万家左右，而每年消失的也在10万家以上；有60%的民营企业在5年内破产，85%的民营企业家在10年内消退。经营阳光文化带给自己的经验与教训，使得杨澜与民营企业家们更有共同语言，也让她感觉命运多舛的中国民营企业家能够在这样的环境中坚持下来，并取得令人赞叹的成绩，可算是商海中幸运的弄潮者了。

杨澜对郭广昌的定义就是一个幸运儿。作为复星的董事长及"灵魂人物"，郭广昌本人在商界屡获殊荣，更被《财经》杂志评为"中国未来经济领袖"之一。2004年2月，旗下主营房地产业务的复地集团也正式在香港挂牌上市，矢志要做产业整合者的郭广昌，正享受着多元化扩张的喜悦，同时他也遭到了一部分人的质疑。作为四年前就在香港上市的阳光文化的经营者杨澜来说，她的提问就从"上市"破题：

杨：第一次在海外上市，这一种中间的磨合让你最大的感触是什么？

郭：我觉得需要沟通。因为中国民营企业，是参差不齐的。有一些企业出去之后，没有给投资人留下很好的印象，所以双方的确有所疑虑。我觉得这也是正常的，但是我也跟很多国际投资人说，中国的民营企业一定是中国社会最有生命的一支，你们一定要投资中国民营企业。

谈到民营企业经营的困难和市场的残酷，杨澜问郭广昌觉得比较难做的决定或者最自我怀疑的时候是什么时候。郭回答说："做企业决策是不能承受之轻。就是人家看我们都很潇洒，一会儿做一个决定，投资多少，然后怎么怎么。其实做企业，里面最痛苦的就是决策。"郭广昌将复星颇有哲学意味地比喻成一个"物化了的自己"，因为生命无价，所以外界对于企业和个人财富的猜测和评论都毫无意义，将提问点一步步聚集于企业家的生存状态是同样经历过矛盾与痛苦的杨澜的明智之选。

杨：你觉得自己快要接近极限了吗？就是承受能力。

郭：你这个问题问得非常好。其实我每天都在问自己这个问题。我们的这个经营观叫"修身，齐家，立业，助天下"。所谓修身就是反省自己。这个反省就是说当你要做这么多事情时，你行吗？你到你的极限了吗？那有两种，一种就是说不行了，到这个极限了，这时你应该选择退出。因为已经超越了。另外一种就是说还行，但是不够，你要不断地提高。

"我们是高度的理想主义和高度的现实主义的结合。你一个人，没有理想就没有激情，一定要有高度的理想主义，一定要有很深的一个想法去做。但是你在具体做事的时候，你一定要有高度的现实主义。看到残酷的现实，是一就是一，二就是二，你不要有幻想。在做决策的时候不要有任何的幻想，任何的幻想都会让你走向毁灭。"在残酷的现实面前，理想显得是那样易碎，但哲学专业出身的郭广昌却将这对矛盾体统一了起来。也许正是这样一种哲学性的处理方式，让具有知识分子底色的他在商业经营领域实现了身心的融通。

与郭广昌以哲学思维统合商业经营的思路不同，同样是商人的王石却在海拔8000米之上找到了生活与事业的真谛。当大多数的商业人士热衷于打高尔夫球的时候，王石却经常把生命系在冰崖上，悬在气流中。美国登山爱好者弗雷德·贝奇把登山的魅力归结为"不确定性"带来的吸引力，然而这种吸引力也往往是致命的。1999年，王石不听劝阻，只身攀登海拔5445米的新疆博格达峰就险些丧命。当王石向杨澜描述自己濒临绝境的情景时，用了"非常非常恐惧"6个字，为了战胜这6个字，他以自己打自己耳光的方式振奋精神，才得以万幸攀越过了陡峭的冰壁。对于这位民营企业家的业余爱好，杨澜的评价是：他的探险活动，使中国人的休闲娱乐的半径大大地拓展了，他的个人选择，也给正在富裕起来的一代中国人提供了更多的想象力，就如何提高我们生活和生命的质量建立了一种新的坐标。

2004年4月，《杨澜访谈录》来到马来西亚，采访马来西亚前总理马哈蒂尔。采访结束后，杨澜和金嘉楠同车返回居住的酒店。由于是连夜赶到吉隆坡，一路忙着采访准备的杨澜根本无暇休息，但刚刚结束采访的她似乎还未从亢奋的状态中脱离，而是和金嘉楠聊起了她未来的职业规划问题，"你要为自己好好想一想，去做节目的设计或者想做一些管理工作，最妥当的是有个三年、五年的计划"，没有聊上几句，杨澜让司机停车在路边买了两杯豆奶，让金嘉楠润润嗓子。随着车的行进，两人继续聊着，不一会儿，细心的金嘉楠发现杨澜的眼睛已经快睁不开了，分明是在强打着精神说话，金嘉楠看到此景，对杨澜说："我帮你把杯子拿着吧。"但此时的杨澜已经将头靠在车座上睡着了，一只手仍旧握着空空的杯子，精致的妆容之下是无法掩盖的一脸的疲惫……

车子缓缓地行驶在吉隆坡的大街上，外面的阳光打进车里，照在熟睡的杨澜身上。金嘉楠就这样默默地看着自己的老板，心中涌起一股说不出的滋味。在金嘉楠的眼睛里，这个习惯了登机时携带一堆资料的老板杨澜，这个习惯了对着编导说"下飞机再交流"的主持人杨澜，在她干练光鲜的外表之下，更隐匿着一颗无比强大的内心，强大到只是依靠自己的力量就可以支撑起整个节目的灵魂。

辛苦和坚持是人生的A面，放弃和放松是人生的B面。在SARS和人类开了一场残酷玩笑的2003年至2004年，在理想主义遭受市场打击的2003年至2004年，杨澜带领着《杨澜访谈录》从北欧瑞典到东南亚新加坡、马来西亚，从广西的深山僻壤到台湾的远郊乡村，跨越着地理上的距离，也弥合着心灵上的痛苦，一程风雨过后又是一路阳光。她和她的团队共同经历了一段非凡的日子，也实现了一段加速度的成长。

从2001年年底算起，到2004年年底，郝亚兰已经在永嘉路387号生活和工作了整整三年。想起刚从成都来到上海的那个夜晚，裤子口袋里不知道什么时候飞进了一只马蜂，她下意识地伸手往兜里掏，结果一阵钻心的疼痛让她叫了出来。看着肿胀的手，郝亚兰的心情坏到了极点，刹那间，她开始怀疑自己来上海的决定。于是她立刻打电话给远在成都的丈夫，哭着说出的第一句话就是：我要回家。而三年过去，387号成为了她的另一个温暖的家，这里有与她建立了姐妹般情谊的杨澜，有一群与她有着共同追求的同事们。每到周末，她也会流连在这座小楼加班，一方面是为了忙碌的工作，一方面是为了驱赶对丈夫的思念。看到亚兰与丈夫长期分居的情形，杨澜曾建议她可以利用空闲的时间回到四川，两头跑着兼顾着工作。但这样的折中方式，对于事事追求完美的郝亚兰来说是无法接受的，要么是放弃上海，要么是回归四川。

无论是在《杨澜访谈录》担任制片人，还是曾经管理四川台体育部，辣妹子总是以一个刀马旦的姿态为自己的工作打拼到底。这个会在大门紧锁时，穿着裙子从栅栏上翻越的"郝姑娘",本打算和丈夫做丁克,但如今,每当看到别人的小孩子她都会喜欢不已。直到现在她才明白,做母亲是另一种无法从职业领域获得的幸福,这也许是杨澜完美的家庭给予她的新启发。此时的郝亚兰决定回到四川,做一名幸福的妈妈。

年末的一天,杨澜邀请郝亚兰到上海的新居参观刚刚整理好的花园。坐在优雅静谧的花园里,两个女人彼此敞开心扉。杨澜对郝亚兰说:"亚兰,你也要回去过这种生活了……"虽然工作上绝对需要这样一位能干的战友,但站在朋友的立场,杨澜希望郝亚兰能拥有更幸福、完整的生活。这样的情愫感动了彼此,只因为它是一种真诚而纯粹,且未被市场化所冲击的感情。

伴随着两个女人的深情话别,《杨澜访谈录》踏入了4岁的年头。

江湖

2004年12月28日，上海。

圣诞节刚过去三天，装点街头的彩条还未撤去，喜庆热闹的红灯笼又高高悬挂起来，给这个透着"洋范儿"的城市多添了几分传统韵致。这一天，"郎顾之争"的主角之一、香港经济学家郎咸平坐在了《杨澜访谈录》的镜头前。郎教授谈吐温文尔雅，与杨澜相谈甚欢，时不时发出爽朗的笑声。"公牛闯进了瓷器店，把昂贵的瓷器顶个稀巴烂"，采访郎咸平时，杨澜引用了这个外界流行的说法，可到底是郎咸平这个出身放牛班的"差等生"莽撞得不合时宜，还是貌似昂贵的瓷器本身就是一堆看上去很美的虚幻，彼时还未有定论。就在这次采访的半个多月以前，另一位主角，格林柯尔集团董事长顾雏军也坐在了杨澜对面，侃侃而谈。

郎咸平与顾雏军的风波，缘于某电视台2004年8月6日的一档财经节目。节目中，郎咸平对格林柯尔收购美菱、亚星、襄轴等国有企业的资金来源及并购手法提出了质疑。而导致两人直接交手的，则是郎咸平2004年8月9日在复旦大学的一次题为《格林柯尔：在"国退民进"的盛筵中狂欢》的演讲，郎咸平指责顾雏军通过安营扎寨、乘虚而入、反客为主、投桃报李、洗个大澡、相貌迎人以及借鸡生蛋等"七板斧"，将巨额国有资产纳入囊中。他强烈建议，国家应该"停止以民营化为导向的产权改革"，由此引发了一场波及全国的、事关国企改革方向的大论战，一时间郎派、顾派各执己见，互不相让。

采访顾雏军是在北京，与郎咸平一北一南，两个对手借着《杨澜访谈录》

这个平台分别讲述了自己的故事，讲述中又流露着针锋相对的较量。顾雏军在整个访谈中更多是叙述他在国内外的融资经历。对于有着媒体运作经历的杨澜来说，她深刻体会过融资的艰难。对此，杨澜问道："跟许多人讲同样的故事是件很痛苦的事吧？"顾雏军回答得很干脆："虽然说同样的故事，但所有的人都很感兴趣。我每次谈完之后都是满怀信心地回家，因为他们都很有兴趣。美国人不虚伪，他如果对你没兴趣，他可能就会告诉你对不起，跟我没关系。80%的机构都说对我们很有兴趣，研究一下再回话。但之后就再无音信。"顾雏军认为不是自己的故事不够精彩，而是因为自己是中国人，那些商业巨头对中国内地企业有一种根深蒂固的不信任。顾雏军以一种悲凉的语气暗示中国企业在海外面对的尴尬境遇。

当杨澜提出"郎咸平教授所提出的国有资产流失的问题，是否具有一定的社会意义？公众对国有资产流失这样一个问题的存在还是有权利去关心的"的问题时，顾雏军却以进入司法程序不方便透露为由做了回避，同时还不忘用"科龙交付高额税收"为自己辩解。作为一名秉遵个性与自由的经济学家，郎咸平却申明：这是一家上市公司，他接受质疑是应该的，他必须要回答我。

一个是志在"保护国有资产和中小股民利益"的"民企教父"，一个则是将四家国有企业收归己有，缔造格林柯尔系神话的"中国摩根"。一场经济学家和民营企业家的较量将带来怎样的结局？有人的地方就有江湖，独来独往的郎咸平仿佛是一个身怀绝技的侠客，虽不容于少林武当，却也有自己的风骨。而2005年7月，曾在访谈中一度强调企业家需恪守信用的顾雏军，因私自挪用三家上市公司的资产在北京被拘。或许正应了《无间道》那句经典台词，"出来混迟早要还的"。随后，中国银行业协会首席经济学家巴曙松针对郎咸平撰写的企业案例研究文集写了一篇书评，题目就叫《金融江湖的掌故》。两人于2004年年底在《杨澜访谈录》中的先后发言成为"郎顾风波"刀光剑影中的一个重要段落。

《顾雏军》这期节目是制片人郝亚兰的谢幕之作，而《郎咸平》则是新任制片人毕崑的开篇，两个人之间的过渡顺畅而从容。面对这个与《杨澜访谈录》一同成熟起来的小伙子，细心的郝亚兰运用了非常直白的话概括了制片人的角色——"制片人就是大妈"。毕崑完整地继承了这个传统，杨澜的"梦之队"虽然少了那个热心的"郝姑娘"，却依然沿袭着往昔亲密协作、踏实做事的优美门风。

如同"郎顾之争"搅扰起了经济界的轩然大波，2005年的地球表面也不太安生。2004年12月26日早7时许，印度洋海底发生8.7级大地震，地震引发的海啸以排山倒海之势吞没了30万生灵和他们新年之际的欢笑。2005年2月1日，联合国秘书长安南在纽约联合国总部会见美国前总统克林顿。当天，克林顿正式就任联合国印度洋海啸救灾特使。

2005年2月23日下午3点，新任制片人毕崑接到一个来自北京的紧急通知，让《杨澜访谈录》的团队人员马上赶到北京，第二天对克林顿进行采访。这个从天而降的消息，让毕崑有一刹那的愣神。

就在前一天，毕崑得到了采访取消的通知，本来已经准备北上的一班人马只得打道回府。在失望之余，毕崑只能拜托北京方面的同事，将已经提前运到北京的设备再重新打包回上海。采访机会的失而复得，这本来是个大好的消息，却让此时的毕崑陷入了被动的局面。从上海到北京，坐飞机也就一个多小时，在晚上之前赶到不成问题。但问题是，托运手续已经办妥了，估计这会儿设备已经被装上火车了。万一人到了，没有设备怎么办？无暇多想，毕崑赶紧一边打电话给北京同事，让他们去火车站把设备拦截下来，一边带着团队直奔机场。不得不说，这次老天爷也帮了个忙，在火车开动的前几分钟，北京的同事硬是冲上车厢，生生地将设备抢了回来。

遵照克林顿方面的要求，这次采访地点设在了北京国际俱乐部。毕崑和他的摄制队临时在俱乐部订了一个房间，但此时国际俱乐部客房异常紧张，房费高达6000元一晚，并且要求现金支付。匆忙出门的毕崑没准备这么多钱，只好再次麻烦北京同事带些钱过来。当时克林顿一行在俱乐部包了整层楼，其中一个房间恰好是空的，酒店管理人员就好心将毕崑他们的房间调换到了这里。这样一来，毕崑房间的隔壁就是克林顿的总统套房，而毕崑他们住的这一间，是大使级别的套房，曾经接受《杨澜访谈录》采访的、美国前世贸谈判代表巴尔舍夫斯基就曾在这里下榻。

克林顿此次是以联合国海啸救灾特使的身份来中国的，任务是为这场灾难筹款。得知克林顿来华的消息后，杨澜多方联络，最终成功争取到了一个小时的宝贵采访时间。

第二天早上6点多，摄制组成员便早早地起来布置场地。克林顿的总统套房有好几个房间，其中一间西式房间是他的卧室，采访地点设在另一间古色古香的中式房间里。对于布景的设置，吕毅花了一番心思。他将帘子半拉上，准备用侧光的角度，让一头花白头发、有着一个大鼻子的克林顿在镜头中显得更具立体感和阳刚气。为了标志此次采访是在中国，他特地找来一座传统的屏风，放在克林顿的座位后头。在节目组成员忙碌的当口，克林顿的工作人员们也没闲着。就像好莱坞大片中的情景，先是一位穿黑西装、戴墨镜的保安进来，打开所有橱柜，将各个房间的里里外外都检查了一遍，又进来一个老美，将一杯冰镇可乐放在了采访的桌子上，并特意强调："这是克林顿爱喝的可乐，冰镇的，你们请不要动！"这个在吕毅的眼中有点娘娘腔的人，是负责克林顿形象维护的工作人员，他向吕毅询问了几个关于布景的内行问题，得到满意的答复之后才离开。检查还没有结束，一位女性新闻官指名要找主持人，她用一连串语速飞快的英语，态度婉转地告诉杨澜，哪些问题不能问。杨澜点着头，心中却暗想：不问？如果我不问，那我来这干吗？

经过一系列烦琐的检查程序，神采奕奕的克林顿终于走进了采访间。出乎大家的意料，克林顿从进门开始，先和每一位在场的人员轮流握手，甚至包括在角落里服务的杂工。克林顿的握手让人感到亲切真诚，因为他会用眼神专注地看着你，极尽礼仪又富有人情味。吕毅因为守着一台机器，就抱歉地向他摆了摆手，意思是"我在干活"，但是克林顿随即就过去，握住他的手。见识了许多大人物的吕毅，还从没有看见过哪一个国家的元首能够做到这一点，这不仅仅是简单的礼貌和客气，从克林顿专注的眼神中，吕毅看到了真诚、亲切、平等和尊重。对这位毕业于耶鲁大学法学院、曾参加过反越战游行的前总统而言，民主与平等也许并不只是一个政治概念，而是与他奔腾的血液融为一体的思维方式。握手过后，克林顿又和大家一一合影留念，端着相机负责拍照的毕崑因为腾不开手，成了现场唯一没有和克林顿合影的人。

采访克林顿，最棘手的问题莫过于莱温斯基事件。政治人物的行为和隐私不同于娱乐明星，他们的权力来自社会大众，其一举一动，都会对大众的切身利益产生影响。因此这个问题必须提，但怎么提，杨澜和策划团队琢磨了好一阵子。最后，杨澜决定从克林顿总统图书馆谈起。位于阿肯色州小石城的克林顿总统图书馆里，克林顿专门开辟了一个区域，保存和展示有关1998年弹劾事件的历史资料。那次弹劾的导火索，就是克林顿与莱温斯基的绯闻事件。

杨澜：那是你的主意吗？

克林顿：当然。

杨澜：你完全可以不这么做的，对吗？

克林顿：当然，我可以不这么做。这是我的博物馆，我可以放任何我想放的东西，也可以把它拿开。

杨澜：那你为什么要把你生活中所谓的负面的一部分放到这里来呢？

克林顿：我认为我应该告诉人们这一切。……是的，我个人犯了一些错误。

这是这位美国前总统在成功接受了心脏搭桥手术后，第一次接受华人媒体的采访。说出真相，使得他获得了真正的自由。面对杨澜许多具有挑战性的提问，他没有运用外交辞令，而是给予了更具个性的回答。在《杨澜访谈录》特别的访谈氛围里，克林顿将自己还原为一个对妻子心怀愧疚的丈夫，一位通过写书还上了债务，并为家人买了房子的男人，一位出生于短命家族的男孩，一位和布什家族有着很远关系的亲戚。回顾自己的政治生涯，他坦言受到过暗杀威胁，但同时又说："敌意是生活的一部分，就如同快乐。我知道我在为什么而战，我努力地寻找着我的理想。人们无法通过施压而把你摧毁，除非你允许他们这么做。换句话说，他们努力要改变我的想法、我的感受、我对自己和工作的看法，我只是把握住自己不受它们干扰，因为我知道这背后意味着什么。"

这就是克林顿心中的政治江湖，对于如今正是江湖中人的妻子，他的回答是："无条件支持她，无论她做什么我都支持她。从1974年一直到2000年她都在帮我，一共27年。所以我想下一个27年该我支持她了。"原来，硬政治与软生活的交融也可以似水柔情。他灰白的头发与病后憔悴的面容，给了他任何显赫的职位也无法给予的气质。

从克林顿的眼神里抽身而出，杨澜一行又连夜从北京赶回了上海，因为第二天，《杨澜访谈录》还要采访一个重量级的前辈与同道：美国哥伦比亚广播公司（CBS）《六十分钟》制片人唐·休伊特。

唐·休伊特一行是应杨澜的邀请，前来出席将于2月24日举办的"2005中国电视主持人论坛"。这次论坛其实是杨澜和时任中国视协主持人专业委员会会长的赵忠祥和副会长白谦诚无意中聊出来的。在闲谈中杨澜意识到，从1980年中国出现真正意义上的电视主持人算起，到2005年正好25个年头，对于这25年的沧桑变革，中国电视人有责任、有义务去做一番深刻的回顾和总结。而且这25周年庆典，不应该是关起门来自娱自乐，陶醉在自己的小圈子里，不妨借此机会，邀请一些有分量的国外同行，一起来见证这个历史的节点。这个想法，得到了两位电视界老前辈的一致认同。于是，中国视协主持人专业委员会、阳光媒体集团、东方卫视决定于2月24日至26日在上海联合举办"2005国际电视主持人论坛暨年度颁奖盛典"，这将是中国电视主持界规模最大、规格最高的一次盛会。

从20世纪90年代起的25年来，中国电视节目的语态发生着巨大改变，这与美国CBS深度调查类节目《六十分钟》的启蒙不可分割，诞生于90年代初期的《东方时空》《新闻调查》等一批节目都借鉴了它的制作理念和手法，对于一代中国电视人而言，《六十分钟》几乎相当于创意模板和专业宝典。基于对电视媒体技术和符号特性的崭新认知，充满职业理想和主体意识的电视新闻改革者已经不局限于对新闻事件的单纯再现。从这些节目中走进公众视野的白岩松、崔永元、水均益等人，开始掌控对新闻的讲述和评论，崇尚对电视新闻的独立思考和深度挖掘，成为中国电视新闻改革潮流中脱颖而出的首批"记者型"主持人。

中国电视主持人诞生25年，也意味着杨澜从事电视主持已经15年。白岩松甚至打趣说，自己是"看着杨澜节目长大的"。这个有些夸张的玩笑道出了一个事实：严格说来，在主持人的江湖中，1990年大学毕业就登上综艺节目主持舞台的杨澜是新一代主持人群体里较早成名的一个。相对于1995年之后才正式亮相荧屏的白岩松、崔永元、张越等人，杨澜更像是位年轻的前辈。而这位年轻的前辈，早在最初竞选主持人时，就已展现出她的与众不同。面对《正大综艺》的导演辛少英，尚是北京外国语学院一名普通学生的杨澜反问她："为什么找女主持人就一定看外貌？主持人也可以有自己独立的见解。"这个在外人看来大胆而充满冒险的举动，却让辛少英心里给杨澜加了分，这位精明能干的导演发现，这个外貌并不特别出众的女孩，却透着一股其他参选者所少有的灵气和思考深度。而这个有力的反问，也预示着杨澜的独立之路注定会卓然不同。

在中国当了四年综艺节目主持人之后，杨澜远赴哥伦比亚大学国际事务学院攻读研究生。为了弄清何谓主持人，她特地来到哥伦比亚大学图书馆认真查询。但这座常青藤名校的图书馆藏中竟然找不到一本有关主持人理论的书籍。当她带着这个疑问问及指导老师，老师反问她："主持人艺术？没听过这样的说法。"这使她第一次对"主持人艺术"这个提法产生了根本的怀疑。考察美国电视主持人的历史，无论是新闻节目主持人还是娱乐节目主持人，他们几乎都来自电视以外的职业背景。在一些王牌节目如《六十分钟》《二十、二十》中的主持人都是资深的老牌记者。这次前来参加论坛的唐·休伊特，1922年出生的他在纽约大学就读一年后便开始了职业记者生涯，1943年至1945年期间，休伊特在欧洲和太平洋战场担任战地记者。在哥伦比亚广播公司新闻部工作了14年之后，他成为"沃尔特·克朗凯特晚间新闻"节目的执行制片人。他最著名的创造便是成功使用了新闻"Anchor（主播，主持人）"一词，他的理念对整个电视新闻节目的发展史产生了巨大的影响。1968年，休伊特创立了世界第一个新闻杂志节目《六十分钟》。在头10年中，这个节目的收视率便跃居尼尔森排行榜的首位，直至今日。《六十分钟》被认为是CBS制作过的最为成功的栏目，利润累计超过10亿美金。正是在经典新闻学发源地的美国的学习与思考，使得杨澜早早抛弃了对于主持技巧的探究，做一名客观公正，富有职业良心的记者成为她最为恒定的职业定位。也正是为了促成东西方电视同行的深度沟通，阳光媒体集团决心承办这次富有意义的高端论坛。

杨澜为这个论坛前后付出了很多的财力和心血。刚开始，组委会找到了一家愿意提供活动全部运作经费和各方面支持的赞助商，但就在活动举办前两个星期，这家公司突然宣布撤资。突如其来的变故，让活动组织工作一下子陷入停滞，论坛也面临着流产。这时，本着对电视理想的执着不渝，并衷心希望这样有意义的行业盛会能成为中国电视人对外交流、展现风采的契机，杨澜毅然从阳光媒体集团支出100多万现金，将整个活动承包了下来；同时白谦诚也把他在主持人专业委员会担任副秘书长的儿子白刚调了过来，参与论坛的筹划和准备。

面对资金的紧张和人员的匮乏，很多本应外包给公关活动公司的事务，都由组委会人员自己承担了下来。一人多岗，大家都在无私地辛苦忙碌。一天中午，疲惫不堪的白刚对同事说："我想睡一会儿，一会儿叫我。"可没想到的是，白刚这一睡就再没醒过来。为了不影响整个活动的顺利举行，白谦诚强忍悲痛，告诉其他人："这件事先不要和前来领奖的其他人说，别影响他们的情绪。"就这样，除了组委会成员和白岩松外，其他参加论坛的主持人都不知道白刚的离世，更不知道在这个全行业瞩目的盛会中，还有一位担任筹划执行的父亲，在默默承受着老来丧子的人间大痛。

此时的杨澜，内心充塞了深深的愧疚，如果资金充裕些，人员配备得齐全些，白刚也许就不会这样劳累。那一阵子，杨澜觉得自己像一个双面人，外表与内心总是在分饰不同的角色。阳光卫视出让时，杨澜心里痛苦到了极点，可为了安抚大家情绪，又不能将这种痛苦、焦躁和忧虑表现出来，她还要按部就班地工作，尽量表现出平日的沉着和冷静。这次论坛也是如此，赞助商的突然撤资，阳光媒体集团几乎以倒贴钱的方式半路承接，主办人员又因过度劳累而英年早逝，这诸多的郁闷与哀伤又必须化为欢颜强作，承受痛苦却又无处言说。

隐痛尚可深藏内心，资金的紧张却是眼前面临的现实问题。邀请美国CBS两位嘉宾唐·休伊特和莫利·塞弗来上海，单是一行人的差旅费就是一笔不小的开支；此外还有晚会及论坛的一系列投入。此时，所有人都绞尽脑汁，看能在哪里省些钱出来，论坛的环节排场能否再紧缩？同声传译的耳机能否少用两个？

作为中国电视主持人的年度聚会和交流平台，这次论坛吸引了来自全国乃至世界各地的优秀主持人与业界的权威人士、知名专家参与，其中包括中国、美国、欧洲和澳大利亚的著名电视主持人、制片人，可算是中国主持界首次最高级别的聚会。尽管有如此之多的焦虑和苦衷，但是出现在同行们面前的杨澜，又恢复了原先的神采。作为晚会的主持，一开场她就提出，既然是主持人的盛会，那么就抛开一切陈词滥调，尽情发挥。每位嘉宾的发言，都充满了各种有趣的包袱和段子。然而，就如同在论坛上开怀大笑的杨澜有着不为人知的忧虑，在一派自由轻松的气氛中，这场论坛也触到了中国主持人的隐痛。

围绕"理想"和"现实"，主持人们展开了一场大讨论。对于电视从业者，面临的一个非常严峻的问题，就是收视率与高品质电视节目、娱乐元素与深度思想如何平衡。白岩松和张越不约而同地表示，因为收视率不高，现在严肃的电视节目特别难做。"收视率是万恶之源"，脸上永远带着坏笑、擅长冷幽默的崔永元，就曾经受到过收视率的戏弄。从1999年开始，崔永元的王牌节目《实话实说》因为受到了国内电视媒体的纷纷效仿，收视率慢慢下降，他使出浑身解数，依然未能稳固住收视率。从一度高达5.4的收视率，降到了0.66的低谷，崔永元的焦虑和纠结，一直延续到2002年，他最终因得重度抑郁症而离开了《实话实说》。

如今的崔永元虽然已经走出了抑郁症的阴影，但是时代的阴影，还是避无可避地落在了每个主持人的身上。崔永元的抑郁,也是这个娱乐时代的焦虑。当尼尔·波兹曼用专著《娱乐至死》来探究和哀悼美国20世纪后期的文化变故时,人们赫然警醒到,在21世纪的娱乐时代,畅谈理想似乎是一件奢侈的事情。现在人们需要的,也许是眼花缭乱的图像和片段,快速地接受信息,又更快速地遗忘。

就在这次主持人论坛期间,《艺术人生》以"理想2005"为题,在上海制作了一期特别节目,邀请11位不同时代的优秀节目主持人,畅谈他们的理想与现实。"理想"一词是由白岩松提出来的,他对这个词语的解释是:"过去这25年当中,我们绝大多数人都是带着我们要改变世界的梦想来做电视的。在一个大家都不谈论理想的年代,我们坚持用这个名字,警醒着同行与自己。"

作为11位嘉宾之一的杨澜,因为有了自身的切肤体会,所以对"理想"这个主题的理解更有发言权。在接受朱军的采访时,她说:"当你为了一个理想去努力奋斗,而且经历过挫折的时候,我认为你对整个世界的理解,会更深一步……这是人生非常宝贵的财富,你经历过很大的欢喜,也经历过很大的挫折,但是你还是能够站起来,重新回到你要做的事情上来,我觉得这是对一个人很大的考验,我很高兴我经历了这样一次考验。"

穿着粉色衬衫的杨澜谈笑风生,用调侃的语气轻松应对着朱军,而其内心经历过的冷暖甘苦却只有自知。阳光卫视出售之后,《杨澜访谈录》终于从天上接到了地气,但同时也面临着一个收视为王时代的考量,这档承载了她人文理想的节目,是否能在电视泛娱乐化的大浪中,做到"深度"和"收视率"两者兼得呢?

"我不知道严肃的新闻原则和讲好一个故事有矛盾,我的信仰就是这两个一定是可以结合的,关键就是你能讲一个好故事吗?"在主持人论坛上,唐·休伊特一开口,颠覆了国内主持人的困惑。这个头发花白的老爷子,没有选择中规中矩的西服领带,而是颇为随意地穿了一件黑色外套。他给杨澜的感觉,不是文人的书卷气,而是浓重的江湖气。他于1968年创立《六十分钟》之后,这一档以政府行为、社会事件、司法公正、人类灾难等"硬新闻"为主要选题的严肃栏目，不仅是美国电视节目中获得美国电视最高奖"艾美奖"最多的节目之一，同时它的收视率连续22年稳居全美前10名，被称为美国电视新闻史上的常青树。而这一切的关键就在于：讲个好故事。为了讲一个好故事，唐·休伊特一出手都是别人想不到的招数：他可以假扮成治安官去接近访美的赫鲁晓夫；为了取得飞机坠毁的独家报道，他租用拖船第一个到达现场，并在去的路上"无意中"撞翻NBC租用的小船，回来后面对总裁的质询，只是耸耸肩说了句"爱哭的孩子"。这就是唐·休伊特，喜欢竞争，喜欢变通地处理事情，其生存之道中潜藏着一种实用的街头智慧。

"《六十分钟》之所以成功，是因为我们在该严肃的时候严肃，该轻松搞笑的时候也放得开，新闻节目一旦娱乐，并不是一件坏事，娱乐也不是一件让人汗颜的事。"当中国同行们努力从娱乐的丛林中悲壮突围的时候，唐·休伊特轻松行进的方式却有趣得要命。他的变通思维就在一瞬间比照出了那些让我们总是习以为常的非黑即白、非此即彼的思维定式。收视率与节目质量、娱乐与深度并非天敌，在一个引人入胜的故事中，可以经由一个折中的平衡点，将两者统一起来。收视率本身并没有错，而是一种相对公平的游戏规则，也是这个电视行业的生存环境。既然选择了大众传媒这个行业，而不是精英的学术研究，就要为了观众，学会适度的妥协。唐·休伊特的理念让杨澜受到了深深的启发，并在论坛发言中给予了积极呼应。当白岩松提出困惑自己的两对矛盾（一对矛盾是商业与新闻是一个什么样的答案，另一对是收视率与良心又是一个什么样的答案）时，杨澜的态度却非常清晰：

我总觉得这两个是可以结合在一起的，关键是你如何把你认为有价值的东西有效地传达出去，与观众的心产生共鸣。收视率不是唯一标准，且各类不同节目如新闻、戏剧、综艺、体育、专题等应有不同的收视率要求。但既然做的是大众传媒，就要把观众的喜好放在心里。我觉得，如果我们没有平衡好收视和节目内涵的话，那只是因为我们的功底还不够，而不是其他。

如同行走江湖之中、不同门派的高手过招，国内外主持人在互相的切磋中，也增长了彼此的见识。2005年主持人论坛如同一个大的沙龙，作为沙龙女主人的杨澜付出了很多，也得到了很多。晚会结束后，王志和张斌找到杨澜，对她说："杨澜，谢谢你，为主持人做了一件好事。"

杨澜在访问唐·休伊特的最后，帮助他总结了作为记者的一生。

杨澜：实际上您经历了过去半个世纪的历史。

唐·休伊特：我参加过伊丽莎白二世女王的加冕典礼，她加冕的时候，这个演播室里的人都还没出生呢。我也经历了教皇约翰二十三世的加冕礼；我和艾森豪威尔一起去过印度，他去会见尼赫鲁。我经历过如此多不同的事情，我不敢肯定它真的发生了，也许我会醒来，发现自己是在做梦。

83岁的唐·休伊特最后将自己的一切归于"梦"。也许所有现场的尽头都是现实，所有的现实皆与梦幻接壤。新闻现场的惊心动魄，也大不过现实生活的一声叹息。当以说话谋生的人们以变通为工具凿开二元对立的局面，智慧的活水才会流入一方自由转换的空间。

有位年轻人曾对唐·休伊特说："先生，从小我有个梦想，想成为像你那样的人。"唐·休伊特回答说："真奇怪，我也从小想成为我那样的人。"

这个关于"做自己"的脑筋急转弯从此成为电视江湖上的一大传说。

地气·线上

2005年7月，暑气逼人。

在这个躁动不安的夏天，杨澜宣布将她和吴征共同持有的阳光媒体投资集团权益的51%捐献出来。

与此同时，在香港成立以传播慈善文化为目的的阳光文化基金会，杨澜出任基金会主席。此举意味着，杨澜从商场第一线抽身而退，重回她所熟悉擅长的文化传播和社会公益事业。在接受《南方人物周刊》专访时，杨澜对记者说："我认为自己是在回归。"

从烦琐行政职务中脱身出来的杨澜，选择了与上海东方卫视合作，将东方卫视作为《杨澜访谈录》在内地的首播卫视平台。

立足于国际大都市上海，东方卫视开播于2003年10月，是国内除中央电视台外落地率和人口覆盖率最高的地方卫星电视频道之一，同时东方卫视（海外版）也在北美、日本、澳大利亚等海外地区落地，是一个面向全国、辐射海外、有着开放性的国际视野的卫视平台。定位于高端访谈节目的《杨澜访谈录》，与东方卫视国际化、都市化、人文化的频道定位，在气质上比较契合。而节目的国际化嘉宾群体，杨澜的专业主持水准和驾驭重大新闻的能力，是东方卫视力邀节目加盟的原因所在。登陆东方卫视，让《杨澜访谈录》从天上回到地上，接到了地气，将自己的节目送进了千家万户，更有效地凸显了自己的品牌优势。

然而，几乎是没有喘气的时间，问题便如影随形地接踵而来。在这个新平台上讲一个属于《杨澜访谈录》的故事，并不是件容易的事。在飘在天上的阳光卫视时期，节目组对嘉宾的选择可以自由地定夺，几乎不受外部力量的干扰和限制。挂靠于东方卫视之后，制片人毕崴在决定人物选题时，就要综合各方因素，进行更为稳妥的考虑，每个月还要定期与东方卫视总编室进行沟通。《郎咸平》和《顾雏军》这两期节目可以在阳光卫视上顺利播出，而节目组向东方卫视提出是否可以重播一遍时，就遭到了直接的拒绝。一些富有争议的敏感人物，也因此被节目组排除在采访嘉宾之外。

这是一个正常化的程序，毕崴并没有感到什么不适应。不同于郝亚兰集中于采访权威的政治人物，毕崴对嘉宾的选择范围则宽泛得多。他认为没有人可以代表所有人的态度，因此《杨澜访谈录》不能，也不想表达某一代人或者某一特定阶层的意见，而只能忠实地记录下这个时代的方方面面。对于所谓的60后、70后以及80后，毕崴认为不过是人为构造的代际隔阂，在他眼中，杨澜的超越意识，足可以弥合这种代沟。

8月，《杨澜访谈录》请来了作家郭敬明。在外人眼里，60后的杨澜和80后的郭敬明，这场对话从年龄到阅历，都是不对等的。然而，面对杨澜，郭敬明没有拘谨，侃侃而谈；而一直称呼他为"小四"的杨澜，也在访谈中不断与他碰撞出思想的火花。将两人观念的相左呈现在观众面前，已经达到了毕崴的初衷。

毕崴的开放性理念只是一方面，不可否认的是，对于郭敬明这样商业文化下的代表人物，如果不是因为节目落地于东方卫视之后面临着收视率的评估，也很难被请进节目的演播室。虽然比起收视率，东方卫视更看重节目的品牌和影响力，并没有用冰冷的数字作为衡量节目的标准；与同一时段的其他节目相比，《杨澜访谈录》的收视率排名也属于中上水平。但是对收视率这"电视行业的心电图"的注重，还是让节目组的每位成员受到了从未有过的压力。

起初创办《杨澜访谈录》时，杨澜并没有考虑市场因素，只是基于职业的兴趣和满足感。然而此时，在每一期节目播出之后，一份详细收视率报告就会出现在杨澜的桌头。她无奈地发现，通常外国嘉宾的出现，哪怕是国家元首，收视率就会掉一半左右。在现实面前，杨澜和她的团队也需要做出适当的调整和妥协。在不伤害节目"高端"和"国际化"的前提下，团队增加了一些与流行文化相关的人物，而相对削减国际嘉宾的人数。定期收看《杨澜访谈录》的观众们可以发现，与先前几年相比，这一年的明星脸明显多了，翁倩玉、蒋雯丽、张学友、黎明、章子怡、杨紫琼等娱乐明星相继登场亮相，与杨澜交手过招。

收视率的压力，也在提示着这个时代观众的趣味转向。2005年，湖南卫视的《超级女声》选秀节目在这一年走到了顶峰。12万名年轻女孩报名参赛，有4亿观众收看了总决赛的电视直播，有800多万人用手机发送短信投票。在这一年的10月，冠军李宇春当选美国《时代》周刊（亚洲版）评选的"年度亚洲英雄人物"，并成为杂志的封面人物。从一档看来普通的选秀节目，到掀起大众广泛参与的社会风潮，《超级女声》制造了一次全民的奇迹和狂欢，也在某种程度上潜移默化地改变了中国人的思维方式和行为方式。

在来势汹汹的"超女"风潮面前，相比起社会上一些知识分子的声讨和抵制，杨澜却觉得在这场"想唱就唱"的娱乐秀中，女人能够自我表演和欣赏，大胆展现个人魅力，这本身就是一种进步。在年初，杨澜的新栏目《天下女人》在湖南卫视开播，向来端庄大气的她以拉丁舞的造型出镜，让许多人大跌眼镜。但杨澜随后用她轻松活泼的主持方式告诉大家，这也是她生活的一面。娱乐并不是罪恶，也不可怕，关键是如何把握好尺度。坚定地站在前沿，把握住时代的脉搏，也不迷失自己，这是杨澜讲故事的方式。

同为高层领导人的阿里巴巴集团CEO马云，也曾经在几百名员工面前大跳钢管舞。在10月的杭州，杨澜笑着对节目的嘉宾马云问起了这个故事。自从某次活动中，马云被公司里的几位女员工拉上台跳起劲舞后，他就当仁不让地成为了台上的领舞者。不按常理出牌的马云，不仅是这个小舞台的带头人，也在互联网这个大舞台中风生水起。阿里巴巴成功兼并全球最大门户网站雅虎，已经成为中国最大的互联网公司，但这个被称为"狂人"的小个子，显然并未停下脚步。当杨澜问他："据说你提出了要把这样一个合并后的公司，变成将来中国最伟大的一个公司,这样的话说出来,你觉得别人不会认为你狂吗?"马云自信满满地告诉她:"我觉得并不狂,中国今天这样的形势、这样的市场,全球经济一体化,互联网又是新的,凭什么我们不能做一个很好的公司?"

杨澜试探性的提问,也是想通过马云的意见,更加清晰地了解互联网的发展态势。就在这一年,互联网和新媒体产业迎来了第二个春天,纳斯达克的旗帜再一次高高飘扬,互联网竞争格局进入战国时代。盛大闪电收购新浪19.5%的股份;百度在纳斯达克上市首日,收盘股票涨幅达354%,中国第一家民营企业联想完成了IBM全球PC业务的收购,迈出了中国企业打造国际跨国集团的第一步。来自民间的新力量在网络言论平台上纠集并产生持续影响,从虚拟到现实,从网络到社会,一种新的话语体系正在形成。喧嚣与机遇、混乱与兴奋、盲目与乐观,这形形色色,甚至相互背离的一切,无比奇妙地搅扰共生在互联网的潮水之中。

在信息迅速共享的网络时代,作为主持人的杨澜受到了信息筛选的困扰。技术的一日千里,海量的、碎片状的资讯席卷而来,在这信息爆炸的环境中,人们得到了多元化的信息来源,同时也会在选择时有些不知所措。对《杨澜访谈录》的编导们而言,如何筛选出正确的、有价值的信息,对于一期节目的质量至关重要。杨澜对网上的信息,本能地持审慎的态度。互联网开放、自由的特性,也催生了大量失实的信息。因此杨澜再三向编导们强调,如果信息是来自网络,那么在策划文本中必须注明来源。对于不确切、不严谨的消息,杨澜通常就不会用它来作为发问的依据。她所真正信任的还是权威的新闻报纸和杂志,如美国的《时代周刊》《新闻周刊》《纽约时报》,台湾地区的"中国日报",以及内地的《三联生活周刊》等。如果嘉宾是来自某一专业性较强的领域,杨澜会要求编导们搜索有关的专业论文和演讲稿。对于传记,如果不是嘉宾的自传,杨澜先要确认是否得到了本人的授权。

杨澜的严谨,也和她之前闹过的一个笑话有关。尚在凤凰卫视的杨澜,为了深入了解贝聿铭,采访前读了《贝聿铭传》,这本书在中国市场上流传很广。在采访时,杨澜本打算请贝老先生在这本书上签字留念,但贝老却告诉杨澜，这位作者并未采访过他，所写的内容大多从报刊摘编而成。看着尴尬的杨澜，他也只能无奈地摇摇头："这些记者，他们采访不到你也能写这么厚一本，绘声绘色地，真让人没有办法。"

这件事发生在1998年，这本传记也并非盗版。即便是在那时，如果不小心，也会出这样的纰漏，更何况如今鱼龙混杂的互联网时代。在当前的大背景之下，杨澜又面临着另一重挑战。上一代的电视节目主持人，凭借稀少的电视媒体平台，在某种程度上有着话语的垄断权和优越感。但是这种话语权因为信息技术极大的平民化和扁平化，而变得越来越薄弱了。那么，凭什么让观众看你的节目呢？

"收视率"和"影响力"都要的杨澜给出的答案是，强化节目的"背景"意识，不仅是简单的信息整合，还要进行加工，提升信息的附加值。

《纽约时报》的尤金·罗伯茨有过这样一句话："要突破'新闻是突然发生的'习惯性想法。"新闻文本不是单独生产和消费的，因此也不应当单独阅读和研究。对于《杨澜访谈录》的人物分析也是如此，孤立地分析某一个人是毫无意义的，只有将人物置于时代的语境之中，并联系其他相关的人和事进行解读，才可能有一个更为完整和精准的定义。而且，在杨澜的眼中，这档一对一的人物访谈类节目突出"背景"意识有更重要的意义。电视访谈同时具有人际传播和大众传播的特点，杨澜与嘉宾之间的交流和互动以人际传播的方式展开，而所要达到的最终目的，则是希望引起电视机前广大观众的反响和共鸣，实现大众传播的价值。因此，对背景的介绍具有明显的观众指向。节目中的背景就是一段段串场，虽然所占篇幅有限，但能为故事的展开搭建起一个整体的框架，为观众提供必要的信息和语境，平衡人际传播的局限，突出大众传播的威力。

仿佛是一种意味深长的呼应，哥伦比亚大学新闻学院也在这一年进行了改革。他们在注重培养学生新闻技能的基础上，加强专业学科背景知识的培养。新闻学院的硕士生，必须从艺术与文化、商业与经济学、政治学、自然科学这四门课程中选择一门，通过理论研究、案例分析以及专家座谈等多种方式进行深入学习。新闻学院院长在接受美国一家媒体采访时说:"我们希望能教给学生的是对他们长期的记者生涯有用的知识。"

无论是专业的学科背景,还是流变的时代背景,都是解析人物、获得一个好故事的密码。为加强编导的"背景"意识,在他们搜索资料的过程中,杨澜提出了自己的要求:一个好的背景,并不是由"5W"组成的平面叙述,而应该由一个三维空间构成,首先要搭建起的是一条历史的横轴线;在一个历史的节点上,相同领域中的其他有影响力的事件是纵轴线;而嘉宾的成长轨迹,则是第三条轴线。在这个立体的模型中,发生在嘉宾身上的每一个故事,就如同一个有内涵的坐标,可以进行深入的剖析。

秉持这样的思路,面对博客中国创始人兼CEO方兴东,杨澜其中的一段串场是这么说的:"方兴东喜欢把自己形容为'农民诗人',如果写评论还能让他尽情发挥才情诗意的话,那么博客的商业化运作,显然容不得他继续地书生意气了。自从2002年8月创办当时完全以个人兴趣为主的'博客中国'网站,一直过了三年,方兴东才完成第一轮的正式融资,但是要靠着博客挣钱,很多人都替他觉得悬。"这段串场,将这位"中国博客第一人"的成长线、时代线和事业线都有机地串联了起来。9月,北京最好的季节,戴着一副厚厚的眼镜的方兴东,给杨澜讲了一个如何用嘴皮子拉来中国最早的200个博客的故事。他认真地对杨澜说:"怎么让网民参与到网络中,让每个网民都能发挥自己的创造力,我觉得这才是互联网的未来。"

杨澜对这个观点并不陌生。2005年5月,第9届《财富》全球论坛在北京举行,借此时机,杨澜采访了参会的E-Bay首席执行官梅格·惠特曼。这位说话温文、喜欢穿着E-Bay的员工T恤走在大街上的女人,被《财富》杂志誉为"最有权力的商界女性",这其中的反差让杨澜对她产生了好奇。当杨澜问到"处于这个扁平的网络时代,什么是权力"时,梅格·惠特曼比划着柔和的手势,回答说:"在E-Bay,我并没有多少控制力,我们的用户群拥有真正的权力。"

过去我们对权力的认知,是某一个权威对下属纵向的控制能力。而在网络时代，权力是扁平的。拥有权力并不是意味着能控制多少人，或者控制多少钱，而在于能在多大程度上，帮助他人，激励他人，改善他人的生活，成就他人的梦想。这一年，杨澜连续采访了数位与IT行业有关的嘉宾，包括纳斯达克CEO罗伯特·格雷费尔、百度CEO李彦宏、雅虎CEO杨致远等等，她也从嘉宾们的观点中受到了深深的启发。

在互联网大发展、新媒介融合的趋势下，试图在新媒体领域发展的杨澜，寻找到了把控时代命脉的新契机——制作一本电子杂志。在中国的媒体人中，杨澜在电子杂志领域做了NO.1的尝试。2005年12月，经过几个月的准备，杨澜的电子杂志《澜LAN》上线了。《澜LAN》采用多媒体的杂志形式，可以方便地"翻页"，集文字、图片、动画、视频短片、背景音乐甚至3D特效等各种效果于一体，完全颠覆了传统媒体的基本套路。杂志定位于为现代都市女性提供丰富的资讯，倡导灵性与知性并重、优雅与时尚共存的生活方式。在杂志中，不仅有社会话题的探讨，有最新的时尚、旅游、影视资讯，还有与用户进行互动的社区。杨澜为自己的杂志写下了这样的刊首语：

生活大致平静，心中总有波澜。

我相信今日中国的女性，是世界上的女性之中，身处重大变革的一群，也是内心的观念冲突最为强烈的一群，她们在创造可能是最幸福的生活，同时，也在经历着可能是最为复杂的心路历程。正像我所经历过的一样。我相信这是时代的成长，也是女人的成长。

所以，在如此平静的生活之中，让我和你一起，面对美丽人生，面对心理交战。我愿意与你分享，我所有的美好经验。我选择电子杂志的方式实现这样的分享，是因为这时代有太多可爱的选择，而电子杂志是最直接、最亲近的一种。

这份只有三个人制作的杂志，刚刚上线就获得了单期下载100万册的好成绩。在第一期中，杨澜放上了她与梅格·惠特曼的访谈视频和部分文本。利用这种新形式，《杨澜访谈录》得以在《澜LAN》杂志中拓展，节目有了一个二次传播的新平台。

这一年，杨澜的文化传媒理想拥有了地气和线上的双重平台。摆脱以商业利润为第一目标的束缚，专注电视节目和电子杂志的制作，杨澜就像剥掉商人外衣后的战士，坚守在自己擅长的领域里。

然而，网络这只翻手为云、覆手为雨的大手，让杨澜尝到了甜头，也让导演陈凯歌尝到了苦果。与《澜LAN》杂志上线几乎同时，陈凯歌耗时三年、耗资3.5亿元打造的大片《无极》在北京举行了全球首映发布会。喧哗的造势，重量级的明星阵容，恢弘的制作，陈凯歌踌躇满志地将影片推向海内外，希望能得到国际电影市场的青睐。让他意想不到的是，2006年年初，一部恶搞《无极》的搞笑网络短片《一个馒头引发的血案》，在网络上以风一般的速度传播开来，甚至被有的网民评论"谁要不看，真是2006年的第一大憾事"。诚意之作遭到如此戏弄，这一事件激怒了陈凯歌，宣布要起诉作者胡戈。这场纷纷扰扰的闹剧最后不了了之，但肯定的一点是，陈凯歌输掉了人气。

就在《无极》上映前一个月，杨澜曾经采访过陈凯歌，在谈起六年前的《荆轲刺秦王》时，陈凯歌依然愤愤不平："我当时真的非常不痛快，我做了那么诚实的一部电影，他们怎么这么傻，看不懂啊？"陈凯歌的坦率让杨澜感动。对于和《荆轲刺秦王》有着相似命运的《无极》，杨澜在认真观看之后，坦白地说："故事和人物缺少感动我的力量。"

撇开网络时代的荒诞，能讲一个好故事，是永不过时的黄金准则。但访谈节目的成功，一大半是依赖于对方。对于杨澜而言，她也有撬不开嘉宾金口的时候，台塑集团创始人王永庆先生就是一个。2001年，杨澜在台湾采访了这位倔老头，她准备了洋洋洒洒30多个问题，但是在15分钟之后，王永庆已经回答完毕了。无论多么长的问题，他总用"对""不对"，或者"我喜欢""我不喜欢"这样的语式来回答。当时杨澜的汗都下来了，面对这个气场比她强的老头，她心里充满了挫败感。"就像你在一个水域里，我可以看见你，但是我们在不同的水道里擦肩而过了。我采访王永庆的时候，从开始到结束就一直没有在同一条水道上。"这次不成功的访谈给杨澜提了个醒,在以后的采访中,问题要更有针对性和时效性,并做好更多的备份问题来预防出现类似的情况。

无奈在2005年,杨澜再次遭遇了让她感到绝望的采访。华裔围棋大师吴清源先生年事已高,思路不够清晰,语言上还有障碍,把日文和中文夹杂在一起说。这是《杨澜访谈录》自开播以来,唯一一期没有播出过的节目。

而有的时候,只要时机对了,原本不善言谈的人也能讲出一个好故事。2005年11月,因为要随《杨澜访谈录》赴美国拍摄,王祖继需要到美国驻上海领事馆办理签证手续。美国的签证不好办,憨厚的王祖继在同事们的善意提示下,带着和克林顿的合影去了领事馆。队伍前面的四五个人先后被拒签,轮到王祖继时,他将自己的材料和照片一并递给了美国签证官。这位美国签证官一下子就瞪大了眼睛,看着好半天才想起来问他:"这是你吗?"心里正在打鼓的王祖继赶紧回答:"是我。"得知这张照片的前后故事后,签证官二话没说,就在王祖继的证件上盖上了"Accept(允许)"的章。得益于《杨澜访谈录》的大格局,王祖继讲了一个漂亮的故事。

《杨澜访谈录》要讲好一个故事,外围的"天时"与"地利"固然重要,但作为局内人的杨澜却慢慢将"人和"控制到了自己的手中:一场流畅的访谈,或者一场不那么流畅的访谈,甚至是一场被动终止的访谈,访问者杨澜"讲故事"的职业功夫,总是具有转换和应对的强大功能,让局促的一切实现舒适的软着陆。

资本凶猛,娱乐当道,于应对中顺应,杨澜放松了下来。她调整着自己的姿态,固守熟悉的领域,也开拓着新的版图。

谁能在石头上轻松睡觉?2005年,5岁的《杨澜访谈录》在地气和线上的双重平台上,终于找到了在石头上放松下来的支点。

无论进退,总是自如。

与现代舞团的创始人林怀民先生合影。"静"是林先生对舞蹈作品的最高追求

音乐家谭盾认为艺术创作的魅力就是在孤独中痛苦，但也会在孤独中找到一线无法比拟的光芒

与严歌苓的对话，让杨澜见识了这个小女人的大宇宙。而现实中的严歌苓，要趁着精力旺盛的几年多写一些，让酒在最佳的发酵期内成为佳酿

与陈凯歌、陈红夫妇合影

在《杨澜访谈录》的舞台上，无论你是"哪门哪派"，都有表达自己的权利。当60后杨澜遇到80后两大作家时，碰撞出了奇特的思想火花（上图：郭敬明；下图：韩寒）

为了更好地了解从事科学研究的北大教授潘文石,杨澜深入原始丛林进行采访

正是受唐·休伊特的影响，杨澜抛弃了对于主持技巧的探究，做一名客观公正、富有职业良心的记者成为她最为恒定的职业定位

与E-Bay首席执行官梅格·惠特曼合影。这位被《财富》杂志称誉的"最有权力的商界女性"告诉杨澜，"在E-Bay，我并没有多少控制力，我们的用户群拥有真正的权力。"

04

海伦·布朗

希拉里·克林顿

安娜·林德

为什么总问女人这个问题？

在这个时代，女性的"权利"和"权力"需要被重新定义，
女性的"成功"与"成长"需要有不同的选择。
关键是，女性应该怎样突破过往给人的刻板印象，
是复制男性的竞争模式，
还是在贤妻良母的惯性思维中内疚不已？

/ 一 问 一 世 界 /

贝蒂·弗里丹

珍妮·古道尔

奥尔布莱特

卢英德

"你是怎么平衡事业与家庭的？"这是我每次接受采访都会被问到的问题。这问题没什么不妥，只是为什么很少有记者问男性这个问题？男人们就不需要平衡事业和家庭吗？

有人总结21世纪推动经济发展和社会进步的三大动力是网络（web）、气候（weather）、女性（women）。女性作为劳动力和消费者的影响与日俱增。在美国、中国这些国家，女性已占劳动力市场的50%左右，女性在政界、商界的高层管理中的比例也不断上升。全球现任的民选国家元首中已有超过20位是女性，欧洲不少国家的议会和内阁成员中有一半是女性（中国的全国人大代表中女性仅占22%左右）。在现代商业社会中，女性支配的个人消费和家庭消费更占到消费决策的70%以上。这一切都给予了女性更多的参与度和话语权，也有更多的女性成为各领域的引领者。如果全球女性能够充分就业，她们创造的价值甚至高于中国与美国GDP之和！在经济增长乏力的今天，如何更好地释放"女性红利"已经成为热门话题。

《杨澜访谈录》一直关注世界各国的女性领袖。从女性政要到第一夫人，从商业精英到艺术家，女性的"权利"与"权力"被重新定义，女性的"成功"与"成长"呈现了不同选择。关键是，我们需要突破怎样的刻板印象，是复制男性的竞争模式，还是在贤妻良母的惯性思维中内疚不已？

美国时尚杂志《大都会》的前出版人海伦·布朗总是语出惊人。1962年她写了一本畅销书《单身女孩》，其中有句名言脍炙人口："好女孩上天堂，坏女孩走四方。"她办公室沙发的靠垫上就绣着这句名言。她的拥趸是"二战"后美国中产阶级的年轻女性。她们独立、自我，不把自己的幸福寄托在白马王子身上。她们接受了良好的教育，自食其力，婚前不排斥性生活，享受生活的愉悦。海伦说，她没有见过一位完全幸福的单身女人，也没有见过一位完全幸福的已婚女人，不管是单身还是已婚，重要的是她们认清自己的价值，找到令自己快乐的生活方式。对于海伦离经叛道的言论，有人喝彩，有人扔臭鸡蛋，但书和杂志的销量却节节攀升。海伦在接受我采访时已经84岁。她身着艳红的上装，同样艳红的是她的唇彩。今天的她依然是生动而无畏的。帅哥仍然会让她心动。有时在大街上，她会走向一个素不相识的男子，对他说："我并不认识你，也可能再也碰不到你，但我想告诉你，你今天看上去很帅，衣着得体，发型很棒。我只是想让你知道这一点。"

20世纪60年代，英国姑娘珍妮·古道尔只身去往非洲观察和研究野生黑猩猩。所有的人都表示反对，认为她在20岁时应该做的事就是把自己嫁出去，只有她的母亲对她说："珍妮，如果你真想做一件事，就要抓住机会，不放弃努力，这样你才会拥有成功的人生。"她的母亲甚至自告奋勇陪女儿住进非洲丛林。为了接近黑猩猩，珍妮遇到过不少危险，她遇到过狮子，也遭遇过豹子，还有眼镜蛇被水冲到了她的脚背上。有一次，她被发怒的黑猩猩包围，还好她学会了用它们的方式表示屈服和善意。菲菲还是一只小猩猩的时候，珍妮就开始近距离地观察它。现在它已成为黑猩猩族群中地位最高的雌猩猩。每当珍妮回到坦桑尼亚的热带丛林时，菲菲就会出现，坐在不远处，不时抬头向她这边张望。有时它的眼神会与珍妮的短暂聚合，它看到的是当年朝夕相处的那个人类的女孩已经满头银发，而珍妮看到的菲菲，一身黑毛中也有好几处已经花白了。你想问在野外她是怎么平衡事业和家庭的？告诉你，她当年把幼小的儿子放进一只笼子里，以免自己外出时野兽攻击他。现在，她的儿子选择在达累斯萨拉姆做一名渔夫，已经成家立业，有三个孩子。

美国前第一夫人埃莉诺·罗斯福曾经有这样的名言："女人就像一个茶袋儿，只有把它放进热水里才知道她的厉害。"希拉里·克林顿显然是这样一个厉害角色。她曾经是全美排名前100位的优秀律师，也是学历最高的美国第一夫人，她当过参议员，也成为最有机会问鼎总统宝座的女性参选人。作为女人，我们看到她在丈夫的婚外情丑闻中饱受羞辱，却最终选择与他共同面对。在自传中，她写道：保持与比尔的婚姻是我前半生做出的最困难的决定之一。她最打动我的一次演讲是她宣布退出总统竞选时说的"不论怎样都不要放弃你们自己的梦想，永远力争上游，坚持信仰，被击倒要马上站起来，不要让任何人说你不行"。2009年2月，她第一次作为美国国务卿出访中国并接受了我的独家专访。当我告诉她她看上去很轻松时，她爽朗一笑："也许是年纪够大的缘故吧。"她访华的日程安排以分钟计算，就是为了及时赶回家参加女儿29岁的生日派对。"我觉得切尔西是很有主见的女孩，她综合了我和她父亲的优点，性格很好，工作努力，有爱心，像所有的母亲一样，我只希望她生活得开心。"女儿长大成人，又于2010年披上嫁衣，希拉里更可以全身心投入工作。她试图让美国国内的鹰派看到外交的重要性，但她也常常有困扰。2010年10月，我在华盛顿的一个女性论坛上再次见到她，她抱怨说："国防部向国会要500亿，他们一分不差地批准了。我向国会要50亿，他们还砍掉5亿。可是他们忘了如果我们在外交上更加成功，就不必使用那些战争装备了。"

美国公共政策专家弗兰西斯·福山在一篇名为《女性和世界政治发展》的著述中指出，因为女性与生俱来厌恶暴力，如果有更多女性能够参与到世界政治中，特别是成为领导人的话，世界将更加和平。"我并不确定女性是否更爱好和平，她们也曾下令发起过战争，但我认为基于公平的原则，女性应该在政治决策中有更多的话语权。"说这话的是瑞典前外长安娜·林德。生于1957年的她长着一张女学生的脸，淡金色的头发，红润的肤色。她是瑞典政坛冉冉升起的明星，人们预测她是未来的首相人选。我采访她的地点是瑞典外交部，在她手下一名官员的办公室，因为他刚刚做了父亲，正在休"产假"。"记者们总是问我同一个问题：在有两个孩子的情况下，你是怎么做好外交部长的？我的男同事们从来不需要回答这个问题。我认为今天的女性不再需要在事业与家庭间做任何选择。我们两者可以兼顾。同时我坚持让自己的男同事也一定要休'产假',回家去给孩子换尿布!"为了下班能早点回家,安娜倾向于参加午餐而非晚餐,因为这样就可以回家跟老公和孩子们吃晚饭。母亲节那天,丈夫和两个儿子一起给她做了美味的煎鱼三明治,还送了她很多张画,多到墙上都挂不下了。说起这些,安娜的脸上浮现出满足的笑容。就在我采访安娜三个月后,她在一家购物商场里被一名男子用匕首刺杀。经查那人患精神分裂症,最后被免于刑责。听到这个消息,我惊愕不已。两个男孩成了没妈的孩子。

2014年在采访朴槿惠之前,我读了她的自传《绝望锻炼了我》。这位在年轻时经历了母亲、父亲先后被刺杀,众叛亲离的女性,以东南亚地区第一位女总统的身份再次入住青瓦台,显示了她巨大的忍耐力和韧性。坐在我对面的她内敛,含蓄,说起话来轻声细语,不紧不慢。她是个感性的人,对青瓦台的一草一木都很有感情。我问她最喜欢哪个角落,她眼睛一亮,说:"不知道你来青瓦台的路上,有没有看到'绿园'?这是我最喜欢的一个地方,而且具有重要的意义。我年轻时随父母住在青瓦台,时隔多年后又住在这里。其他的地方都发生了很多变化,只有这个园子没变。我一到那里,就联想起往事,我生活中的那些记忆仿佛历历在目……"有这么多伤痛的回忆,为什么还要投身政治之中呢?她思索片刻,缓缓地说:"因为觉得自己可以有所贡献。我父亲执政时,国民付出了巨大努力和牺牲,成就了经济奇迹,而我希望把国民的幸福感放在第一位。每个人生下来有不同的力量和梦想,能力也不一样,但我希望每个国民都能尽情发挥自己的能力。作为政府,就是要创造工作岗位,建立信任,尽量消除国民的痛苦与不安,还要振兴文化,让国民享受到文化的昌盛……"

似乎难以逃离韩国国家元首的某种魔咒,朴槿惠在任期间因滥用权力的指控被弹劾,并随后经历了漫长的听证与审讯过程。据说她在拘禁期间常常一个人安静地读书。相信历史会给她一个说法。而命运,在给她一次绝望的磨练之后,又让她有了一次复习的机会,也真让人唏嘘了。

很多能干的女人都不愿被人称为"铁娘子"或"女强人",因为这其中含有某种不近人情的意味。但陈至立不这么看。她说："铁娘子如果是指言谈举止，那可能带有贬义，但如果是指对事情的处理和决断，那我认为男女领导人都一样要敢于负责，敢于拿主意。意志要坚强。不要因为怕得罪人就缩手缩脚。"作为中国的职业女性，陈至立也有过疲于奔命的日子。结婚生子之后，她的丈夫在军队里工作，婆婆还在上班，她不得不一下班就往家里跑，生火做饭，哄孩子睡觉后再读书、看文献。稍有闲暇，她还跟邻居学包粽子，不用绳子，单凭粽叶穿插，利用糯米在高温中膨胀的原理让粽包更加结实。有时加班回家晚了，看到孩子坐在椅子上睡着了，心疼得不得了，感觉自己没有尽到照顾他们的责任。但孩子们也在这样的环境里学会了照顾自己，跟母亲的情感非常亲密。

世界经合组织做过一个调查，全球工作时间最长的女性是中国女性，这包括了有偿工作和无偿工作的时间。这固然反映出中国女性的勤劳，也让我们看到，受传统观念的影响，很多中国家庭还是认为家务主要应该由女性承担，于是女人在职场和家庭之间奔波，还要经历所谓"丧偶式育儿"的窘境，每天做家务带孩子的时间平均比男性多两三个小时。

有人称陈冯富珍是铁娘子，也有人说她是贤妻良母式的传统女性。这两种不同的标签，同时存在于一个女性身上，让我好奇。2006年11月9日，世界卫生组织总干事的选举中，中国香港前卫生署署长陈冯富珍获得约七成支持，高票当选为新一届世卫总干事。这也是首位在国际重要组织中担任领导角色的中国人。宣布结果时，她用中国人传统的作揖方式表达感谢。那时，从香港飞到日内瓦多日，为她煲汤鼓劲的丈夫陈志雄（香港眼科医院执行总裁），悄悄从第一排起身，退到涌上前来祝贺的各国代表身后。

2003年非典疫情暴发时，担任卫生署长的陈冯富珍每天下午四点半准时出现在媒体面前，回答记者们一个又一个急切而尖锐的问题。其实对于凶险的疫情，她自己心里也没有底。但她相信，所能做的就是勇敢的实情相告，用透明性安抚人心。她的压力可想而知。一次，在谈到淘大花园的疫情时，她不得不中断会议，躲到一个房间去哭了一场，然后喝一杯水，平复一下情绪，再接着开会。

在那两个月中,她基本无法回家。偶尔回家的时候,丈夫和儿子都会拥抱她,给她安慰。"他们给了我可以靠一靠的肩膀。"陈冯富珍说。从担任重要公职开始,丈夫开始了妇唱夫随的生活节奏。可是他们年轻时,可正好是反过来的。为了陪丈夫去加拿大留学,陈冯富珍从文科改学医科,就为了两个人能在一起。大学里的医学总监说,女人回家做饭就好了,但丈夫支持她拥有自己的职业梦想。孩子小的时候,兼顾家庭和事业的确有很多压力,但夫妻二人相互体谅,还订了一条家规,每过六个月,就坐下来把家里的事总结一下,就好像是会诊一样,找到问题,一起想办法解决。能有这样相互理解支持的伴侣,真是幸运而幸福的事啊!也再次验证了一个观点,男性和女性在职场和家庭中都要共担责任,才能找到工作与家庭的平衡,而不是把平衡的责任都推给女性承担。

我有时候想,孩子们究竟需要什么样的母亲,成天把孩子搂在怀里的那种,还是忙碌而快乐的那种?可以肯定的是,当有些母亲辞去工作,只陪孩子读书,还整天提醒孩子"看看我为你做出多大牺牲"时,孩子心里并不一定领情。人们也许夸大了母亲陪伴孩子时间长短的重要性(幼年时期另当别论),就像人们也常常夸大"富爸爸"和"穷爸爸"给孩子带来的影响。其实孩子不在乎自己父母有多成功,随着他们逐渐长大,也更需要独立的空间。父母能给孩子的最好礼物:一是无保留的爱和接纳;二是父母自己能够快乐地生活。

美国前国务卿奥尔布莱特曾对我说:"每一位在职母亲的名字中都有一个字叫guilty(负疚)。"她1959年毕业于美国威尔斯利女子大学,毕业三天后就结婚了。那时女子上大学的目的就是能成为更有教养的妻子和母亲。到她45岁离婚时,她几乎从未尝试过独立生活。离婚迫使她从头开始自己的事业。因为同时工作和学习,她前后花了13年拿下了哥伦比亚大学的硕士和博士学位,动力之一就是给三个女儿做表率。当她毕业时,她不再是家庭主妇玛德琳,而是奥尔布莱特博士。而女儿们站在她身后,见证她宣誓就职的一刻,让她充满了一位母亲可以享受的骄傲。她在一次演讲中说:"对于个人或一代人而言,成功没有固定的模式可循，是否具备判断力和抉择力才是成功的关键。如果随波逐流，注定以失败告终。"

美国女性活动家贝蒂·弗里丹在她的著作《第二阶段》中曾经阐述道：过去女性要争取自己的权利，需要被认真对待，往往会采取掩盖自己的女性特征，在穿着和举止上模仿男人的方法；而今天更多的女性认同自己的性别特征，并引以为豪，她们在外部世界争取平等权利的同时也追求根植家庭的安全感和幸福感，这正是女性解放的第二阶段。

2008年至2010年，名列《财富》杂志"最具影响力商界女性"榜首的是百事公司的董事长兼首席执行官卢英德，是一位23岁才移民美国的印度裔女性。当她被耶鲁大学录取为研究生时，父母都认为她疯了。一个受过良好教养的保守的婆罗门女孩做这样的事是闻所未闻的，以她的年龄应该老老实实待在印度结婚生子。不过最终卢英德还是说服了家人支持她追求梦想。从耶鲁毕业后她打算在美国找工作。为了看上去更职业，她决定去买一套男性化的裤装。结果裤子太短而上衣又太长，她穿着不合身的衣服像是套在一个袋子里，惹人嘲笑。学校里的就业辅导员建议她不妨穿上漂亮的印度纱丽，做回她自己。结果她找到了自己喜欢的咨询公司的工作。

对于人们常说的"玻璃天花板"，即女性长期从事低层的辅助性的工作而难以进入核心决策层，卢英德认为它既是透明的（无形的），也是易碎的。她相信遇到歧视并不奇怪，你只需要一次又一次证明自己的能力。她也不相信往上爬就一定要与一个小圈子的男人俱乐部成天混在一起，下班之后她推掉应酬径直回家。她有过手忙脚乱的时候。在公司剥离餐厅业务时，她的工作量特别大，家里有两个孩子，其中一个还病着，而一位去世好友的葬礼又安排在同一天，老公还出差了，这真让她抓狂。回忆起这段往事，她说："所谓压力实际上是一种思想状态，如果你把注意力放在如何解决问题而不是自怨自怜上，方法一定会有的。我深吸一口气，打电话向朋友们求助，就这样渡过难关。"敢于求助，善于沟通，是卢英德平衡工作与家庭的诀窍。要领导百事公司这样一个在全球有近20万员工的企业，仅仅靠敏锐的市场判断力是不够的，情商是必不可少的。刚刚担任CEO的她，做的第一件事就是登上飞机，到竞争对手的家中说服他留下来继续共事。女性的良好沟通能力和合作能力可见一斑。

女人们在经历阵痛突破社会种种陈规旧俗的同时，社会也在经历阵痛来适应新一代女性的崛起。英国前首相托尼·布莱尔的夫人切丽·布莱尔是英国御用大律师，是第一位有自己职业的英国首相夫人。她发现自己的生活在丈夫当选那天就发生了巨大的变化。大清早，家里的门铃响了。为了让丈夫多睡一会儿，切丽穿着睡衣去应门。她接通了对讲，门外的警察说有速递给她。她说你不能把东西留在门廊上吗？他说不行。于是她打开了大门。一瞬间，闪光灯亮成一片，原来门口已聚集了几十家媒体。他们拍下了她竖起的头发，皱巴巴的睡衣和一张素面！从那一刻起切丽意识到她习惯的生活已经被颠覆了。之后她私人雇用了美容师帮助打理她的形象，不过这回公众又因为她衣着光鲜开始评论她是如何的虚荣。不仅如此，因为她常常表达自己的政治观点，如在小布什总统家做客时无所顾忌地与他争论起有关死刑的敏感话题，也让她面对了媒体的不少批评。

如果我们想想那些深受称赞的夫人们：杰奎琳·肯尼迪和戴安娜王妃总是明艳照人地站在丈夫身边，没有人问过她们花了多少置装费；两位布什总统的夫人总是以家庭主妇的面貌出现，温柔贤惠，从不多嘴。而当希拉里、切丽、米歇尔这些职业女性开始扮演这一角色时，争议就此起彼伏。这固然与她们的个性与行为有关，同时也反映了女性的上升与社会传统期待的矛盾，人们似乎还没想好，到底该怎么面对这些聪明有主见并不打算隐瞒观点的女人们。

女性领导者们在突破评价成功的传统标准。E-Bay的首席执行官梅格是互联网世界最有"权力"的女性，可她不喜欢这个词，因为它带有某种对他人的强制性。她认为女性带给"权力"的新定义是"帮助他人成就梦想的能力"，而网络就是这样一个去权威化、扁平化管理，给更多人，包括女性创造就业和创业机会的舞台。新西兰前总理海伦·克拉克被评为"在世最伟大的新西兰人"，她认为"伟大"的含义是坚持原则，哪怕不合时宜。约旦王后拉尼娅·阿卜杜拉自豪地认为"王后"也是一份职业，而不是一个头衔。她要做的是帮助贫穷的儿童，改变外界对穆斯林女性的刻板印象。而且她坚信，告诉自己的孩子未来会成为国王是不公平的，她可不想用太高的期望妨碍孩子成为他们自己。女性正在参与改变的不仅是职场规则、政策决定，更重要的是，改变既有的观念和思维方式，从而改变人类的未来。

对比把事业与家庭对立起来的二元论，今天的女人更看重人生的自由选择。你可以选择相夫教子，也可以选择终生不嫁，只要你愿意，谁也不能勉强你。这才是尊严，这才是女权。如果有更多的女性选择事业与家庭并重，这个社会就应该尊重她们的选择并给她们提供制度性的保障，比如平等的就业和升职机会，孕期和哺乳期的健康保障等等。如果非要有人问她们如何取舍，她们会直接把问题顶回去："谁规定的只能二选一呢？"就像我不会问你左腿、右腿你更喜欢哪条。人不是需要两条腿走路的吗？！我更想问："你想找到什么样的幸福？"好莱坞明星威尔·史密斯说过："这世界上很多的不快乐是因为花了没有挣到的钱，买了不需要的东西，送给并不爱的人。"所以或许幸福就是把这句话反过来：花自己挣到的钱买（或者创造）最需要的东西给自己心爱的人。他主演的电影 *The Pursuit of Happyness* 被翻译成《当幸福来敲门》，我认为不如翻译成《敲响幸福之门》更贴切些。今天的白雪公主不必等着被拯救，她早就出发去找王子了，或是跟七个小矮人一起开了有机农场。我相信幸福要靠运气，但更要靠能力：梦想的能力、创造的能力、感受的能力和分享的能力。三个字：幸福力。我要的幸福是丰富而有价值的生命，是充满爱和温暖的情感世界，请不要让我取舍。所以，也请不要再拿这个老掉牙的问题来问我啦！

"高跟鞋和泥土地,这两个截然对立的体系,也映照出一个女人穿着细细的高跟鞋,行走在事业的坦途之上时,却常常陷入家庭生活软软的泥土地中的尴尬。事业和家庭的矛盾,无处不在地为女人的生活制造着麻烦。在世俗的眼中,女人无法兼顾两方,最终只能选择其中一样,或者是美满的婚姻,或者是出色的事业。但是对于杨澜而言,这种观点显然是不恰当的。"

高跟鞋和泥土地

2006年年初，财经作家吴晓波结束了哈佛大学的访学生涯，他在从华盛顿返回上海的飞机上，为其作品《激荡三十年》写下了题记："当这个时代到来的时候，锐不可当。万物肆意生长，尘埃与曙光升腾，江河汇聚成川，无名山丘崛起为峰，天地一时，无比开阔。"

出现在这本书中的人物是自1978年始，改革开放30年中国企业发展历程中的大大小小的企业领袖，该书记录了中国企业精英从计划经济体制向商业社会转轨过程中的激情与苦恼、亢奋与不安。一个月前，杨澜也是在飞机上，写下了她在新浪网上的第一篇博文。在3万英尺的高空，她俯视着窗外起伏连绵的云海，写下了"人们熙熙攘攘，皆为利来，皆为利往"。也许在她的眼中，这云蒸霞蔚的景色也像是这个波诡云谲的商业社会的隐喻。

在这个为企业家作书立传的时代，经历过商界中无情起落的杨澜坦言："我知道在中国经商之难，使我对企业家这个群体怀有深深的尊敬。他们必定有很强的生存能力和承受能力，能够从一无所有当中创造财富，经历这么多政策与市场的波动而生存下来。"我们不难从这句话的背后，解读出杨澜含有些许无奈的喟叹，但更可以看出她的"善解人意"，这是基于经历过之后才会产生的对于他人的理解，对于生命的体察。不再与表面的"成功"拥抱，而是与背后的"困境"握手，使得此时的《杨澜访谈录》走出了一片新的时空。经过商场近5年的亲身体验，对于奋斗与成功的关系，使得杨澜改变了原有的执着观念，不再简单地理解为只要是努力奋斗，就可以达到目标，而是一定要定位准确,才可以接近理想中的成功。

　　杨澜就曾经因为着装定位不准的问题,引起过不大不小的麻烦。2006年2月,在奥斯卡颁奖典礼前夕,杨澜在美国洛杉矶比弗利山庄的一家高档酒店中,采访了澳大利亚籍的好莱坞明星妮可·基德曼。依据杨澜之前的经验,好莱坞的明星在接受采访时,大多都穿着随意而率性,因此她揣测,置身于好莱坞演艺圈多年的妮可,也许会穿着休闲衬衫前来。为了与之相称,杨澜就挑选了一件满是大花朵的休闲西装。然而,出乎意料,当天的妮可穿着白色绣珠片衬衫、高腰米色的麻质长裤,像个精致的芭比娃娃,这让杨澜有些措手不及。

　　作为一名访谈类主持人,杨澜的着装并不能随心所欲,而是要考虑到各类因素。嘉宾身份、地位、性别的不同,都会影响服装的选择,既要与整个基调相符,也不能夺了嘉宾的光芒。深色西装是男性政要和商界人士的最佳拍档,为了使画面不显得过于沉闷,杨澜会穿上一身色彩较为鲜艳的正式套装;若嘉宾是一位艺术家,杨澜通常会穿设计感较强、款式简单的品牌服装。如果不确定嘉宾的服饰风格和颜色,在大多数情况之下,杨澜就会选择相对柔和的灰色和米色。对于室内采访而言,为避免衣服的颜色与周围的环境有严重冲突,编导通常需要提前"踩点",了解了采访地点的装修风格和墙纸的颜色后,杨澜才能做出判断。在服装师的建议下,杨澜会准备一些风格简约的别针和丝巾,起到点缀的效果。

　　做节目穿什么衣服好,是多年来让杨澜头疼的问题,尤其是她除了《杨澜访谈录》之外,还要担任《天下女人》的主持人。如何从着装风格上区分这两档节目,让杨澜下足了功夫。杨澜觉得前者偏于理性,更有职业感;而后者偏于感性,需要营造轻松和温馨的氛围。但是有时候她也只能无奈地承认,自己把衣服给穿乱了。

　　对于女人,衣服究竟意味着什么?2007年10月,"时尚界的恺撒大帝"卡尔·拉格菲在长城举办了他的时装发布会,同时也将亚太地区的唯一一个媒体专访机会给了《杨澜访谈录》。这位留着银色的大辫子、戴着永远不肯摘下的墨镜的大师,用他自由而狂放的剪刀,为CHANEL、FENDI、CHLOE三个世界顶级服装品牌创作出一系列新颖大胆又极端女性化的时装。他认为，当女孩子穿上漂亮衣服的时候，不仅仅是为了获得异性青睐的眼光，也是为了表达内在的自我。

同年11月，另一位被评为"时尚界最有权力的女性之一"的PRADA品牌掌门人缪西娅·普拉达，在意大利米兰的办公室接受杨澜访问时，也表达了相同的意见。她说，服装并不是为了取悦男人，而是为自己的目的而穿。她希望能用自己的设计，提升女性的地位，使她们"在不失女人味的情况下，充满智慧，富有尊严"。从这位设计师的办公室中，杨澜也感觉到了普拉达充满表达欲望的内心情感：没有植物，没有照片，但是地面上居然有一个大洞，连着一架直通地面的巨大滑梯。

这两位天才的设计师，都将时装视为一种人生哲学的表述方式，并用其作为战斗的武器，释放内心的激情与困惑。衣服，这样与女人生活息息相关的东西，也与女人的精神内核有着奇异的相通之处。它是展现女人自己的一种方式，使女人在繁华世界中留下了属于自己的痕迹。不需要秀给世界看，只需要忠于内心，表达自我，或许这才是它的本质。

面对被称为史上最美丽的女人之一的妮可·基德曼，杨澜的第一个问题就从时装切入："奥斯卡颁奖典礼快到了，你准备穿什么衣服去走红地毯？"这个小小的问题，还让杨澜和编导君达苦恼了一阵。为了采访到妮可，节目组通过多方关系联系了足足一年多，最后还是通过杨澜的一位华裔服装设计师朋友从中牵线搭桥。在得知杨澜是中国最有名的主持人之一后，妮可的经纪人才答应了采访的要求。但同时，这位精明厉害的经纪人只给了50分钟的时间，还着重强调不能问任何私人问题，尤其是关于孩子。因此，问题的设计和提问的角度，就成为了一场暗中较劲、斗智斗勇的游戏。杨澜并不想深挖妮可的隐私，她关注的重心是妮可真实的内心体验，而这也需要对方的配合。杨澜的采访思路是，回顾妮可演艺事业中的几部关键性影片，而这些电影，都与妮可和前夫汤姆·克鲁斯的爱情长路有着密不可分的关系，从而妮可会避无可避地谈到情感问题。在杨澜女性视角的观照下，妮可大大方方地谈起了与汤姆·克鲁斯的爱情，回忆起当时的幸福生活，她的脸上还露出了甜蜜的表情。但是一旁的经纪人已经坐不住了，几次冲过来捅君达，让她打断杨澜的问题。君达一句礼貌的"我在工作"，让经纪人也无可奈何，只得坐回去。

妮可显然很清楚自己的底线在哪里，她几次用"This is a private question, I can not answer"来拒绝透露关于孩子的过多信息，而杨澜也用"I'm sorry"来成全了她的独立。临近结束时，杨澜问了一个意味深长的问题："有人会为一个吻而等待几年，你相信吗？"妮可的回答是："是的，我相信，美好的事物是值得等待的，因为这些事物的存在，生活才有了意义并截然不同。"

与汤姆·克鲁斯的爱情，并没有让妮可走上一条坦途，相反，她受到了"花瓶""有野心""想走捷径"等种种非议。走出前夫的影子，离婚后的妮可用《冷山》《时时刻刻》《红磨坊》等电影证明了自己拥有的绝对才华，并获得了无数让人仰慕的荣誉。但谁说因为巨大的声名而带来的压力，就不是另一种困境呢？

面对英国女王伊丽莎白二世的长女安妮公主，杨澜和她的团队遇到的"困境"，不仅是来自公主声名的本身，他们更尝到了繁复的皇家规矩的滋味。

2006年3月，借助于"SAVE THE CHILDREN"基金会的慈善晚宴，杨澜获得了采访安妮公主的机会。在采访的前夕，杨澜在陪孩子滑冰时，不小心摔断了尾椎骨。医生嘱咐她，要多躺少坐，否则会留下后遗症。而去往英国伦敦的长途飞行，需要10个小时。为减轻杨澜飞行过程中的疼痛，细心的司机特地买了一个座圈。挽着一个圈圈上飞机的杨澜，笑着自嘲"到英国'游泳'去"。

即使在平民政治占主流的今天，王室还是保留着一种奇异的神秘感和贵族气派。采访前一天的晚上，就有人来告知全组人员，采访时间被严格地限定在20分钟，问题绝对不能超出慈善的范畴。而且即使是摄影师，也必须遵守王室礼仪，一定要穿西装、打领带。摄影师韩治学没带正装，只得向负责节目组行程安排的导游借了一套西装和领带。对于平日里从来不说英文的王祖继而言，他的苦恼则在于需要一遍遍地练习说"your royal highness"（尊敬的公主殿下）。

采访的地点是在一家知名的银行，背景就是一片白刷刷的墙，整洁得近乎单调，十分影响拍摄效果。为此，编导一阵忙乱，找来了安妮公主的基金会海报，放在背后充当背景"救场"。开始之前，有一位负责的女士进来，指示维修工更换地毯。原来，地毯中间留有茶几压出的印迹。这些在普通人看来完全可以忽视的细节，在他们眼中却俨然成了大事。为了怕磨花地板，在负责人的要求之下，韩治学还当场用大力胶和黑布牢牢地裹住了每一个三角架和灯光底座。之后，又有白金汉宫的随行人员来查看，仔细询问每一个细节，诸如谁向公主介绍杨澜，谁介绍导演，能否请公主签名，合影不能超过一张等等。比起摄制组，他们似乎如临大敌。

然而，当安妮公主踏进房间时，摄制组的成员早把这套礼仪抛到了一边，只知道本能地拿起机器狂拍，镜头的声音和闪光刷刷地连成一片。五十开外的公主，给杨澜的第一印象是"背挺得真直"，那天她穿一件藕荷色的丝质套裙，戴着秀气的珍珠项链和金色的别针，将头发一丝不苟地高高拢起。韩治学期待中的"白雪公主"没有出现，但安妮公主也并没有叫他失望。她保持着王室贵族的凛然之气，坐正了之后，就没有任何多余的动作。从摄像机的镜头中看过去，韩治学对公主的唯一感觉就是"光是嘴动，其他都不动"。

安妮公主是杨澜采访过的人物当中，"最难讲话"的一个。当杨澜问到从事儿童慈善对她教育自己的孩子有何影响时，白金汉宫的新闻官员马上阻止："对不起，她不能够回答私人问题。"在杨澜坚持不懈的追问下，公主还是回答说："我认识到孩子，不管他们出生在哪里，都喜欢和同伴游戏、运动。所以我决定让我的孩子一定要和其他孩子多接触，而不是被关在家里。他们能学到很多东西。"这短短的几句话，已经是这20分钟的访谈中最贴近个人情感的回答。穿着高跟鞋、骄傲地将自己的侧脸呈现在镜头中的安妮公主，是否也在无声地渴求着另一种在土地上奔驰的生活，是否她也并不满足于这被设定好的人生？杨澜并不确定，而几个月后，在与安妮公主的哥哥查尔斯王子的交往过程中，她看到了一位不同于传统"白马王子"形象的儒雅、木讷的王子。

2006年的11月,在伦敦郊区的一个庄园中,杨澜参加了一场慈善晚会。主人是卡米拉王妃的兄弟,除了查尔斯王子、卡米拉王妃之外,还包括几位亲王、前港督彭定康、名模Kate Moss、小提琴家陈美等400多位来宾。有了采访安妮公主的经验,在赴宴之前,杨澜特地叮嘱几位摄像师,一定要着正装,符合宴会礼仪。

然而宴会却给了杨澜一个大大的"surprise"。由于长年浸淫在雨水之中,庄园的泥土异常潮湿,杨澜的高跟鞋一踩一个洞,不断地陷到泥土中去,让她举步维艰。面对松软的土地,平日里精致强势的高跟鞋竟毫无用武之地,可怜巴巴地沾满了泥土。后来她才知道,凡是在英国的庄园中举办的活动,一定要穿平跟鞋去。而扛着摄像机的王祖继虽然没有高跟鞋的困扰,但是西装笔挺的他,面对国外同行一身简单的T恤长裤,顿时有了把身上这套束手束脚的衣服换掉的冲动。

在一个种满了花草的暖房中,杨澜第一次见到了查尔斯王子。查尔斯的举手投足保持着英国皇家贵族的风范,向每一位到场的嘉宾礼貌地致意。和杨澜谈话时,他标准的伦敦音显得温文而有力。然而查尔斯给杨澜的印象,居然是与王储身份极不相称的羞涩和腼腆。处在那样一种身份和地位上,又有了无数的人生阅历,他仍有着少年般的害羞和局促,下意识地躲避着镜头。这样的查尔斯,打破了杨澜先入为主的固有印象。

又有一次,吴征、杨澜夫妇受邀与查尔斯王子在王宫共进晚餐,同桌的还有一些来自英国、美国的知名传媒人士。晚宴时,杨澜恰好坐在查尔斯的邻座。席间,她讶异地发现,查尔斯的西装外套已经很旧,袖口上甚至磨破了一个洞。英国冬日的夜晚寒气逼人,但由于查尔斯奉行"低碳经济"的理念,没有将室内暖气的温度调高,在场的女士大多穿着无袖的晚礼服,已经不足以抵御这湿重的寒意。杨澜只得在与查尔斯探讨问题的间隙,打趣地说:"您王宫里的温度说明您已在带头节能减排了。"一桌人都笑了,查尔斯王子有点不好意思地向女士们道歉。

从这些小小的细节中,杨澜看到了查尔斯对环保事业的真诚。对查尔斯而言，推动环保事业并不是一场赢得民心的作秀，而只是他内心热爱自然的表达。英国老派的绅士传统，清晰地凸显在查尔斯的身上。作为英国的王室贵族，学习园艺的知识，是放在与拉丁文、法律、赛马、社交礼仪等绅士必备课程同等重要的位置。从18世纪的维多利亚时代，到如今的21世纪，这种传统正在慢慢式微，但是查尔斯显然是其最热心的拥趸者。查尔斯王子这样的人物，正是《杨澜访谈录》一直希望采访的高端嘉宾，但邀约的过程却是非常的曲折和漫长。在2006年至2007年间，杨澜与查尔斯在私人社交场合先后有过几次近距离接触，但是因为知道查尔斯很少接受媒体的采访，所以杨澜始终没有向他提出采访的要求。直到2008年，杨澜觉得时机比较成熟了，才向查尔斯王子发出了正式的邀请。而等到查尔斯王子答应下来，已经在一年之后了。2009年5月，杨澜终于踏入位于白金汉宫前侧的克拉伦斯宫，在一间挂满了查尔斯亲手画的水彩风景写生的侧厅内，对这位王子进行了35分钟的访问，这也是五年来他给予外国媒体时间最长的一次专访。

查尔斯的环保热情，与几年前相比有增无减。就在采访的前一天，被英国媒体称为"环保狂人"的他在伦敦正式宣布启动一项热带雨林保护计划。为了促进计划的开展，他不惜拿自己的王子身份开涮，用"青蛙"作为吉祥物，还在一次访问期间，用儿子"威廉"的名字命名了一只乌龟。查尔斯喜欢骑马，喜欢在森林边散步；有自己的庄园，名叫海格洛夫，那是他最喜欢停留的地方之一。他自己侍弄蔬菜、果树，在无人的时候，他会悄悄地对植物说话。他对杨澜开玩笑地说，这些讲过话的植物，确实能长得好一些。

"土壤、树木等等，这一直都很让我着迷，但是我并没有太多机会去做这些，只是在尽量鼓励人们罢了。"查尔斯如是说。如果他不是王子，如果他的生命轨迹不是早已注定，那么他更有可能成为一名农夫。杨澜注意到，在接受采访的时候，查尔斯总是爱摆弄他的手。他的一双手，因为从事园艺和运动，变得像农夫的手一样宽大有力。这双手与泥土、植物、大自然有关。看到他的手，杨澜开始相信，与外界评论不同的是，他内心潜藏着深深的笃定和力量。

热衷于社交时尚的戴安娜喜欢穿着高跟鞋，穿梭在大都市衣香鬓影的舞会上，而充满"泥土气"的查尔斯仿佛是来自维多利亚时代，他最终与有相同爱好的卡米拉相携而行。对于这一点，杨澜的看法与大部分媒体的解读不同，在她眼中，这两桩婚姻的是与非，或许是高跟鞋和泥土地之间的抵触吧。

高跟鞋和泥土地，这两个截然对立的体系，也映照出一个女人穿着细细的高跟鞋，行走在事业的坦途之上时，却常常陷入家庭生活软软的泥土地中的尴尬。事业和家庭的矛盾，无处不在地为女人的生活制造着麻烦。在世俗的眼中，女人无法兼顾两方，最终只能选择其中一样，或者是美满的婚姻，或者是出色的事业。但是对于杨澜而言，这种观点显然是不恰当的。

杨澜的敬业精神有目共睹，编导君达跟随杨澜多次出国采访，在她的眼中，真实的杨澜是一个很平和的人，却有着像"铁人"一样强大的内心力量。曾有一次，杨澜和君达分别从北京和上海出发，一起飞到了洛杉矶做节目，顾不上倒时差，又马不停蹄地飞到伦敦进行下一个采访。工作结束后，君达可以回国了，但是杨澜还需要赶赴迪拜主持一场妇女论坛。在伦敦的机场，两人一起候机时，杨澜还在向君达滔滔不绝地描绘这场即将参加的论坛。君达记得，杨澜一个人拎着箱子走进航站楼的背影，显得很孤独。这孤独并非寥落，也不凄凉，反而包含着一种让人精神为之一振的激情和大气。

也许让很多人意想不到的是，有着众多令人眼花缭乱的头衔的杨澜，最骄傲的TITLE却是在2002年年初，在《好主妇》杂志发起的一项有20多万读者参与投票的评选活动中，以遥遥领先的票数而取得的"最理想的新好主妇偶像"。可笑的是，因为这个"头衔"，她还遭到了全家的"列队欢迎"。当天杨澜回家一开门，两个孩子迎面就说："呦，最佳主妇回来了。"杨澜的母亲接过口："还最佳主妇呢，好像都已经四天没回家吃饭了。"接着是她的父亲："现在脸皮真是厚了，这个奖也敢拿。"杨澜一看情势不对，连忙宽慰大家："这主要是你们的功劳。"让家人舒缓一下这口"恶气"。

时常奔波在出差路上的杨澜，在接受记者采访时笑着说"我不能算是好主妇"，但态度谦虚的杨澜，显然在家庭和事业之间实现着动态的平衡。现代社会赋予了女性多种角色，平衡好这些多元化的角色，就像杂技演员用两只手同时抛转皮球，掌握好时间和力度，不让一只皮球落地。对于杨澜而言，她并不是刻意维持着这种平衡。"只要给职业妇女一个好觉，她就无所不能。"家庭和事业都要的杨澜，她的"好觉"就是有了一个强大的支持自己的系统，让她在家庭和事业之中从容穿梭。在博客上，杨澜贴出了一篇名为《为事业、生活平衡支三招》的文章，分享自己的心得，也为职业女性提了三点建议：做自己真正喜欢的事，建立明确的目标，以及建立家庭的支持系统。

也许是因为相似的价值观，杨澜与加拿大籍歌手席琳·迪翁成为了好朋友。2007年5月3日，杨澜在美国拉斯维加斯的恺撒大酒店观看了这位流行天后的"新的一天"演唱会，在这之前的四年半里，她已经在同一个剧场演出了上千场。人们也许会仰望这位加拿大籍的世界歌坛天后的才华，但让杨澜惊叹的是她场场都保持同样的演唱水准和激情的"不可思议"。因为若无坚强意志，绝不可能如此。演唱会结束后，席琳在接受采访时表示，这种内心的力量，更多地来源于家庭给予她的支持和爱。"我有我的根基，我有我的生活。生活就像是一把梯子，人们都认为我是一直在往上爬，实际上我是在往下走。我一直在做这样的梦：我站在最高处，头在云间，俯视下方，这一切都太美了。梯子下方的人都在帮助我，我感觉非常坚强。一步一步，我走下来。"在过去的10年中，历经丈夫得喉癌、6年人工受孕才成功的种种磨难，席琳坚信自己已找到了根基和土壤。现在她可以尽情地生长了。

在前期整理资料时，杨澜意外地发现自己与席琳居然是同年同月同日生。仿佛是冥冥中的心有灵犀，当杨澜在化妆间中第一次见到席琳时，这位正准备上场的明星也已经发现了这个有趣的巧合，并抢先一步说了出来。两人一见如故，在采访时，更是越聊越投缘，细数竟有不少相同点。关于年龄，她们几乎同时说："40岁，我们才刚刚开始呢。"

实现事业与家庭之间微妙的平衡，无时无刻不在考验着女人神经的强韧度和意志力。这是一个女人勇于优秀的时代，也是一个充满女性关于优秀的困惑的时代。工作的压力、男性社会的挤压、健康状况的退化、存在于内心的巨大焦虑……杨澜以女性特有的敏锐和感性，和女性嘉宾们展开了心灵的对话和沟通。在2006年至2007年间，出现在《杨澜访谈录》的女人有美国《大都会》杂志女主编海伦·布朗、约旦王后拉尼娅·阿卜杜拉、世界卫生组织总干事陈冯富珍等等，这一群拥有自我意识、独立人格和生活方式选择权的优秀女性，有事业和情趣，有追求和要求，有圈子和朋友，那么在她们的眼中，女人应如何对自己的生活负责？女人应如何按照自己内心的向往去生活？

"王后殿下，做王后是一项工作吗？"

"您会跟孩子说'你要为成为国王而做好准备'吗？"

这些问题表述的方式不同，但是都指向同一个核心。把女儿伊曼公主一起带来中国的约旦王后拉尼娅·阿卜杜拉对杨澜说："当我外出时，我尽量把行程安排得短一些，这样我会很快赶回去，真的很难平衡做职业母亲和照顾好孩子，有时候我跟我丈夫保证，我外出时他在家，他外出时我在家。"

为了给职场女性搭建一个相互交流的平台，2007年5月，杨澜和全国妇联宣传部、湖南卫视、新浪网共同发起"天女计划，2007中国职场女性关爱行动"，通过中国职场女性生存状态调查、中国职场女性榜样评选、天女俱乐部沙龙等活动，为女性朋友们提供一些有价值的信息和帮助。

杨澜以她的言论和行动，使她周边的人受到了切实的影响。杨澜手下的几位女员工，原先都抱定了独身或者不生孩子的想法。编导金嘉楠在编《冯小刚》那一期节目时受到了杨澜的表扬，她反而不好意思地说："是因为我单身，才有时间一帧一帧地把片子编好。"若是换一个老板，手下有这些个挑出来个个都能在工作上独当一面的姑娘，巴不得她们都不结婚、不生孩子、不请产假，实现公司利益的最大化。但杨澜却是相反的态度：她在与女同事们聊天时，总会鼓励她们生孩子，"作为一个女人最好还是要做母亲，这种体验是其他任何东西都不能代替的，做母亲太幸福了"。

杨澜的幸福宣言仿佛带有一种奇妙的魔力，让曾经铁了心的女员工一个个都选择了家庭和孩子。君达36岁时离开了《杨澜访谈录》，在媒体人、编导的身份之外，她多出了另一种身份——一个孩子的母亲。为此，她一直对杨澜心怀感激。孩子的到来，推开了她世界中的另一扇窗户，视线所及处，是丰富的甜蜜和踏实。想想多么可怕，若这个窗口永远尘封在内心中，那她也永远不会有机会看到如此富饶的风景。

一个完整的女人，应该是既会穿优雅的高跟鞋，又可以脚踏平底鞋在泥土地上接地气地生活。既应该在工作中挽起袖口，懂得自我奋斗的价值，又能够在某一时段，懂得适当地转换身份，轻盈地走入家庭。

在纪念中国电视主持人诞生25周年的"25年25人"晚会上，杨澜被同为女主持的陈辰誉为"红酒"，因其"越品越醇"之故。而杨澜却自我调侃："人们只是看到葡萄酿成酒，却没看到葡萄被踩的时候！"当杨澜被要求用一种植物来形容自己时，她没有采纳他人的建议选择兰花，而选择了坚韧的杨树。对于杨澜而言，高跟鞋和红酒属于一个系统，而泥土地和杨树又属于另一个系统。这两个系统都有各自强大的一面，它们不是天生的敌人，也不是天然的伴侣，而是并行不悖地出现在了杨澜的世界观和价值观中，共同成就了她丰富的生命系统。

北上

2007年的《杨澜访谈录》，从外在到内在，都来了一次大换血。在这一年中，一方面，《杨澜访谈录》的工作地点从上海转移到了北京；另一方面，节目的时长，也从原来的30分钟改为了45分钟。

工作地点的转移，并不是突如其来的。2005年起开播的《天下女人》，录制地点就在北京。为了这档节目，技术总监吕毅早在2004年就来到北京，筹建制作部。金嘉楠也同时兼任了两档节目的编导，经常在北京和上海两头跑。2007年，阳光媒体集团总部决定搬到北京。于是，2006年年末，杨澜携她的品牌栏目北上，留在上海的业务不多，主要负责与东方卫视的对接等事宜。

大部分团队成员的家都在上海本地，和《杨澜访谈录》挥手告别终究不可避免。2006年7月，在做完最后一期节目《彭定康》后，工作了六年的总策划蒋昌建，在外滩与杨澜告别。此时，已近中年的蒋昌建仍旧有着清澈的眼神，这位曾经在复旦园中苦读的皖南少年，今日的复旦教授，用他专业的学科背景和扎实的知识功底，为栏目建构了学院派"严谨"和"权威"的智力支持。也许是因为同为20世纪60年代出生的人，也许是因为都有海内外的跨界教育背景，蒋昌建与杨澜的理念都相当地契合。因此，蒋昌建将他和杨澜的关系定义为"同志+兄弟"，从同样对人文主义理想的追求，到"多元融通"和"超越意识"的默契，他与杨澜的价值观投射在《杨澜访谈录》上，共同捍卫了这档节目的高端和大气，而节目本身也为他们打造了一片理想的栖身之地。对于杨澜而言，每次策划会都爱迟到的蒋昌建那"慵懒"的身影，已然成为了永嘉路

387号的特别景观。"如果有机会，还是会一起合作。"这是杨澜与蒋昌建无声的约定。

差不多同一时期，毕嵩决定去中欧商学院进修EMBA。8月，他向杨澜正式请辞。在他的记忆中，那天的辞别像水面一样平静。当时杨澜正好还要接着参加一个活动，就让毕嵩陪着去商场挑了一件衣服，一路上如同故人寒暄一般，很轻松地问他："以后怎么打算？"没有强力的挽留和伤感，杨澜似乎早已知道结局是什么。即使有遗憾，也被轻巧的聊天盖过，不着痕迹地沉下水底。杨澜天性中的大气和克制，让她对每个人的意愿都非常尊重，如果可以不走，固然最好，如果已经下定决心，她也绝不会阻拦。

上海的团队，是一支真正的"梦之队"。金嘉楠、毕嵩、邓陆、王祖继，都是随着《杨澜访谈录》一起成长起来的，因此，他们对这档节目的情感，多了一些亲人般割舍不断的意味。说不清究竟谁更爱《杨澜访谈录》一些，是杨澜，还是她的团队？在共同的理念和多年的奋斗中，上海永嘉路387号，成为了他们每个人最坚实的支柱和最温暖的家庭。

在杨澜的眼中，他们每个人身上都具有相同的理想主义的气质，简单而纯粹，为了做一期节目，甘愿贡献出全部的热情和智慧。前期文案的准备、资料的搜集、采访中的拍摄、后期的剪辑，对于一档只有两个人的谈话节目，要想糊弄过去并不难，但是上海团队中的每一个成员，都下足了功夫。把活交给他们，杨澜的心中非常踏实。如果办砸了怎么办？如果没做好该怎么办？这样的担心杨澜从来不会有。几年间，每天骑着自行车上班的技术总监吕毅因为劳累，头发一撮一撮地掉，门房的老大爷看到他就说，你太辛苦了，我早上还没起来你就出去了，晚上12点才回来，你是挣金子的吧？

金子没有挣到，但是挣到了比金子更珍贵的东西。一个从无到有的过程，一个高姿态的起点，一个极具信任感和凝聚力的团队，这是上海团队倾力创造出来的一个美妙的梦。每个离开《杨澜访谈录》的成员，都形容过去的这段时间像梦一样美好。早早离开的周七月说："杨澜给了我一个梦寐以求的舞台。"毕嵩是怀着愧疚辞职的，他舍不得这个团队。原先打算出国读书的他发现，在节目组几年的工作经历，让他无须跨出国门，就得到了自己各方面能力的提升。而对于因为生孩子而离开的郝亚兰和君达而言，《杨澜访谈录》让她们的人生更加圆满。在上海时，每年到了杨澜生日那天，大家都要买来蛋糕，点上蜡烛，每个人杯子里倒一点红酒，一起为杨澜庆生。这个小小的仪式大约只持续不到20分钟，玻璃杯中摇曳着的，是他们激情燃烧的岁月，是他们以后很难再有的纯粹的理想。

对于杨澜而言，也许她的性格与北京的气质更为相近。她在北京出生，也深深地受到了北京的影响。5000年厚重历史的积淀，泱泱古都的大气开阔，国际化舞台的前沿阵地，北京的土地滋养了杨澜，也正是在这里，她得到解放自我、开创事业的机会。离北京奥运会开幕的时间越来越近了，《杨澜访谈录》也需要更多地吸收来自京城的地气，融汇四面八方的信息，才能更好地成为一个让中国了解世界、让世界熟悉中国的窗口。也许，在这座城市中，杨澜的事业会得到进一步的拓展。

然而，让杨澜始料未及的是，由于北上的过程太过仓促，几乎所有的机房、导演、外联人员等支持系统都需要重新建立，两地的对接并不顺利。正是在这一时期，语闻开始担任制片人。当这个来自东北的姑娘走进《杨澜访谈录》的时候，她自己也没想到，上任后的第一件"大事"，居然是与错别字斗争。

处在震荡期的《杨澜访谈录》，面临快速组建北京团队的问题，语闻只得依靠栏目的口碑和各方的人脉外聘导演来承担节目的录制。2007年节目单上的导演一栏，姓名变动得非常频繁：《薄一波》导演张依雯、刘莹；《杨紫烨》导演张海；《王全安》导演乔岩冰；《曾荫权》导演任娜；还有胡旭、刘颖、蒋薇薇、庞小微。导演对节目的整体质量有着深刻影响，人员的混杂和快速流动，不仅带来了样带中的刺眼的错字，也让栏目工作人员的职责混乱，出错之后根本找不到谁该为此负责。

除了考验编导的责任心之外，错别字的根源也在于尚不规范的工作流程。过渡时期制片人的更换，加上编导队伍的不稳定，责任感的缺失带来的是节目细节的粗糙，错别字的连续出现，也让东方卫视负责审片的人员高度敏感，常常找出节目样带中很多不是错误的"错误"，语闻只得将《现代汉语词典》中附有该字的一页复印下来，拿给对方看，才算让对方放了心。为了从根本上与错别字做"斗争"，语闻还专门请来了北京大学出版社的编辑做校对工作，盯着节目中的每一个字进行认真鉴别，出了问题，在第一时间与本期节目的编导进行对接。

通过如此强劲的监督，错别字的情况终于有所好转。错别字只是一个小小的侧面，它折射出了《杨澜访谈录》这一时期的困窘。杨澜北上之后，待办的事情非常庞杂，她没有办法做到面面俱到。不久，王祖继和韩治学也都来到北京，继续跟随杨澜，继续负责《杨澜访谈录》的摄像灯光等技术工作。然而，当上海团队遭遇北京团队，两个队伍的融合是艰难的。吕毅本是个自由惯了的人，从前从来不在乎上班打卡这件事，无论几点到单位，每天工作都要超过12个小时，星期六、星期日也从来不休息，工作时长远远超出了规定。然而在北京，上班时间有严格的规定，打卡成为评价工作表现的标准之一，这让吕毅感觉有些不自在。让韩治学不习惯的是，北京的团队不如之前那么亲密了，摄像、灯光、照明、录音被归到了技术部，而导演、制片人、外联属于栏目组，策划只在栏目组内部进行，技术人员对嘉宾的背景和导演的意图了解很少。有的时候，他甚至到了现场都不知道嘉宾是谁。这样做出来的片子，从画面上挑不出毛病，但是对他而言，拍摄有感觉和没有感觉之间，是有着天壤之别的。就连王祖继这样平和的人，偶尔也有一点抱怨，说在新建立起来的团队中，默契和信任感打了折扣。

这些磨合阶段的问题，势必会产生阵痛。必要的妥协和让步，是团队内部更新血液的必经之途；观念的碰撞和习惯的冲突，反而是激荡起栏目生命力的有力方式。从某种意义上说，团队人员之间的疏离感，反而昭示了阳光媒体集团在逐渐向一个更加完善、更加制度化的方向发展。从人对人的管理，到制度对人的管理，语闻在这个过程中慢慢地培养着团队的凝聚力。原先每周的例会，因为许多人不坐班，人员都很难准时到场。语闻向一些资深管理人员讨教了几招，以后如果她迟到，就一定会请大家吃饭。如果别人迟到，也必须给大家买零食。这种软性的约束条件，事实证明比强硬的规章和批评来得有效得多。

与此同时，为了打造一个相对稳定的团队，挑选得力的编导成为了摆在语闻面前的当务之急。在相当长的时间里，语闻的手中经过了10多个外聘导演，有的编导只是编了一期片子就走人了。没有责任心的编导，语闻当然不会挽留，但是有时候，面对自己满意的编导，语闻也没有把握能把人留住。有一位编导曾在央视《面对面》工作，因为"纸包子事件"而被央视清退了。在节目组所有的外聘导演中，她的工作能力很突出，语闻很想把这个女孩留下来。但是因为央视要开一个新栏目，邀请她回去加盟，她连条件都没有谈，就义无反顾地向语闻请辞了。这件事给了语闻很大的震动，与央视相比，《杨澜访谈录》自身的优势究竟在哪里？而她作为一名制片人，在打理好各方事务的同时，又该如何彰显因这种优势而建立起的品牌凝聚力呢？

语闻用实际行动回答着问题，为了能给编导们提供更大的自由度和更宽广的平台，她充分协调各方资源，充分尊重编导自己的意见和思路，让他们都能够有足够的空间发挥出自我的创造力。与此同时，因为《杨澜访谈录》从30分钟改版到了45分钟，一期节目不必分上、下两集，所以写串场的工作量也加大了，大大考验了编导们架构他人人生的能力。拉长的时间，使得节目需要一批有着更成熟的岁月积淀和更丰富的人生阅历的编导。

在这一时期加入北京团队的编导任娜，恰好契合了节目的需求。早在《杨澜访谈录》创办初期，还在北京广播学院进修电视编导专业的任娜，就常听睡在她上铺的女孩背诵杨澜主持的串场。文字背后透露出来的典雅精致和富有智慧的强大气场，让任娜视杨澜为自己的职业榜样，并对《杨澜访谈录》心存向往。内心不安分的她在毕业之后，抛下家乡电视台的稳定工作和两岁的孩子，与丈夫一起来到北京，租了一个小房子，开始了为理想打拼的"北漂"生涯。几年之后，丈夫的事业大有起色，而任娜也在中央电视台担任了五六年的生活类节目编导。当得知《杨澜访谈录》需要编导的消息时，35岁的任娜果断放弃了"没有新意"的节目，选择了《杨澜访谈录》。她对人生困境的真实体验和成熟的职业编导经历，让她与这一时期的《杨澜访谈录》不谋而合。

责任心极强的任娜，编每一期片子都抱着兢兢业业的态度，校对人员也极少能从里面挑出错别字来。但是对串场的驾驭，还是让她感到有些吃力。为了写好串场，任娜经常要熬到很晚。当自己觉得挺牛的文字，却被杨澜温和地打回时，自认为文字功底不错的任娜还有点不服气。但是马上，她的不服气就变成了彻底的佩服。明明是自己写的串词，经过杨澜的加工，就上升到了另一个高度，仿佛有了内在的生命力。更让任娜折服的，是杨澜的现场表达能力。即使杨澜之前没有看过完整的串词，在化妆间中化妆的短短时间内，杨澜也能通过和编导的短暂交流即兴组织语言。而经她重新组织生成的串场，让编导也服气地承认，比之前写好的要更加高明。

经历了无数次的返工重来，任娜渐渐摸到了门路。她自己的思路，常常囿于嘉宾经历的自身；而杨澜的优势则在视野的高度，她常常能将时代背景与个人命运结合起来做文章。所谓"有嚼劲"的文字，并非点缀式的可有可无，也不是平铺直叙的流水账，而是经得起良久体味和思索的。2007年5月，在香港回归10周年之际，香港特别行政区行政长官曾荫权接受了杨澜的独家专访。因为杨澜在香港当地有熟悉的团队人员，可以帮忙录制节目，因此在这期节目中，任娜是北京团队唯一一名赴港负责采访的人。为了准备这次重要的采访，任娜在前期花了很多心思，找来了大量曾荫权的故事。在采访期间，说着一口慢悠悠的港式普通话的曾荫权，在杨澜抛出的一个关于博客的小细节之后，打开了话匣子，将原定于30分钟的采访时间延长到了50分钟。采访结束之后，曾荫权送给了杨澜一枚小龙胸针。节目最后的串场，是杨澜拿着这枚胸针即兴发挥的：

临别的时候，曾特首将他身上所佩戴的这枚象征着"香港精神"的龙的别针送给了我。到底什么是香港精神呢？有人说英雄不问出处，成功只在眼前，这是香港；也有人说务实、应变、勤奋、精进，这是香港。在庆祝香港回归十周年的时候，我们有理由相信，秉持这样的精神，香港的明天一定会更好！

平均年龄30出头的北京团队和临近6岁的《杨澜访谈录》一样，都在这个北上的过渡期中经历了种种的摸索和尝试。在杨澜、语闻、编导和技术人员的一起努力下，改版后的《杨澜访谈录》，正朝着更为成熟而新锐的方向走去。

6 岁的权力

2007年6月的一天，在哲学家周国平日常用来伏案写作的桌子上，出现了一份来自《杨澜访谈录》节目组的邀请函：

尊敬的周国平先生：

时光荏苒，电视栏目《杨澜访谈录》在大家的陪伴下已经走过了六年。其间您和三百位嘉宾接受了我的采访，并与数千万热心观众一起分享了思想飞翔的愉悦。谢谢您给予我们这样的机会！

中国的发展日新月异，我们还来不及记住就已经忘记。六年并不长，我们的生活大多还在原来的轨道上忙碌着：赚钱，拿奖，实现理想。时间还是不怎么够用，家人还是偶尔会埋怨，压力从来就不曾消失过，更让人想不明白的是：总有一件事想做却还没有做。六年也不短，多少个重大抉择关口的彷徨无助；多少次精神困境中的凤凰涅槃；多少次触动心灵的温暖感动。回头一看又不禁感叹：总有一些事也没有必要逼着自己做。做与不做之间，是一种价值判断。而我始终认为，真价值不会被时间所腐蚀。也许面对未来才是看清现在的可靠办法。

因此，作为一个采访者的我，要替100年以后的人们再问您一个问题："一百年前的中国是什么样子？"

您的回答可以侧重您专长的职业领域，也可以选择近来关心的社会话题，还可以是生活方式的点点滴滴，只要这是您心目中向2107年的人们描述2007年的中国最形象的语言。您和其他嘉宾的文章将见诸媒体，并会封存于北京大学图书馆，相约百年后开启，成为2007中国的译码器。

我希望这是一篇写给未来、触动大众的文章；我也希望这是一篇思考自我、坦率真诚的文章。

感谢您在百忙中接受我们的邀请。敬请回复。

祝：好！

几乎是在同一时间，百度总裁李彦宏、作家海岩、导演陆川等《杨澜访谈录》曾经的嘉宾，都收到了这封署名"杨澜"的信函。在这封信的末尾，还有几行注释，要求嘉宾们将回答整理成一篇300～500字左右的文章，一律用"有趣的是"开头，并在15天之内将文章、近照以及亲笔签名通过电子邮件发还给节目组。

几天后，周国平交出了这样一份答卷：

有趣的是，你们会想象不出，这是一个多么无趣的时代。我朝四周看，看见人人都在忙碌，脸上挂着疲惫、贪婪或无奈，眼中没有兴趣的光芒。我看见老人们一脸天真，聚集在公园里做儿童操和跳集体舞，孩子们却满脸沧桑……我看见许多有趣的事物正在毁灭，许多无趣的现象正在蔓延。我不得不说，我生活在一个多么无趣的时代。

不过，我相信，对于一百年后的你们来说，凡此种种已变得不可想象。在你们的时代，孩子们会有快乐的童年，大人们会有健全的常识，兴趣而非功利会成为生活的动力。当我在此刻对你们说话时，唯这样的展望才使我感到了一些乐趣。

这份有趣的回答在一个月后的7月21日，在《杨澜访谈录》6周年庆典晚会的现场，被封存进一个景泰蓝"香薰容器"中，呈立到北京大学图书馆。它和上百份来自中国当代精英人物的思考一起，会聚成2007年中国的译码器。

这场主题为"让今天告诉未来,让未来记住今天"的晚会,以超现实的时空为视角,冲破思维的界限,让人置身于现代与未来的时空中。潘岳、柳传志、费翔、徐永光、释永信、任志强、赵忠祥、陆川、曹景行、蒋昌建、常昊等众多嘉宾关于"历史、现在和未来"富于责任感的思考,为《杨澜访谈录》的6周年庆典奉献了深邃的人生哲学。

这次庆典的创意来自杨澜和她的团队。秉持"记录一个人和他的时代"为创作理念,《杨澜访谈录》已经走过了曲折的6年。在最开始的策划中,团队人员仅仅是想办一场大规模的PARTY,让接受过采访的300多位嘉宾走到一起,为栏目的6周岁生日庆祝。这种单纯而热切的想法,因时代因素的参与而显得不同寻常。6年来,中国日新月异的发展,催生着一次次巨大的变革,也在不经意间渗透到我们每个人的生活中来。如果仅仅是孤立地看待这6年,那么对它的一切描绘都无法摆脱现实的束缚。也许站在未来的角度,以宏大的历史视角审视今天的所为,才是看清现实的可靠办法。因此,经过一次次的讨论和磋商,这场PARTY最终升华为栏目组的一次大手笔:以城市中轴线上的北京市少年宫为原点,以嘉宾对这个世界极具个性的解读为横向轴,以100年的时间为纵向轴,从政治、经济、环境、艺术等诸多方面,以丰富的想象力观照着现实时代,描绘出当下的多元化社会生态。

在这个策划方案中,"想象力"扮演着极其重要的角色。杨澜在一篇名为《向"想象力"致敬》的博文中,引用了爱因斯坦的一句名言:"想象力比知识更重要。"这位以无边的想象力创造了"相对论"的大师,在1938年,应邀为第二年举行的纽约世博会写下了一封《给5000年后子孙的信》。这封短信与电话、电动剃须刀、丘比特娃娃和万宝路香烟一起,被封存在一个巨大的"时间舱"中,埋入世博会场馆地下。68年之后,《杨澜访谈录》的庆典仿佛遥遥地在向这位大师致意。如同爱因斯坦集物理学家、哲学和古典音乐爱好者于一身,这场晚会也将严谨的科学、超现实的想象力以及人文和艺术交织在一起,打造出属于2007年的奇异底色。

抽象的创意背后,是无数属于操作层面的具象细节。尚未完全成熟的栏目组,所遇到的第一个困难,就是联系嘉宾的问题。外联作为一门专业工作,要求熟练掌握中英文双语,还要有好的笔头功夫,才能胜任这个职位。制片人语闻物色了很久,始终找不到一个完全合格的外联人员,只能将工作分解,协调多人完成。300多位嘉宾,从晚会前一个月开始,一个一个发送邀请函,打电话追问行程,要将他们约在同一个时间,工作任务相当庞杂琐碎。有人已经订好机票要去韩国录唱片,有人正在制作电影后期,有人要到日本参加论坛,有人要到香港去办事,还有一些重量级嘉宾,只能留给杨澜亲自联络。

请来的嘉宾会不会不够层次,撑不起这个场子?每一个负责联络的人员内心都烧灼着不安的焦虑感。为了跟进每一位嘉宾的具体安排,语闻特地在公司中辟了一个房间,在里面挂了一个板子,哪位嘉宾已经回复了信,谁还要再联系,谁已经确定不能来……只要一有嘉宾的信息,就贴到板上去。这种一点一滴可见的工作业绩,给处在焦虑状态中的团队人员带去了安慰和鼓舞。

外联的缺位反映出了这一时期团队人手的不足。为了完成这个大摊子,语闻外请了许多经验丰富的传媒人。她请来中央三套一台王牌节目的制片主任帮着打理制片工作,让北京电影学院的一位博士生负责担纲主持人之一的刘仪伟的解说词,还让自己的导播从央视请来了一位成熟的现场导演。人员各就各位后,才稍稍分担了语闻的重担。

一个更严重的问题是,有过多次大型晚会策划经历的语闻习惯了央视花钱的大手大脚,深知那些精美的大手笔主要是建立在不计成本的投入上,而面对《杨澜访谈录》这台"烧钱"的晚会时,她却无法不惜一切地将每个节目打磨得精致无比,因为资金有限。按照她之前的经验,这场晚会如果要做得尽善尽美,预算起码要翻一番。金钱上的局限性,让她无法将晚会做到"100分",但是对于一档挂靠于东方卫视的栏目,如何将商业价值和节目资源聚合起来,寻求一个适当的平衡点,才是最有意义的事。既要保证节目质量至少达到"80分",又要对成本斤斤计较,这种无奈导致了在晚会前的一个星期,语闻顾不上确定整体流程,也顾不上协调各个工种的人员,而是彻夜不眠地准备一份送给客户的礼品册,里面是栏目组六年中各个嘉宾的中英文介绍,而她的任务就是揪出这些英文语句中的错误，因为这是给客户的回报之一。仅仅是做这件事，就耗费了好几天的时间。有一天，已经到了凌晨两三点钟，一位来自清华大学的实习生还在埋头校对，她的父亲不放心，频频给她打电话，等在公司外面接她回家。甚至最后，已经忙不过来的杨澜也亲自帮着校对了一部分文稿。

7月21日那一晚，何振梁来了，曹景行来了，宋祖英带着《小河淌水》来了，刘诗昆带着钢琴曲《卡门》来了，栏目组的老员工周七月、毕崑、郝亚兰也来了。当嘉宾们在35℃的高温下，身着正装坐在少年官的聚光灯下欣赏节目时，谁又知道，仅仅在一天前的彩排中，语闻还在因为责编没有按演出节奏播放视频而发火，原定下午两点开始的彩排因为捋不顺，直到四五点才开始，把准时到场的"超女"冠军李宇春晾在冷板凳上几个钟头。

在这场宴会中，通过一名来自2107年的名叫"我不是刘仪伟"的未来人谐谑耍宝式的串场，各个领域的嘉宾们将他们储存的知识资本浓缩成1分钟的精彩演讲：听陆川和王全安给未来人支招，如何能取得女人芳心；让曹景行说出一个对未来影响最大的关键技术；问沈冰、蒋昌建和常昊，哪一样现在拥有的东西到未来100年后仍然可以用；听赵忠祥、苗圃和任志强说希望100年后仍然存在的景色是什么。

对未来的畅想和希望，立足于今天的社会，这个世界具有无限的可能性。在晚会的最后，杨澜说："我不能挽留昨天，但我可以把握今天，我不能改变容貌，但我可以展现笑容，我不能控制他人，但是我可以掌握自己，我不能改变历史，但是我可以创造未来。"

这台6周年庆典晚会，以新锐的姿态划过2007年，成为节目历程中一个不可绕过的亮点。在两个月后，栏目组又特地录制了一期《6周年回顾节目》，为6周年庆典画上了一个迟来的句号。席间请到的嘉宾是曾经的总策划蒋昌建和现代传播集团的董事长邵忠，谈起人物类专访的艰辛和不易，三人不约而同地对嘉宾难约的问题大发感慨。20%，甚至一个更低的成功比例，在这个轻描淡写的数字背后，是蒋昌建的"后怕"，是杨澜整个团队一直面临着的窘状。

而"以提问为生"的杨澜，也向邵忠提出了一个问题："如何挖掘到这些视与媒体打交道为职业的明星的人生故事，又不同于娱乐类的八卦报道呢？"老到的邵忠给了杨澜一个建议：先问一些类似"你如何成功"之类能让他们打开话匣子的问题，再"诱敌深入"，采访一些更深层的敏感话题。

杨澜的提问是有现实意义的。收视率这个"行业货币"，让《杨澜访谈录》节目组的人员或多或少都背负着竞争的压力。电视从来都没有像今天这样，主导权正在慢慢从电视节目的制作者手中流失。面向观众，面向市场的商业逻辑，使收视率成为了杨澜面临的一个难题。在东方卫视落地之后，《杨澜访谈录》的收视率平均每期节目是0.1%，在同时段的收视排名中，大概能位列第10名，这在综艺节目扎堆的周末晚间是个不错的成绩。而出乎杨澜意料的是，通过对节目受众群体的分析，她发现收视主力并非她预想的高端人群，而是学生和刚入职的人员。原因不难理解，精英群体不仅数量少，而且他们大都很少看电视；年轻人收看《杨澜访谈录》，是基于学习的渴望，也有着对这档定位于"高端、经典"的节目的信任。但不可否认的是，对于这个年轻的群体，娱乐明星和话题人物会比政治和商界的人物更受追捧。

意识到问题严重性的杨澜一直处在选题的纠结之中，出于对收视率的考虑，她采访了一些娱乐明星。但是，杨澜的大气仿佛是与生俱来的，她不习惯问对方的八卦和隐私。在涉及这些问题时，她都是礼貌地向对方抛出一个恰如其分又点到即止的问题，若对方不愿配合，她也不会过多地追问。经常是后台坐着的编导焦急地盯着杨澜，心里呐喊着"问啊，问啊，怎么还不问啊"，而杨澜却戛然而止。

杨澜的理性和节制，如虚空中的一条线，将她和其他一些谈话类节目主持人区别了开来，在这个被过度曝光而失去底线的媒体行业中显得尤为珍贵。但是这种"冷"，又让她作为以提问为生的主持人有了局限。问还是不问，这是一个问题，怎么问，也是一个问题，而选题的抉择，则是一个更大的问题。"收视率"和"影响力"都要的杨澜，将采访嘉宾比作"打开一面不同的窗户"，也越来越清晰地有了"服务受众"的意识，在不降低节目质量的标准之上，她逐渐在高端嘉宾和商业与娱乐明星中把握着微妙的平衡。

2006年9月，杨澜在北京采访了韩寒。一早就被经纪人拉起来做节目的韩寒，显得有点打不起精神，胡子未刮、不修边幅，穿着一件随意的白色套头衫的他，怎么看都还像个孩子。但就是对韩寒的关注，使杨澜对网络弄潮儿所蕴藏的巨大力量有了更加强烈的认知。

就在这一年，杨澜在新浪网的博客点击率突破1000万；电子杂志《澜LAN》上线之后，在短短几个月内，每期下载量突破了200万。而网上居高不下的《杨澜访谈录》视频点击率，更在印证着网络受众群体力量的蓬勃和发展的潜力。从中，杨澜隐隐地看到了创造未来的契机。

杨澜对韩寒的采访，像是一场60后的"好孩子"与80后的"坏孩子"的对话。这个时代催生着韩寒的叛逆，而韩寒又以他近乎孩子般的勇敢和莽撞，用自己的博客作为阵地，向庞大的网民群体推广着新锐的观念，并牢牢地掌握着属于他的话语权。

就在采访完韩寒的当天下午，杨澜又采访了哲学家周国平。哲学能解决生活中的问题吗？周国平用他的人生经历告诉杨澜，答案是否定的。哲学无法让他摆脱好友郭世英的死对他的打击，无法挽救他两次失败的婚姻，也无法留住女儿妞妞的生命，甚至无法解决8岁女儿啾啾的问题"时间是什么"。而孩子的成长，却给他带来了巨大的喜悦，"哲学家当不当无所谓，但是当父亲的滋味多好啊"。

6岁的《杨澜访谈录》是杨澜的一个孩子，它与杨澜出生在2000年的女儿几乎处在同一年龄阶段，而她已经12岁的儿子，却正在以饱满的热情迎接着青春期。儿子开始写日记了，读着他挠头搔颈写下的"我终于认识到，人不能因为取得一点点成绩就骄傲自满，不然……"杨澜常常会笑出声来。直到有一天，他自顾自地写下"鸦鹊不可同屋，德无价。心如针，不可盛物，心如天，何不可盛也……"的半文半白的词句，结结实实地把杨澜吓了一跳。

不知不觉中，孩子已经有了属于自己的心灵空间。在上中学后，儿子要求的第一件事，就是不允许妈妈出现在校门口。暑假里，撇开杨澜特地为他购买的《上下五千年》，他捧着侦探小说看得津津有味。在面对质问时，还头一仰、充满挑衅地反驳："看书就一定得看你选的书啊？"口才极佳的杨澜面对儿子的"挑战"，也只能承认："估计再过两年就吵不过他了。"

有趣的是，儿子和女儿的性格截然不同。面对同样可爱、禀性各异的两个孩子，20世纪60年代生人杨澜给予了他们无条件的爱和自由选择的权利。在家的日子里，她陪着儿子玩网络游戏，与女儿一起窝在沙发上看动画片，也在循循善诱之中，让年幼的孩子找到解决困难的方法。当在校表现优异的女儿噘着嘴回来告诉她，班里有同学说她是因为妈妈是杨澜才被选上班干部时，杨澜难得严肃地将她拉到身旁，告诉她："你来决定怎么办，你有几个选择：第一，你辞职；第二，你很仇恨这个同学，以后找机会报复她；第三，你去向他解释，他选择听或者不听，但是你用自己的努力继续做，明年继续被大家选为班干部。"女儿不出声地想了半天，最后扬起倔强的小脸，对杨澜说："妈妈，我选最后一个方式。"

在理解和包容之中，两个孩子都用更为茁壮成长的速度回应着母亲。不喜欢弹钢琴的儿子偏爱画画，调皮好动的他能拿起画笔，一画几个小时。而女儿却天生地和钢琴有缘，每天都要跑去弹一会儿，小小的她还是一个"作曲家"，有时喜欢将谱子做点改动，直到自己满意了再弹。

与孩子共同成长，才是最美好、最明智的选择。在跌跌撞撞的幼嫩中，蕴含着无与伦比的力量；而未成熟的稚气，就是前进的理由。如何摆脱困境？那就是向未来索取力量。

《杨澜访谈录》从30分钟改版到45分钟，让杨澜有了更多的权利空间阐述自己的价值观。面对即将走进7岁的《杨澜访谈录》，杨澜对这档在自己精心呵护下成长起来的栏目给了足够的尊重和自由。成长至今，这档栏目已经有了自身的定位、理念、制度，以及运行规律，在更多的时候，这种内在的力量更能清晰地凸显出来，应对外界的变动。

如同《约翰·克里斯朵夫》的结尾——孩子回答说："我是即将来到的日子。"

珍妮·古道尔只身去往非洲观察和研究野生黑猩猩。她一直相信：如果真想做一件事，就要抓住机会，不放弃努力，这样才会拥有成功的人生

对于百事公司董事长卢英德来说，有时女性所谓的压力是一种思想状态，如果把注意力放在如何解决问题而不是自怨自怜上，方法一定会有的

希拉里·克林顿是历史上第一位拥有公职的第一夫人,在45分钟的独家专访中,杨澜向观众展现了希拉里更立体、多元的人生里程

约旦王后拉尼娅·阿卜杜认为:"王后"也是一份职业,而不只是一个头衔

与曾有"瑞典政坛新星"之称的瑞典外交官安娜·林德合影

与妮可·基德曼合影

被评为"时尚界最有权力的女性之一"的缪西娅·普拉达认为,服装并不是为了取悦男人,而是为自己的目的而穿。她希望能用自己的设计,提升女性的地位

05

林丹

马修·埃蒙斯

奥运可以是件
很浪漫的事吗？

郑

运动员们共同的情人是运动本身，
即使有一天他们离开竞技场，
也会留下一段不平凡的爱的记忆。
从这个意义上说，
成长本身就是一件浪漫的事。

/一问一世界/

中雪

阿赫瓦里

李娜

姚明

我没有想到，自己会成为唯一两次代表北京申奥的陈述人。

我的职业生涯，从《正大综艺》时期的"看世界"，到《杨澜访谈录》的"问世界"，似乎都是为了"沟通世界"做准备的。2001年在莫斯科申办2008年夏奥会时，负责介绍文化及教育项目的我，被允许在陈述的最后，加上了一段带有个人感情的话："700年前，当马可·波罗即将离世时，人们问他，'你所描绘的那个叫做中国的遥远而美丽的国度，到底是不是真的？'马可·波罗回答说：'我告诉你们的，不及我看到的一半。'实际上，今天我能够在这里向诸位展示的，也仅仅是正在等候你们的北京的一隅。这是一片神奇的土地，到我们中间来吧。"那时的中国人渴望得到国际社会的了解与尊重。我代表我自己，也代表我的同胞们向世界发出邀请，来认识一个开放的中国。

2015年，在马来西亚的首都吉隆坡，我荣幸地代表北京做申办2022年冬奥会市场开发工作的陈述。与15年前不同的是，此时的我更加自信和从容了。我所描述的是一个有雄厚实力和组织经验，足以高质量完成冬奥会市场开发任务的国家队，以及一个金额高达5000亿美元的冰雪运动市场。这时的中国可以自信地承诺为奥林匹克运动做出更多的贡献了。中国正在深刻地影响世界。

这期间发生了一个小插曲。在吉隆坡的正式陈述之前，申奥代表团先在瑞士洛桑国际奥委会总部做技术陈述。在离赴洛桑的技术陈述只有三周左右时间的关口，我突然接到了需要用法语完成一部分演讲的任务。可是我从来没学过法语！真是赶鸭子上架。我一个音节一个音节地练习，努力寻找法语的语感，几乎到了做梦也在说法语的状态。就在那次陈述后，国际奥委会的法国委员在过道里找到我，一上来就叽里咕噜跟我说了一大通法语。这让我既得意又尴尬，只好用英语对他说："先生，抱歉我目前刚刚开始学习法语，这真是一门优美的语言，但语法也真够复杂的。我向你们保证，如果北京这次能赢得举办权，2022年我一定用您的母语与您交谈。"他略带惊奇地说："可是你的发音已经相当标准了。太棒了，我们一言为定。"就在吉隆坡正式陈述结束后，这位委员又见到我，恭喜我"法语比上一次更有进步了"，也提醒我不要忘记与他的约定。从那时到现在，我每天自学20～30分钟法语的习惯，一直保持着。因为，2022年的冬奥会，中国与世界又定下了一个Rendezvous（约会）。

奥运，对大多数中国人而言不仅仅是一个国际运动赛事。它象征着中国与世界的沟通。奥林匹克运动的宗旨，是通过没有歧视，公平竞争的方式，来促进友谊，相互理解与团结，教育青年为建立一个和平的，更美好的世界做出贡献。而我们对它的丰富内涵的理解也经历了一个过程。2008年夏奥会无疑是重要的里程碑。那一年，《杨澜访谈录》制作了奥运采访系列，一些人和一些事，至今历历在目。

上帝跟马修·埃蒙斯开了两次玩笑：他在雅典奥运会的射击比赛中一路领先，却在最后一枪离奇脱靶，让中国运动员贾占波夺冠。在北京奥运会上他居然又在以绝对优势领先的情况下，最后一枪神差鬼使打出4.4环的低分，把中国选手邱健送上了冠军台。中国人虽然两次从他的失误中得利，但赢得有些不忍，那个叫埃蒙斯的小伙子也太惨了点吧！更奇怪的是他每年参加二三十场重大比赛，仅有的两次重大失误都发生在奥运会，发生在最后一枪。诡异，实在诡异。我以为埃蒙斯夫妇一定会心事重重地来到演播室。当他们笑盈盈地牵手进来时，我真不敢相信自己的眼睛。我问他们何以如此轻松，两人大笑起来："因为这太不可思议了！上帝一定是想告诉我们什么！"四年前在雅典，在马修痛失金牌后的一次运动员聚会上，素不相识的凯蒂走到落落寡欢的马修身边，轻轻拍了拍他的肩膀，对他的失误表示同情和遗憾，安慰说他同样是胜利者，只是希望下一次运气会更好一点。仿佛是上帝做出的补偿，爱情的火花在那时被点燃。虽然他在美国,她在捷克,但一年之后他们就结婚了。按照捷克人的传统,婚礼上新人步入宴会厅时,客人们要在他们面前摔碎盘子,然后让新人拿起扫帚和簸箕,合作把碎片扫起来,寓意夫妻恩爱、齐心协力。婚后的他们常常一起参加比赛,在射击赛场上凭一个眼神、一个点头给对方以安慰:"我就在这儿,别着急,你能行。"其实在北京奥运会上,他们俩已获得一金两银的成绩。马修说:"我们对冠军有两种定义,一种是夺得金牌,一种是保持竞技状态并实现整体成绩的优异。""如果你们能问上帝讨要补偿,会提什么要求?"凯蒂说:"我们希望尽快有自己的孩子,而且最好一口气生上三个。还有,就是让马修在伦敦奥运会上运气好一点!"他们两人互相凝视的眼神,真让人羡慕!

李娜与郑洁,作为中国女子网球运动员的领军人物,都选择丈夫作为自己的教练。不过两对夫妻的相处之道却迥然不同。个性张扬的李娜毫不掩饰自己的幸福,在接受我采访时展示了无名指上的心形戒指,那是丈夫姜山送给她闯入澳网四强的礼物。李娜胸口那个醒目的文身,彰显着他们爱情的永久印记。李娜不无委屈地"控诉"姜山跟她练球时比其他教练都凶,撒娇也不管用。当然,李娜的脾气也不小,这朵带刺的玫瑰在一次比赛中冲看台上的丈夫喊了一声"滚开",令人惊愕。"在场上打球我很紧张,他看着我会让我更紧张。只有他能理解和包容我这一点。我跟他开玩笑说,你为我付出5年,我要以将来50年回报你,你多划算!"

与李娜热辣的性格不同,郑洁更像是一位甜蜜的小女生。丈夫张宇在训练中会准备一些小奖品奖励她,还会在大赛前给她递上一根棒棒糖缓解压力。她比赛的时候,他会坐在一旁冲她握拳或者竖起大拇指。每当比赛胶着时郑洁就会下意识地看他一眼,这时他挥拳的气势仿佛也能传递过来。

运动场上的情侣有什么不同?冬奥会双人花样滑冰冠军申雪、赵宏博告诉我那是以性命相托的信任,是宁可我摔断腿,也要托住下坠的你的瞬间选择;奥运射箭冠军张娟娟告诉我那是决赛前看台上的男友薛海峰(北京奥运会男子射箭铜牌获得者)给的一个沉着肯定的眼神,让她的箭稳稳地直奔靶子的黄心；跳水皇后郭晶晶告诉我那是一个远处模糊的身影，没有戴隐形眼镜的她根本看不见霍启刚，她只需要看清脚下的踏板，钻入那一池绿莹莹的水。运动场上每个人忘我拼搏，身、心、灵的高度统一，展现的是赤裸的内心和饱满的个性。如果你看中了这样一个人，通常不会看错。

乒乓球运动员王楠爱笑，笑得好看。让她笑不出来的是2002年釜山亚运会输球后。回国时她逃避媒体，在家里足足待了一个星期不愿出门，但还是没忍住上网看看大家的评价。当她看到有人把她在赛场上下意识的笑说成是漫不经心，甚至卖弄风骚时，她崩溃了。成王败寇的冷酷让她刻骨铭心。在此之后的几年她非常痛苦，在比赛时故意板着脸，生怕别人再说什么。2005年，她发现自己得了甲状腺肿瘤，而在这之前她刚刚与男友谈婚论嫁。得知病情，王楠的母亲不知是有意还是无心，对他说了一句："还好没有领结婚证。"没想到男友急了，说无论病情如何发展，都一定要娶王楠。这种相依为命的感觉让病床上的王楠眼泪夺眶而出。手术结束之后她再次投入训练。她不是为别人打球，是为对得起自己，对得起亲人，对得起热爱的小小银球。她要的是善始善终。北京奥运会乒乓球女子单打决赛中，王楠最终输给了张怡宁，但她打出了自己的水平，没有遗憾。我们看到她笑了，有点自嘲，更多的是释然。她祝贺了对手，感谢了观众，然后大大方方地走到看台上的老公面前，送给了他一个深情的拥抱。运动员的职业生涯无论多么辉煌，通常都会在与自然法则的较量中渐渐败下阵来。接受它，欢迎它，放开它。拥有了一路走来的风风雨雨，拥有了充实的青春和不平凡的成长，拥有了你和一份踏实的感情，我复何求？输了比赛又何妨？

有时候，我觉得所有的运动员都跟那项运动谈了一场轰轰烈烈的恋爱，而且还是初恋。他们从少年起就与它朝夕相伴，青梅竹马；为它痴迷，朝思暮想；为它付出，无怨无悔；为它伤心，爱恨交加。是不是像极了恋爱中的疯狂？而那些退役之后也无法离开的人——蔡振华、刘国梁、李永波、郎平、周继红，他们担任教练，再带出一批批冠军来，就像是与运动成了亲，生了孩子。北京奥运会上刘翔因伤退赛后，教练孙海平在新闻发布会上掩面而泣，那是父亲才会有的心痛和感伤。

爱难免伤痛。成功与胜利的光环背后，又有多少挫败和困惑呢？更为残酷的是，几乎每个运动员，都是在运动巅峰过去之后，在一系列的失败中退役的。被誉为"篮球之神"的迈克尔·乔丹在2003年通过媒体发表了他写给挚爱的篮球运动的一封信："亲爱的篮球，我第一次在我家后院见到你时只有12岁，现在已经过去了28年……你已经是生命的一部分，是我的激情，我的动力，我的灵感……"每一句都透露着不舍。结尾，他还郑重地署上名字："热爱并尊重你的迈克尔·乔丹。"在我采访他的时候，他摊开双手，告诉我那上面的伤痕是哪些比赛和训练留下的纪念。"没有什么完美的球员，在我的职业生涯中，起码9000个球没有投中，输过300场比赛，起码有26次在人们都相信我能投中制胜一球时与之失之交臂。在我的一生中，我一次又一次地失败。这恐怕就是我能够取得成功的原因。"

丘吉尔说："真正的成功不是从不失败，而是历经失败都不失热情。"我似乎能感受到乔丹对运动的那份炙热的情感。在情感关系中，所谓的"灵魂伴侣"是指让彼此在精神上能够坦诚相对，更加完整。运动员与运动之间，也是这样一种相互成全的关系。

我对科比·布莱恩特的采访是在2008年北京奥运会期间。他带领着美国篮球队的一众超级明星，与中国队有了一次中美之间分差最小的比赛。科比说："我们赢得奥运冠军的渴望比赢得NBA总冠军更加强烈。只要大家齐心协力，我什么都愿意干，发水，发毛巾，发爆米花……什么都行。"他一边说着，一边比划着，让我迅速脑补他为兄弟们服务的"动人"场面。我问他："你怎么形容你和篮球之间的关系？""这个嘛，打球对我来说是最平静、最放松、最自然的事，就像如鱼得水一样。"我又立即脑补激烈的比赛现场与鱼儿戏水的气定神闲……"那你又如何形容所谓'科比的风格'呢？"我继续问。"哦，我的风格就是创造性。站在球场上时，我就想最大限度地发挥我的想象力和创造力。就像做艺术，你在即兴创作，感受着比赛的韵律和观众的能量，彻底融入比赛。而我也不断地在比赛中找到新鲜感，找到乐趣。"

这是我听到的过关于运动最浪漫的描述了。

我曾经四次采访姚明。第一次是在他完成NBA选秀，即将赴美前夕。那时的他对未来既兴奋又忐忑。陌生的国度，陌生的训练、比赛环境，陌生的队友，对了，还有语言。那时的他更多地想到的是如何融入新环境，证明自己的价值。

第二次采访姚明是在北京奥运会期间。虽然中国男篮取得的成绩与在雅典奥运会中取得的一样，都是第八名，但中国队的气势完全不同了。对比雅典赛场上的焦躁情绪，这一次的姚明表现得更为沉稳自信。全队作为一个整体奋力拼搏，不仅是他个人的愿望，而成为中国男篮运动员共同的意志。他们不需要教练领队做什么战前动员，而是队员能聚在一起，誓言"扛着球队往前冲"。我看到姚明不仅成为战场上的主力，也成为全队的精神领袖。此时的他刚刚经历了脚伤的痛苦折磨，到了"恨不得每天都量一量骨头长到哪儿"的程度。那些蓄势已久的激情在赛场上发挥得淋漓尽致。

第三次采访姚明是他收购了上海大鲨鱼队之后。身兼企业家的他不得不面对赛场之外的事：曾经亲如父兄的教练和队友，该如何跟他们解释俱乐部的前途或许与他们的期待不一样。我的问题问到了他的痛处，但如今姚明拥有清醒的头脑和宽大的心胸。争取理解，但也不能放弃正确的决定，人生的选择从来不简单，但也没么复杂：忠实于内心的声音，才是你最重要的承诺！就在这次采访中，姚明告诉我他即将做父亲的消息。"当我从超声波仪器上看到那个小生命的心跳，那真是一种无法言表的奇妙感受！"哈！当年那个初出茅庐的小伙子要做爸爸了。他宽厚的肩膀有能力承担起对职业、对家庭、对社会更多的责任。

第四次是我们一同作为陈述人申办2022年冬奥会。"作为篮球运动员，我们NBA的联赛都是在冬季举行的，所以，我也算从事冬季运动的吧。"他一开场的幽默就赢得了国际奥委会委员们的笑声和掌声。他说："体育已经不仅是我们的职业，也是世界范围内交流和沟通的平台。人们在这个平台上寻找共同的价值观。"无论输赢，经历本身就是宝贵的财富。他希望体育在中国人的生活中，不仅是输赢或国家荣誉，而是快乐，是生活方式的一部分。这一次，他已经用老大哥的身份来介绍新一代的运动员，如进入美国冰球联赛的宋安东。而就在我们申冬奥成功之际，他又奔赴东京，收获了北京承办2019年篮球世界杯的权利。就在这次采访间隙，他向我透露了更高的职业愿景，参与中国篮球职业联赛改革，从体制上推动这一运动及相关产业的健康发展。至于他成为中国篮协主席，那就是后话了。

我欣赏一种观点：判断一份感情品质的最好方法，就是看情感中的两个人是否都有机会成为更好的自己。而对于运动员们来说，运动让他们经历磨炼，找到内心的力量，释放最大的潜力。竞技场上的爱情也好，竞技场外的恋爱也好，他们共同的情人是运动本身。即使有一天离开，也留下一段不平凡的爱的记忆。从这个意义上说，成长本身就是一件浪漫的事。

/ 一问一世界 /

"为了备战北京奥运会,杨澜带着她的节目将北半球绕了一圈。奇妙的是,对体育运动不感冒的她,连篮球场上共有几名运动员出场都不清楚,却与奥运发生了将近17年的牵连。以她的个人经历为素材,足可以拍出另外一部《一个人的奥林匹克》,如果为这部关于奥运个人记忆的影像作品开篇,那应该是一首与金牌无关、与人性有关的散文诗。"

暖场

2007年12月，坦桑尼亚孟布罗地区青少年长跑教练约翰·斯蒂芬·阿赫瓦里接到了一个电话。这个电话从遥远的东方打来，是一档中国电视栏目特别邀请他前往中国录制节目。他既感到吃惊，又感到兴奋。他生活的村庄至今仍然没有通电，为了接这通电话，年近七十的他足足跑了7公里之远。

在2007年的最后一天，阿赫瓦里走进了《杨澜访谈录》位于星河湾的录制现场。他身上的条纹围巾和红色羽绒服，都是栏目组工作人员特意为他准备的。从非洲东部的湿热气候进入中国北方一年之中最为寒冷的深冬季节，阿赫瓦里显然对北京的气候缺乏了解——几天之前，当他走出机舱的时候，来接机的工作人员惊奇地发现，他居然只穿着一件短袖。

邀请阿赫瓦里前来北京的，是由阳光媒体与北京电视台联合制作、杨澜参与主持的《唱响奥运》节目组。在节目组为迎接北京奥运会而发起的一次"寻找奥运英雄"的活动中，阿赫瓦里，这位在1968年墨西哥城奥运会马拉松比赛中得了最后一名的运动员，却因他踉跄的身影和坚持到底的决心，被奥运纪录片导演格林斯潘摄入了镜头，也因此进入了杨澜的视线。

那是40年前的1968年，当时的阿赫瓦里还只有30岁，作为刚刚独立不久的坦桑尼亚代表团的5名运动员之一，他来到了墨西哥城参加马拉松项目的比赛。虽然在那之前他曾经取得过国际马拉松赛第二名的好成绩，但是这一次由于高原反应和气候不适，在比赛进行到19公里（即入城的一半处）时，他摔倒在地，腿部严重拉伤。医务人员替他进行了简单的包扎后劝他放弃比赛，但这个身材消瘦,却有着灼热眼神的青年坚持要继续跑下去。晚上6点40分左右,比赛已经结束一个小时了,场内有些观众已经离开了体育场,工作人员正在收拾设备准备离开,突然,身披36号号码布的阿赫瓦里腿上缠着绷带,在夜幕的映衬下,一瘸一拐地跑进了体育场。在场所有观众和工作人员向他举起了双手,用掌声为他的勇气喝彩。这一刻永远地定格在了奥运史上。目睹了这一切的格林斯潘不仅用他的镜头记录下了全过程,还将这一时刻选入了"奥运历史上最激动人心的100个时刻"之一。

"我的祖国,把我从7000英里外送到这里,不是让我开始比赛,而是要我完成比赛。"这句简单朴素的话在多年后,仍然有着让人震动战栗的力量。坐在杨澜对面的阿赫瓦里,也用这种一以贯之的激情,奔跑在他的人生道路上。如今的他,仍旧每天要在乡间小路上奔跑至少10公里,还要辅导当地的孩子和老人参加长跑锻炼。在北京的短短几天里,阿赫瓦里还专程去天坛参加了中国老年人的晨练,踢毽子、打太极,认真学习,想将这些项目带回祖国,发动广大老年人参加体育活动。"我并不期待运动给我带来什么,体育已经融入我的血液、心和骨头里,体育是我的生活。"他说。

我们有关奥运种种难忘时刻的记忆,往往是与胜利者紧密相连的,是成功,是欢呼,是金牌还有喜极而泣的泪水,但杨澜眼前的阿赫瓦里,用他的轻松和愉悦凿开了人们观念中关于"胜利"的固定模式,他的胜利已经超越了荣耀的表象,却轻易地接近了更为深刻的体育本质。在他的生命语言中,Game,是运动,是竞赛,同时也是游戏。这个光着脚开始跑步生涯,因为得到一杯可乐而爱上了跑步的老人,回望他的一生,感到快乐而满足。当杨澜问他:"你认为自己是英雄吗?"他快乐地咧着嘴笑了,自信地说:"是的,我想我是英雄。"

带来万千欢呼、头戴花环的胜利者是英雄,而在赛场跑道和人生道路上坚持到底、有始有终的阿赫瓦里同样也是英雄。这也是40年前,格林斯潘举起摄像机对准阿赫瓦里的原因所在,在拍摄奥运官方纪录片的20年生涯中,他改变了人们看体育和体育人的角度:体育不仅是项目比赛,也是一个人成长故事中的重要环节，可以从中发现人性的美好。在他摒除了偏见的镜头之下，一些被其他媒体所忽视的运动员，带着他们的故事，被逐渐地聚焦、放大，最终定格。

"我要把那些人找回来，那些为了快乐和荣誉而战的人们。"2008年4月，美国的春天还没有到来，穿着一件高领红毛衣的格林斯潘，在他纽约的寓所接受杨澜的采访时这样说。这位已经82岁、总喜欢把眼镜架在脑门上的老人，刚刚经受了一次中风的打击，说话还有一些口齿不清，但是在表达意见时，却是那么准确无误，直指人心。"未破坏的人性，才是最重要的。奥运会要得以长存，唯一的途径就是找回以前的奥运会的伟大精神。"格林斯潘的价值观，和奥运年的《杨澜访谈录》的理念遥相呼应：要寻找奥运的终极价值，就必须跳出金牌的桎梏，回到"人"的本身。

"你不必是个体育迷，不必是个奥运迷，你只需要对人们所表现的勇气着迷。"为了"备战"北京奥运会，杨澜带着她的节目将北半球绕了一圈。奇妙的是，对体育运动不感冒的她，连篮球场上共有几名运动员出场都不清楚，却与奥运发生了将近17年的牵连。以她的个人经历为素材，足可以拍出另外一部《一个人的奥林匹克》，如果为这部关于奥运个人记忆的影像作品开篇，那应该是一首与金牌无关、与人性有关的散文诗。

"有一个梦叫奥林匹克／它因有爱而高贵／这份爱来自通往胜利的路上／而不是停止于金牌本身。"1992年的夏天，在一台为了激励即将出征巴塞罗那奥运会的中国运动员而举办的《奥林匹克风》晚会上，当时还在央视担任主持人的杨澜，朗诵了一首散文诗《奥林匹克的回归》。在这首她亲自撰写，并特地请作家苏叔阳修改过的诗歌中，杨澜表达了她对体育本质的理解：体育必须纯粹而高贵，和平、友谊和进步是诠释体育精神最好的方式，不能因为过分追求金牌和冠军，而忘记了体育本身的尊严和快乐。这首诗打动了台下坐着的运动员的心，在晚会结束后，邓亚萍和高敏特地找到杨澜说："从来没有人在这么大的舞台上，说出我们的心声。"

虽然这个节目由于不符合主流的宣传口径在播出时被剪掉了，但是杨澜这种对"人"本身的关注却一直延续了下来。在准备2001年7月13日的莫斯科申奥演讲稿时,她特地将中国传统的章法结构"虎头豹尾猪肚子",与西方演讲中的感性、幽默、亲切杂糅在一起,追求一种轻松自然的"人"与"人"的交流。在一位澳大利亚籍专家的协助下,杨澜字斟句酌地将时长20分钟的内容压缩到5分钟,力求在最短的时间内浓缩最多的精华,而演讲的开头,则是重中之重:

中国有自己的体育传奇。早在大约11世纪的宋代,中国人就开始玩一种叫"蹴鞠"的游戏,这项被视为现代足球起源的运动在当时非常流行,连妇女也来参加。现在你会恍然大悟,为什么我们的女足这么厉害了。

西式幽默风格的开场白,引来了阵阵笑声。这天的杨澜神采奕奕,她身穿一件重磅真丝裁制而成的白底红桃花图案的旗袍,在旗袍外罩一件红色短款外套,既体现了东方文化博大精深的底蕴,又符合申奥陈述会议上的庄重气氛,显得端庄大气,落落大方。如果不知道内情,没有人能看出来,此时的杨澜刚生下女儿不久。在2001年的春节接到奥组委打来的电话时,她还在家里坐月子。为了申奥,她给女儿提前断奶,而忙碌紧张的工作成了她最好的减肥方法。

杨澜的自信是有底气的。1993年9月23日,担任现场转播工作的杨澜,曾在摩纳哥蒙特卡罗亲身经历了一个让亿万观众为之心碎的夜晚。虽然仅仅是一票之差,但是在杨澜的眼中,当时的一切都显示着中国尚未做好准备迎接这场体育盛会。公关水平与沟通能力非常薄弱,中国的一些官员缺乏应对国际媒体的经验,代表团成员中懂外语的不多,整天与自己的人凑在一起;就连送给外国记者的T恤衫、背包等礼品也被抱怨有"质量问题"。真正称得上"公关"的,只有随行的合唱团的12个女孩子。穿着白衣黑裙的她们,每天在奥委会委员必经的走廊上唱《奥林匹克颂》,用无邪透亮的嗓音为中国争得了不少形象分。但是相较起悉尼的志愿者把他们的旗帜插遍了大街小巷的餐馆酒吧,这个公关团队就显得太过薄弱了。

蒙特卡罗的失败促人反省；因失败而赢得的时间和机会，更让中国在这两次申奥之间，获得了长足的发展和进步。及至2001年的中国，与7年前早已不可同日而语，成功的把握也大得多，但是国人们更多地用低调和朴实的态度来面对，希望能把这场盛宴请进家门，招待八方来客。心态的成熟彰显着泱泱古国的大气和风范，而高层的外交能力和民间沟通水平的增强，更让这次的成功显得瓜熟蒂落、水到渠成。因为有过惊喜之后又被打入谷底的体验，中国申奥团团员们在莫斯科的礼堂里焦急地等消息时，还不忘互相传话："别着急啊，一定要听清楚再跳。"幸运的是，这一次，大家都听清楚了"北京"两个字。

当晚，中国驻俄罗斯大使馆举行隆重的庆功宴会，杨澜担任主持。在这场宴会上，杨澜再一次见到了八年前吟唱《奥林匹克颂》的女孩们——已经长成大姑娘的她们，也被请来为申奥成功助兴。在场的人们，无论国际奥申委的官员、北京申奥代表团的成员，还是当地的华人，都因申奥成功而兴奋异常。大家忘情地欢笑、流泪、拥抱、干杯，尽情地庆祝着。

申办成功的巨大喜悦，并没有让杨澜忘乎所以，也没有让她因事情的告一段落而心中释然。作为两次申奥历程的亲身参与者和见证者，从一名记者到一位公民"形象大使"，杨澜用她地道的英文、跨文化沟通的优势实实在在地为奥运圣火来到中国而进行着"暖场运动"。

2004年10月，《杨澜访谈录》联系采访有"京城第一玩家"之称的王世襄先生。老爷子刚好扭伤了腰，但听说是"申奥大使"杨澜来采访，他提出了一个条件，要给2008年的北京奥运会提一个建议，希望杨澜代为转达，否则就"因病"不便接受采访。杨澜当然爽快地接受了老爷子的条件，没想到他提出的竟然是关于奥运用什么品种的鸽子的独特建议。王世襄告诉杨澜，一次他打开电视看到《东方时空》片头画面中，在祖国壮丽山河之间飞来飞去的鸽子竟然都是"吃货"时，让他有些接受不了。"中国有那么多好鸽子你不在镜头上放，你弄个吃货在这，这是对我们很大的侮辱，我接受不了。"

刚一听"吃货"两个字，杨澜有些不明白，向老人请教了一下，才知道所谓"吃货"就是通常说的"和平鸽",也就是信鸽。在王世襄看来,放飞何种鸽子关乎中国的传统文化,尤其是2008奥运会应该用名贵的观赏鸽才对。这类鸽子完完全全是中国特色的鸽子,嘴形、眼珠、头型、花色部位甚至连脚趾甲都有一定的讲究,而且它们不像信鸽,信鸽一放都跑了,观赏鸽可以转着圈儿飞,还带着好听的鸽哨,鸽哨象征和平,和中国文化追求很吻合。当杨澜问到养殖这样的观赏鸽子是否花费很贵时,王世襄老人不失幽默地说:"这些花费比起足球队那是九牛一毛了。"

在王世襄老人看来,作为申奥形象大使的杨澜必定具备通天的能量,就特地委托她去说服奥组委,在开幕式上采用北京的观赏鸽。殊不知开幕式是严格保密的,杨澜所能做的就是及时将这个建议反映给奥组委的相关部门。但无论建议最后是否被开幕式主创团队采用,王世襄老人对于奥运的真诚参与都让杨澜深为感动。

《杨澜访谈录》是杨澜为奥运暖场的又一个舞台,在这里她将各路意见领袖们的高见展现出来,并在与他们的沟通中试图解决两次亲历申奥所感触到的焦点问题,那就是如何与外界交流。为此,在2004年4月,杨澜特别邀请了资深外交官吴建民走进《杨澜访谈录》讲起了"交流学"。在媒体圈内,吴建民享有"批评了对方,还能让人家给他鼓掌"的声誉。然而,在过人的睿智背后,除了知识的积淀、文化的熏陶,更多的还是人生的历练。他22岁进入外交界,曾长期担任国家领导人的法语翻译工作。20世纪90年代初,他出任中国外交部新闻司司长兼发言人,1998年至2003年期间,担任中国驻法国大使,因对中法交流做出了杰出贡献,被法国总统希拉克授予"大骑士勋章"。2003年7月,他又担任北京外交学院院长。在《杨澜访谈录》录制现场,吴建民告诉杨澜:"这个'交流学'听起来简单,但实际上我搞了42年半的外交,我发现中国人不懂,基本东西不懂。握手不会握,那就是握手的时候眼睛不看别人。不知道握手的一瞬间,有一个眼神的交流问题,许多人不懂这个道理。"

交流是个问题,对于即将举办奥运的北京尤其是个问题。走出《杨澜访谈录》的杨澜更多地以公众人物的身份,强调从语言交流到心态建设,中国人如何与外国人打交道。在她看来，北京奥运会得到了政府的全力支持和公众的热情参与，场馆的建设、城区的交通情况、空气质量等"硬件"方面的准备都不会有问题，但是一些深层次的"软件"问题，才是真正应该引起重视的。两次并不愉快的经历，让杨澜有了深入的思考。2006年"五一"期间，杨澜陪几位美国朋友去丽江旅游，其中的一位要等一个传真，就和酒店的服务生说："我要我的Fax。"服务生一开始没有明白，突然间仿佛恍然大悟，就在他的房间中放了一些避孕套——原来他把Fax听成了Sex。这个类似于冷笑话的情节在现实生活中上演时，带来的只有困窘和难堪。还有一次，杨澜在首都机场碰巧遇到了已经卸任的前外交部长李肇星，他正在为机场工作人员的失误大发雷霆。按照外交礼仪，所有国家的元首都应该实行免检，但是由于沟通的差池，安检人员却对一位来自非洲的总统进行了检查。当时李肇星非常激动："你们以为现在中国有钱了，就可以对相对贫困的国家这么没有礼貌？如果是美国总统来，你们可能早就站在一边了吧！"一席话让机场人员哑口，也让一边帮着开劝的杨澜体味良久。

"展示一个正在腾飞的中国的气象，这并不难；展示古老文明的悠久也不难。最难的是，怎样让人家心动起来。不是说一万人的震耳欲聋的安塞锣鼓，就能打动人，而是现在的中国有什么能感动人。我觉得如果能做到这一点，东西方文明才能真正达成一种交流。"2006年8月31日，杨澜作为演讲嘉宾，参加了由中国外文局主办的跨文化交流论坛，许多致力于对外交流工作的资深人士和学者，包括前国务院新闻办主任赵启正先生、前驻法大使吴建民先生、国家宗教局局长叶小文先生等均参与其间。以"北京奥运会应该传递的中国形象"为题，杨澜在演讲中主要提醒国人，要注意警惕盲目自大、奢侈挥霍等"暴发户"心态，而其中最重要的一点，就是要避免"势利眼症"。

"对有权有势者拼命巴结，而对普通人不理不睬，比如说，对金发碧眼的欧美人比较热情，而对经济不如我们的一些发展中国家，在不经意间冷落了人家。更有甚者，有些人在言语当中还有种族歧视色彩，还有一种现象是以大国自居，对亚洲邻居表现出我们的文化是你们的'祖宗'之类的傲慢，并津津乐道，自以为很幽默，这很容易伤害到人家的自尊心。"

这篇演讲点中了存在于国人心态中的种种缺失。无论是蓝眼睛金发的欧美人，还是黑皮肤厚嘴唇的拉美人、非洲人，都同样是国际友人，都应该受到相同的尊重，绝无地位高低之分。奥运会是属于全人类的一场盛宴，以超越民族与国界的形式，奥运会成为了平等交流的象征与表达，其倡行的"和平、友谊、进步"之宗旨，也成为人类文明与理性精神的真挚诉求。正如国际奥委会副主席、德国奥委会主席巴赫曾经说过的："体育担负的是促进民族对话的重任，是架设桥梁，而不是构筑高墙。"

对于生活中的细节，杨澜善意提醒勿要有过分的"虚荣心"，譬如偌大一个城市，某些地方出现脏乱现象是在所难免的，国际大都市纽约和巴黎也并非一尘不染。而我们对此却如临大敌，在城区的管理上反而显得过于严格。无论是建议，还是见解，杨澜的暖场行为都有一个共同的目标，那就是为建构一个自信、开放、宽容和朝气蓬勃的中国形象出谋献策。

2008年5月1日，杨澜在有600年历史的紫禁城太庙中，与白岩松、朱军、董卿、春妮一起，为奥运会开启了倒数100天的计时器；5月3日，身着火炬手服装的杨澜在三亚接起了属于她的第14棒火炬，在海滨城市的柔和阳光中，以享受的心态跑完了这200米。

火炬在各色民族、各种职业身份的国人手中传递，在中华大地上绵延数千里。2008年5月8日，这是奥运史上必将记住的一个日子：美丽的藏族姑娘次仁旺姆，在地球之巅的珠穆朗玛峰顶，点燃了祥云奥运火炬。扎西德勒！此时在上班途中的杨澜，听着收音机中传来的消息，抑制不住内心的激动。七年前，正是杨澜在申奥陈述中，首次骄傲地向全世界宣布火炬要登顶珠峰的创举，为了预备来自国际奥委会考察团的提问，她还准备了这样一个回答："如果澳大利亚人能让圣火在海底传递的话，我们中国人也有这样的智慧让圣火在世界最高峰燃烧。"

人类真正超越的是自己的局限，而奥林匹克和珠穆朗玛这两座高峰，像是被现实社会包围的理想主义作品，通过圣火传递握了一次浪漫的手。

8月8日,在这个万众瞩目、流光溢彩的日子里,盛装的杨澜站在了鸟巢的舞台中心,这次她的身份有点特殊——作为暖场主持人,为开幕式晚会上的文艺表演和观众互动预热。因为要为现场的观众透露一部分正式演出的细节,所以不能有电视转播,作为一名"无名英雄",暖场主持人的表现一点也不能输于现场直播,甚至要求更高。杨澜要做的,不仅是和其余4位主持人一起,向现场观众展示如何使用手电、中国国旗、奥运会会旗、丝巾、拨浪鼓等道具,还要依靠自己的中英文沟通能力,在最短时间内调动起观众的热情,让大家保持兴奋的状态。在杨澜和几位主持人的强力调动下,9万人的鸟巢"High"到爆棚,掀起一浪又一浪的热潮。没有人知道,为了保密的需要,杨澜直到8月4日才知道搭档是谁,她与分在一组的黄宏,在上场前只能进行电话沟通。在带领全场用双手来展示白鸽飞翔的动作时,杨澜也不忘调侃黄宏,说他的示范动作不像是鸽子,而像是鸭子。

当天的鸟巢闷热异常。在结束主持后,吴大维和黄宏的西服已经被汗水浸透了。杨澜因为有刘淇书记特批的两张票,得以和先生吴征在一个很好的位置观看了开幕式,坐在她后座的就是鸟巢的设计师瑞士人雅克·赫尔佐格。这位有着丰富创意的建筑师,显然对这种天气也毫无招架之力。"您为什么把这儿设计得这么热啊?"面对杨澜的玩笑话,他一边擦着汗水,一边低声地"辩解":"气压太低了,太低了。"

不解风情的天气,并没有搅扰到人们的好心情。半个小时后开始的开幕式,让全世界都见证了中国奥运会的浪漫。"从古老的朝代到现代大国,北京奥运会开幕式描绘了丰富多彩的中国历史。"这是法新社在网上同步贴出的评论。随着29个巨人的脚印沿着北京中轴线腾空升起,遥远而迫近的民族历史如画轴一般从时间和空间的维度缓缓展开,让NBA球星科比惊呼"太神奇了"。20分钟的焰火表演,让作为开幕式视觉特效艺术总设计的蔡国强和他上千人的团队准备了近三年的时间,因为担心下雨,蔡国强从晚会一开始就在与北京气象部门不停地沟通。当李宁飞翔的身影停留在点火口,却停顿了几秒钟没有立即点燃火炬时,张艺谋的心提了起来,准备立即启用电子点火方案。正当他的心脏被一种巨大的紧张压迫到极点时，10秒钟过后，喷涌而起的圣火将酷热的鸟巢带入最为劲爆的境界。那一刻，普天同庆。10秒钟的忍耐成就了一场经得起历史检验的盛宴，这些目睹、参与、制造了这场盛宴的大人物们，之后一一地成为了杨澜对面的嘉宾。而杨澜，以她为奥运会整整17年的漫长暖场，为身披五环旗帜的《杨澜访谈录》叩开了奥运的大门。

上帝的玩笑

习惯了每周看一期《杨澜访谈录》的观众在奥运年中发现，自2008年7月18日开始，自己每天都可以从东方卫视看到杨澜和不同嘉宾对话的身影了。

从周播改为日播，贡献这个创意的人是时任制片人的语闻。在她看来，杨澜是一个太具有奥运符号感的人物，在奥运年里如何将其个人的符号感与节目实现紧密的契合呢？这是她和新任总策划耿志民反复思考的问题，也是两人不断与杨澜沟通的核心点。在2007年的一天深夜，语闻将她对奥运年报道的想法浓缩在一条长长的短信中，发给了杨澜，希望借由这么一个动感十足的年份，通过改变栏目周播的形式放大节目的"时效性"，赋予《杨澜访谈录》新锐的气息。但同时，她又担心若是改变播出形式，会损害节目的品质和既有的影响力。经过与东方卫视总编室的斡旋对接，几经讨论商议，达成了共识：《杨澜访谈录》改成了集中在七、八、九月，以日播节目的方式播出共50集的《杨澜访谈录·东方看奥运》系列人物采访。

总策划耿志民在2007年年底走进《杨澜访谈录》，他对"深度"和"时效性"的双重追求与语闻、杨澜的创新欲望不谋而合。作为《新闻调查》和《面对面》的资深主力，他已经在媒体圈摔打多年，却还是带着"学院派"的气质。1982年，来自大连的耿志民，走进了复旦大学新闻系。置身于崇尚"自由而无用的灵魂"的复旦园，又处在中国文化思想界最活跃、各种思潮碰撞最激烈的80年代，耿志民完成了比照马克思主义新闻理论，取经美国经典新闻学理念的自我说服、自我完善的过程，毕业后在官方报纸的短暂实践，使他于实操层面吸收了新闻专业主义的技法和细节。20世纪90年代中期,他进入中央电视台《新闻调查》后,又适逢电视新闻改革的大潮——从官方叙事的语态中脱离出来,确定一种平民化的风格。《新闻调查》与在这一时期出现的《东方时空》《实话实说》一样,都凸显着几乎相同的语态:人文关怀。在崇尚"第一时间,第一现场,第一需要"的《面对面》任职主编工作,又淬炼出耿志民驾驭新闻人物的精准度,以及对于收视率的适度敏感。浓郁的人文情怀,学院派的专业素养,解读人物的敏锐力注定了他与2008年的《杨澜访谈录》是一场美好的相逢。

确立奥运年《杨澜访谈录》嘉宾名单也是一个精心谋划的过程。在杨澜和她的策划团队看来,作为主体的运动员,他们的人生因交织着成败、荣辱、悲欢,比普通人更富有戏剧性,对"时效性"和"深度"的把握,不是在第一时间告诉观众们"发生了什么",而是"为什么会发生""怎样发生",依托人物的成长背景进一步向观众展示嘉宾真实的内心世界,这样才能达到"记录一个人和他的时代"。但2008年《杨澜访谈录》之创新点绝不满足于此,而是突破奥运赛程这么一个单纯的时间概念,在一个更为开阔的奥运主题下,将嘉宾范围涵盖至有故事的往届运动员,以及因奥运改变人生命运的商人、政治家、社会活动家群体。这样才会更加凸显出《杨澜访谈录》作为高端访谈节目的核心竞争力。

从2007年底到2008年6月,《杨澜访谈录》走到了美国、俄罗斯、西班牙,采访了一系列与奥运有关的大人物,以为《杨澜访谈录·东方看奥运》储备节目资源。为了采访好不容易联系到的菲尔普斯,2008年4月,杨澜从上海登上了直飞芝加哥的飞机,十几个小时之后,刚下飞机的她又坐上了开往采访地点的车,为了随时投入采访,她早早地化好了妆,司机是个新手,杨澜怕颠簸的路弄乱了头发,不敢靠着椅背休息,只能直挺挺地坐着。在美国的短短5天中,杨澜一口气采访了包括美国奥委会主席尤伯罗斯、前中国排球队运动员郎平、游泳运动员菲尔普斯等6位嘉宾,其间还空出一天飞赴纽约,以哥伦比亚大学全球中心委员会成员的身份参加了委员会会议。刚从纽约回到芝加哥,又赶赴当地华人举办的宴会，素有"铁人"之称的杨澜已被疲惫击垮，困乏得几乎连眼睛都睁不开了……

一个多月后，杨澜的身影又出现在了俄罗斯。为了还原"冰王子"普鲁申科的成长轨迹，杨澜特地带着团队人员，从莫斯科坐火车到圣彼得堡火车站拍摄串场。他们乘坐的火车是四人一间的软卧车厢，在气温并不高的6月份，车里还开了冷气。在这辆刷着厚厚的绿油漆的老式火车上，摄影师王祖继睡得很舒服。在圣彼得堡火车站拍摄串场时，杨澜向他抱怨说，她找了一晚上的被子都没找到，结果被冻了一夜。事实上，这床"消失"的被子，被累得上车倒头就睡的杨澜自己压在了身下。

结束国外的奥运专访，已到了7月份，为了能确保《杨澜访谈录》在奥运会比赛期间不漏掉最有新闻点和最有价值的嘉宾，主持人、策划、制片人、编导、助理编导加上实习生采用团队作战的方式，以电脑的速度，在脑中输入有可能成为节目嘉宾的运动员个人资料，在搜索人物背景资料的基础上，预测圈点了一批重点采访嘉宾名单。杨澜将节目的宗旨定位于"深度+新鲜度"，自称为"体育盲"的她也借机恶补体育专业知识，终于搞清楚107B的跳水难度系数对于郭晶晶而言意味着什么。在离开幕式只剩下20天时，7月18日22时30分，精心制作的《瓦尔德内尔》作为《杨澜访谈录·东方看奥运》的首期节目亮相东方卫视，在三里屯的"老瓦餐吧"，观众惊喜地看到了这张依旧为大家所熟悉的面孔。

8月8日晚，李宁以他在鸟巢上空飞翔的神来之笔，揭开了开幕式上最大的悬念。当这一幕上演的时刻，《东方看奥运·李宁》的专访节目已在7月22日播出。如何将这个激情之夜产生的新闻人物与节目相结合呢？语闻与杨澜立即决定对其进行电话采访。当晚，语闻就此事完成了与东方卫视的快速沟通，对方也非常认可这个思路，决定以这个电话专访为由头，结合此前播出的《李宁》版本，重新编辑一版最新的节目。联系李宁的采访是在与科比的采访中交织着进行的，8月9日一大早他们就赶到了洲际酒店采访科比，利用采访前的间隙，杨澜直接拨通了李宁的电话，李宁爽快地答应了电话采访。科比采访结束之后已近中午,就在约定时间之内,通过一个固定座机,杨澜完成了对李宁的访问。拿到第一手的电话录音,语闻指挥着编导汪涛投入了紧张的战斗,经过一众人马的奋力作战,8月9日晚9点散发着"第一时间"味道的《东方看奥运·李宁》顺利播出。而新闻人物李宁的身影出现在中央电视台《荣誉殿堂》的舞台上已是在当晚10点30分之后了。此时,独家制造者语闻兴奋得几乎雀跃起来。《东方看奥运·李宁》8月9日版本可谓是《杨澜访谈录》2008年度第一个真正的"独家"。因为这个独家是在"深度"的基础上放大"新鲜度"的大胆尝试,也是在如此紧张有限的条件下《杨澜访谈录》所能做到的极致。

一个完美的开头,并不能保证过程的顺利。之后的几天,奥运场馆中频频被浪漫和激情点燃,而在离奥运村开车仅仅5分钟距离之处,《杨澜访谈录》临时演播室中的气氛却完全不能用"浪漫"来形容。这个位于鸟巢西北方向的四层楼房,通常被称为OBD,是奥运会开闭幕式运营中心所在地,在杨澜搬来之前,张艺谋已经在这个不起眼的楼中熬了一年多。因为离运动员驻地很近,湖南卫视的张丹丹也带着《背后的故事》租下了一个大房间,就紧紧挨着《杨澜访谈录》的小房间。

《杨澜访谈录》在OBD演播室迎来的第一个嘉宾,是艺术设计师蔡国强,从8月9日到之后的三天,采访到的嘉宾是谭盾和郭培等人,却鲜有运动员的身影。原来节目组要邀请嘉宾访谈,先要向体育总局报送名单,等待审批通过了才能确定人员,而这个时候体育总局却"不放人",于是《杨澜访谈录》遭遇了没有运动员可采访的尴尬。杨澜和张丹丹,两个交情很好的主持人,开始了一起吃盒饭、一起等嘉宾的日子。杨澜每天一大早就来到演播室,仔细地化好妆,因为不知道总局什么时候会"放人",也不确定会批准哪位运动员来,杨澜只能老老实实地等着。这可急坏了忙着联系嘉宾的语闻,她想尽了办法催促,但是并没有好消息传来,连原先确定好的又要调整时间,上午改下午,下午改晚上,但到了晚上也不见人影。大概其他媒体也发出了这样的"抱怨",经总局调整,"运动员荒"才告结束。8月13日,夺得中国奥运代表团首金的举重运动员陈燮霞走进了OBD的演播厅。

对杨澜而言，这段过渡就像好事多磨般平常，而一个突然产生、让人措手不及的冠军，却实实在在地考量着团队的应急能力。

8月14日中午的间隙，编导蔡晓莉正在和朋友一起吃饭，突然接到一通节目组打来的电话，让她回去准备女子200米蝶泳冠军刘子歌的采访，晚上7点录节目。而在此之前，节目组中根本没有将刘子歌列入备选名单，这个好像平空冒出来的冠军却创造了非凡的成绩：半决赛2分26秒25，打破亚洲纪录；决赛2分04秒18，打破世界纪录。这些匪夷所思的成绩，刘子歌在训练时都从未游出来过。这个赛前不被任何人看好的小姑娘，后来坦言自己甚至从没想过要进前八名。

回到公司的蔡晓莉一头扎进网上，搜索各方资料，一个小细节抓住了她的注意力：这个19岁的女孩，喜欢读的书竟然是《论语》和《道德经》。通过对资料的快速解读，她的脑中刘子歌的形象渐渐活了起来，没有波澜起伏的人生经历，没有戏剧化的命运场景，蔡晓莉给她的定位，就是"单纯"。简简单单的刘子歌，因为这种放松的心态，才在强手如林的水立方赛场上以黑马的姿态胜出。而爱睡懒觉的她，上午拿了金牌，下午还回宿舍美美地睡了一觉——这个后来被杨澜用来做开场白的细节，是蔡晓莉刚刚在录制节目前，抓住刘子歌在演播室化妆的间隙与她聊天时获知的。

三年CCTV《焦点访谈》的记者工作经历，让蔡晓莉将新闻调查类节目的强烈的探究精神和本能的对速度的追求带入了《杨澜访谈录》。以一名调查记者的敏锐和直觉，她能有效地在最短时间内发现人物身上可供挖掘的故事脉络。而理科出身、硕士阶段在武汉大学新闻学院攻读纪录片研究方向的她，希望能用客观、平衡的分析，达到对人物本真的探求和追问，让其呈现该有的力量和魅力。

"电视应该记录生活的'本来模式'，而不是反映那些经过记者修饰过的生活；我们应该按照电视媒介反映生活的规律来展示生活，用一种富有戏剧性的电视语言来叙述故事。"这是纪录片导演罗伯特·德鲁的话。蔡晓莉一直自觉地实践着这种理念，在之前的3月，细心的她在做《陈诗欣——给爸爸的金牌》这一期编导时，就发现了一个其他媒体很少关注的点：这位来自台湾的跆拳道天才少女，从14岁起就开始书写着一连串的世界冠军纪录，但是1997年至1999年间，她没有任何比赛成绩。在资料搜集时，蔡晓莉发现，这个问题的答案几乎像是一出跌宕起伏的戏剧。陈诗欣曾在自己最辉煌的时候抛弃了跆拳道，离家出走，那时她才18岁。她在外独自闯荡了两年半，吃尽苦头，几乎误入歧途后，选择了回归。终于在25岁时，她获得奥运会金牌。没有强调这个类似浪子回头式的故事的教育意义，蔡晓莉将节目的重点放在陈诗欣和她父亲陈伟雄的关系上。结果，这个重心找对了——在这期名为《陈诗欣——给爸爸的金牌》的节目里，原本活泼开朗的陈诗欣甚至几度落泪。

随着刘子歌最后的触壁，时间被定格2分04秒18。当时，四年前在雅典为中国夺取唯一一枚游泳项目金牌的罗雪娟在现场目睹了这一超越，已经激动得无法抑制自己的情绪。而从水中湿淋淋爬上岸的刘子歌，看见自己的记分牌，有一刹那的愣神，惊讶之情溢于言表。

刘子歌的惊讶，来自意料之外的超越和突破，她的心灵沉潜在深深的水中，仿佛与外界有隔，得失荣辱起于自身，也止于自身。但是对于乌克兰撑杆跳沙皇布勃卡而言，当他一次次去挑战纪录、突破极限的时候，他代表的不仅是自己，也不仅是自己的国家和民族，而是整个人类。35次刷新纪录，他所创造的世界纪录在15年后仍然无人企及。

1984年，苏联抵制了美国的洛杉矶奥运会，处在巅峰状态的布勃卡被无形的政治力量任意地揉捏，失去了参加比赛的机会，无缘奖牌。2008年4月，作为国际奥委会运动委员会主席的布勃卡，在他下榻的中国大饭店接受了杨澜的采访，这一次，他用自己受到政治因素伤害的亲身经历，阐明了反对将政治与奥运挂钩的观点。"在布勃卡的历史生涯中，最大的困难不是来自面前的那根横杆，而是来自身后不断变换的旗帜……捍卫奥林匹克的独立性，因为无论是过去、现在还是将来，奥运会首先是全世界运动员的节日。"这是杨澜的观点。

将政治的归于政治，体育的归于体育，体育才可能变得纯粹而高贵。在奥林匹克运动这一悠久的全球盛事中，人类需要一次和睦的欢聚与相守。只有摒除了外界的影响，回到对"人"自身的关注和探求，体育才能成为一种愉快的享受。

8月18日，刘翔因伤无奈退出110米栏比赛。上帝真要与中国人开这么大的一个玩笑吗？显然，有的中国人只习惯享受金牌，却享受不起这个玩笑。于是有了各种极端的言论。在电视机前看到这一幕的杨澜，惊愕和惋惜油然而生，但看到网友对刘翔的责怪，杨澜又为他叫屈。"奥运会固然重要，但这并不是一个运动员职业生涯的全部，刘翔有权退出比赛，我们更应该关注他的伤势和他未来的运动生涯。"失去了身体的健康和自由，荣誉变成了悬在半空中的轻飘飘的叶子，而运动本身也无所附丽。当法新社记者采访吴征："你认为刘翔退赛，到底是伤痛因素多，还是心理因素多呢？"吴征给出了一个让妻子为之喝彩的答案："这一点只有刘翔本人才知道，不过这并不是重点，重点在于中国人可以尊重和接受一个运动员的选择，而不是把集体的意志强加给他，这就是中国的进步。"

曾经，在举国体制的意识形态之下，面对国人对金牌异常的渴求和向往，运动员们不堪重负，得到的鲜花和荣誉越多，越怕承担不了日后的失败。朱建华在汉城失利，上海家中的玻璃就被砸了；李宁从鞍马上摔下来，下飞机时只得走在最后。仿佛某种预言，在2008年年初，杨澜采访高敏时，她特地提起了刘翔："如果刘翔拿到第二，我们不会去指责他了，我们的社会进步了……我觉得他真的是比我幸运好多好多。"

面对杨澜，也许是感动于她对运动员的宽容与理解，高敏将自己曾经遭受的心灵痛苦向她和盘托出。谁能想到，从15岁起，凡是参加世界比赛，金牌无一旁落，让她的对手感叹"与她生活在同一时代是一种悲哀"的跳水神话缔造者高敏，曾被巨大的压力笼罩在阴影中，一块块金牌像是砖头一样，压得她近乎窒息。在1992年的巴塞罗那奥运会前，她每天都被噩梦缠绕，梦见比赛跳砸了，或者是跳到半空中人突然翻不动了。在那些日子里，她甚至想到了死。高敏最终以一枚金牌"解放"了她的运动员生涯。退役之后，她去了美国读书，又到加拿大一家游泳俱乐部当了一名跳水教练，这份轻松的工作给了她很多时间去相夫教子，有空的时候她就种种花，写写博客。回想起那段天天身边揣着一瓶安眠药的日子，高敏仿佛虚惊一场。

体育是一种人类身心发育的双重途径，真正的奥林匹克精神，应该是对完整的人格的尊重，而不是与人性背道而驰的金牌膜拜。那些强加给人的沉重的枷锁，只会让人类泯灭对于体育的热爱，甚至断绝对于勇气和梦想的追寻。

当杨澜离开OBD的时候，上帝也和她开了一个"重"头的玩笑——因为吃了20多天的盒饭，她的体重一下子增加了好几斤……

成熟的沟通者

"它不是慢慢散去，它是哗一下就过去了，哗一下就过去了。"说这话的是开闭幕式总导演张艺谋。北京奥运会落幕后的这几天来，各国的运动员和教练员仿佛候鸟一般，陆续地返回了自己的国家。而奥运会开闭幕式运营中心所在的OBD大楼，和张艺谋合作了几年的团队人员，也如退潮一般纷纷离开，人声鼎沸的会议室和挂满草图的设计室，顿时安静了下来。直到走进了《杨澜访谈录》的演播厅，张艺谋仍然觉得有种恍惚的不真实，穿着一件大红色T恤的他，用抑扬顿挫的声调、眉飞色舞的神情和随心所欲的手势，发泄着他尚在体内奔突流淌的激情。

作为同样与奥运有着宿命般关联的两个人，杨澜与张艺谋的对话，已然超越了一个主持人对一位导演的采访，而是彼此对于宣传与传播、国家与个体、西方美学与东方哲学等多领域观点的交流与互换。

"我希望做一个浪漫的开幕式，我认为我们的祖先，我们的美学，是最高级的浪漫，不着一字尽得风流。"中国艺术境界的创成，是笔走龙蛇的晋唐书法，是行云流水的昆曲京剧，是古色斑斓的四书五经，张艺谋设计的卷轴长画、击缶而歌，无不体现着这种"写意"的东方美学。

对于张艺谋用巨大的"群体"制造出的浪漫，杨澜保持了警惕，她提出的比照案例是雅典奥运会开幕式中的经典镜头，那是一个人在飘浮的立方体中行走的场景，属于希腊雕塑风格的西方美学风格，追求"写实"和"观念"，被美学家温克尔曼描述成为"高贵的单纯和静穆的伟大"。显然，尊重生命个体，彰显个性基调更接近《杨澜访谈录》的价值观。于是杨澜提出了一个感兴趣的问题：如何让一万多人的表演队伍，看上去不是一件道具，而是活生生的人？

"抓表情"是张艺谋的方法论。为了让在广场上数千名演员意识到自己的存在，意识到其实距离观众很近，张艺谋告诉他们有几百台摄像机、几千台照相机在各个角度拍摄他们，从各个角度抓拍下演员们的脸部特写镜头，还拍成录像放给他们看。但张艺谋要抓的是什么表情？"笑脸"。他给予群体演员的导演就是如何展现"笑脸"，在张艺谋看来，这是全世界人的节日，是全体中国人的节日，所以一定要快乐。但为了防止笑得太概念化，张艺谋还与演员们开玩笑，评价大家的动作现在天下第二了。天下第一是谁？北朝鲜的阿里郎。

无论是价值观，还是方法论，在习惯于文化反思，习惯于张扬悲情的大导演张艺谋的表情中，杨澜体味到了一种难得的轻松。"动作错了没有关系，最重要的是要快乐，因为这是我们全世界人的节日，我们一定要快乐。"是的，在东西方美学之间，对于快乐的信仰具有超越性的普世功能。这才是张艺谋在奥运开幕式上倾力表述的主题，也是杨澜在《杨澜访谈录·东方看奥运》中的发力点。

用"笑脸"和"快乐"，让世界懂得中国。奥运会的开闭幕式，为中国与世界的对话和沟通提供了一个绝佳的舞台。在杨澜眼中，张艺谋的成功，不仅仅因为他艺术家的身份，更因为他是一名"成熟的沟通者"。

这并不是杨澜第一次采访张艺谋。早在10年之前的1998年，张艺谋以北京故宫的太庙为舞台，导演了普契尼的歌剧《图兰朵》而轰动京城，还在凤凰卫视的杨澜就采访了他。发生在张艺谋身上的一件窘事，让杨澜记忆犹新：张艺谋第一次进歌剧院，是因为受到佛罗伦萨歌剧院邀请，去日本新宿的剧院中观赏《阿依达》。完全不懂规矩的张艺谋，穿着一身休闲运动衣和旅游鞋就晃进了这个所有人都必着正装才准进入的大剧院。没等戏剧演完，他就被工作人员请到后台去了。

有人说，21世纪最缺的人才，就是那些善于进行复杂的沟通和交流的人才。从那个懵然不知地闯入西方剧场四处张望的中国导演，到眼前老成持重、在国际舞台上得心应手的沟通者，张艺谋的成熟，仰仗的是一个强大自信的国家。但是在真正的"人"的精神面前，张艺谋又觉得自己很渺小："赛场上的每一滴汗珠，每一粒眼泪，每一声掌声，每一个瞬间，都比开幕式伟大。"

绚烂的焰火终将归于平淡，只有对人性的关注才是永无止境的。2008年，对于中国是一个在大悲大喜中起伏的非凡年份，对于杨澜而言，她在北京奥运会和汶川地震两个现场的角色转换之间，实践着相似的理念，那就是努力以行动实施人文关怀，尤其是尝试与灾区孩子脆弱的心灵实现沟通。

5月14日，在地震发生后的第三天，杨澜捐款30万元，启动开展"关爱孤儿行动"，并与全国妇联中国儿童少年基金会一起设立"汶川大地震孤残儿童救助专项基金"，以协助相关部门安排灾区孤儿现阶段的基本生活、灾后的心理辅导和长期抚养教育工作。多年累积的公众知名度、口碑和人脉，让杨澜的专项基金得到了很多海内外友人的关注。一些国外的朋友纷纷来函，表达他们希望参与到关爱行动中来的迫切愿望。其中就有英国安德鲁王子的前妻、女公爵莎拉·弗格森、法国前总理拉·法兰、著名歌手席琳·迪翁、足球明星大卫·贝克汉姆等，查尔斯王子更是表示，会将其珍藏的两幅油画的拍卖所得捐至汶川大地震孤儿救助专项基金。

"爱不仅仅是一种意愿，一种情感，更是一种能力。"1997年就与慈善事业结缘的杨澜，无疑是位先行者。当初刚刚从美国回来的她，应朋友邀请，担任了"希望工程"《中华成语故事》系列片的义务主持人，并把自传《凭海临风》的30万元稿费捐给了希望工程。之后，杨澜开始越来越多地参加公益活动，她在宋庆龄基金会、中国环境文化理事会等多家公益机构中担任理事，还是中华慈善总会慈善大使、全国义务献血形象大使、全球粉红丝带运动大使。和海内外的慈善组织接触多了之后，结合中国慈善的现状，杨澜敏锐地意识到中国内地慈善机构的管理人员大多没有经过专业的培训，普遍缺乏金融商业知识，既缺少筹集资金的办法，也不懂得如何使资金保值增值。慈善一定是一种能够自我补充的长效机制，需要进入一个可持续发展的阶段，一种制度的建立要比单纯捐钱重要得多。2003年，杨澜当选全国政协委员后，交出的第一份提案就是《完善中国民间非营利性机构的生长环境》。2005年7月，由杨澜担任主席的"阳光文化基金会"在香港注册成立，2006年和2007年杨澜提交的"两会"提案，仍然和慈善立法有关。慈善立法事业步履蹒跚，杨澜依靠自己的先行与力量推动着它的进展。

"汶川大地震孤儿救助专项基金"成立以后，虽然收到了社会各界的物质捐赠，但在杨澜看来，物质上的帮助还远远不够，灾区的孩子不仅经历了家园被毁的灾难，更要面对失去亲人（很多孩子失去的并不是双亲）的心理创痛。这样的痛苦对很多孩子来说，可能需要一生来痊愈，更需要来自社会各界持久、体贴、真挚的热情来弥合。为了积极帮助孩子的心灵重建，在杨澜和基金会相关人员的共同努力下，制定了近期、中期、长期的工作计划，从母爱抚慰、心理重建、经济救助和全程服务四个方面，帮助尽可能多的孩子，重建他们正常的生活、学习和心理状态。在地震后的七个多月里，专项基金就在德阳、北川、阿坝等几大重灾区设立了120多个"爱心岛"，即儿童活动中心，成为孩子们的心灵康复和课外活动的场所。

5月18日，杨澜第一次和专项基金的团队成员深入四川的重灾区，在开始与孩子们接触前，特别请随行的心理专家们讲解了"十要十不要"的专业建议：不要欺骗；不要强迫他回忆或说话；不要粗暴地"干预"他的情绪，他有自己发出情绪的方式；不要表现出他很可怜，需要被同情的样子；不要试图取代他的父母；不要过度地给予；不要以为自己是救世主；不要以为只有自己能帮助他，让他先找到康复的方法，启动每个人自我疗伤的能力等。此时的灾区，飘散着一种极其难闻的气味，基金会为所有的人都准备了口罩，但是杨澜一直坚持不戴口罩，她用自己的行动履行着心理专家的建议，希望身为母亲的自己能为不幸的孩子们带去精神上的鼓舞。

在成都的一所医院里，杨澜见到了一位伤势非常严重的初二女孩王楠。王楠说她从小非常爱哭，生气的时候哭，撒娇发脾气时也会哭，但是这次，从被救出来之后她一次也没有哭，甚至在医生为她的伤口擦拭碘酒时，她也笑着说："我不哭。"面对女孩的坚强，杨澜对王楠说："哭其实也并不代表你软弱,它可以平衡你的情绪,所以你要哭就哭出来吧,再说,你哭了也不难看,一样很漂亮。"但王楠还是笑着回答说:"我不能哭,我哭了,妈妈就该伤心了。"也许是灾难让孩子们一下子成熟起来,看着乖巧无比的孩子们,杨澜既感到欣慰,又有些无力。当听说王楠的偶像是周杰伦时,杨澜答应一定送给她一张周杰伦的签名照片,像是得到额外的礼物一样,小姑娘大笑起来。笑声让杨澜感到温暖极了。是啊,只要是出自真心,能给予孩子真正想要的礼物,也许是对她最切实的抚慰。

在纪念汶川大地震一周年之际,《杨澜访谈录》特别采访了三位在北京上学的灾区孩子。在这期《灾区孩子:这一年,我们长大了》的特别节目中,《杨澜访谈录》第一次改变了一贯的两把椅子面对面的交谈方式,采访的地点选择在一条安静的长廊上,四周是掩映的绿树。杨澜和孩子们肩并肩地坐在石凳上,为了更好地照顾到孩子们的情绪,在采访的十几分钟里,杨澜的上半身一直保持着微微前倾的姿势,好似和孩子们闲聊。

"能跟我说说你爸爸吗,他是很严厉的爸爸,还是很疼你的?"

"为什么你不许自己哭?"

"你觉得得到的这些帮助,能够替代爸爸离开你这件事吗?"

在采访之前,杨澜和节目组成员专门咨询了青少年心理专家,反复确认什么问题能问、什么问题最好不要触及、一些问题应该怎么问,然后才小心翼翼地列出了以上与孩子们交流的问题单。

距离最残酷的人生记忆仅仅一年的时间,但孩子们给予杨澜的更多的是懂事的话语和微笑的表情,在陌生的北京生活的他们真的长大了吗?

三个看起来乐观坚强的孩子,却在节目组特别请来的心理专家为他们做的沙盘测试中,泄露了心底隐秘的压抑。截去双腿的周仁贵,在感恩的同时,也强烈地想要迎合大众对他的期望;失去亲人的王承茜和王丽萍,她们在心底都还不敢正视这个现实。这样的结果让心理专家们担忧,也让杨澜感到心理援助任重而道远。作为传媒人士,她和心理专家们共同在节目中发表了"别让孩子钻进坚强乐观这个壳"的观点:怀着感恩之心的孩子,常常会有意无意地按照外界对他们的期待，塑造出坚强乐观的样子。这也让社会上的人们产生一种错觉，以为我们的帮助已经使孩子们成功地走出了地震的阴影。然而有时候，这可能恰恰违反了孩子心理康复的自然规律，压抑了他们的情感。有一些失去是永远无法补偿的，对于孩子内心对痛苦和脆弱的理解，恰恰是对他们最好的尊重。同时我们也要让那些年纪稍大一点的孩子认识到，总有一天他们需要独立去面对一个现实的世界，他们需要为这一天做好准备。

在心理专家的建议下，在与孩子们的交流进行到最后阶段的时候，杨澜选择了将真相告诉他们，帮助孩子们从心理上回归到真正的现实中来：

杨澜：你有没有想过，将来有一天外界对你的关注没有那么多了，你要靠自己了，你害怕吗？

阿贵：不害怕，因为至少我双手还在，读书认真一点，然后上一个很好的大学，出来找一个很好的工作。

杨澜：你想过将来怎么养活自己的问题吗？你觉得自己将来还能养活父母吗？

阿贵：应该的。

杨澜：应该的？但是你会遇到比别人更大的困难。

阿贵：但是也要付出比别人更大的努力。

周仁贵的回答让杨澜真正地感慨孩子们对于"长大了"的理解。

以一个沟通者的身份去做慈善，在给予他人帮助的同时，更尊重他人的心灵自尊，只有心和心之间真诚地对接，才能产生情感的共鸣和沟通的渠道。给孩子的心灵减负，他们需要的是真心的帮助，而不是满足社会的某种概念或口号。

在浪漫与苦难并行，快乐与泪水交集的伟大的2008年，杨澜在实现自身与外界沟通的道路上，更趋于成熟的境界。

2001年在莫斯科国际奥委会会议上代表北京作申奥的文化主题陈述

在参与主持的《唱响奥运》节目中，与著名女高音歌唱家卡巴耶合影

2008年8月8日在鸟巢主持奥运会开幕式前场演出

吉隆坡申冬奥期间与刘延东副总理合影

在洛桑国际奥委会总部参加申冬奥的技术陈述。身后的横杆代表人类跳高纪录

对于运动员来说,运动让他们找到内心的力量,释放最大的潜力。他们共同的情人是运动本身(上图:刘翔;下图:李娜)

2008年北京奥运会期间采访科比·布莱恩特。这位篮球超级明星认为打蓝球就是即兴创作，感受比赛的韵律和观众的能量，彻底融入比赛

4次专访姚明。《杨澜访谈录》见证了小巨人的成长及转变历程

与萨马兰奇合影

与北京奥运会总导演张艺谋合影

与北京奥运会开幕式视觉特效艺术总设计蔡国强合影

06

你是否曾站在
空空的舞台?

黄霑曾告诉杨澜:
有一天晚上,他坐在大录影棚里,
其他人都走了,灯还亮着,很冷的感觉。
繁荣是过眼烟云,色即是空。
看了20年佛经的他,
在空山灵雨的地方都没有的感悟,那一刻有了。

/ 一问一世界 /

克朗凯特

席琳·迪翁

崔健

2001年，我在香港采访黄霑。他一见面就说他欣赏我为北京申奥所做的演讲，说中国就是有人才。他那时已身患癌症，却丝毫不露病态，说说笑笑，好大声！他是香港流行文化的代表人物，做广告出身，写过2000多首流行歌曲，30多本书，其中以《不文集》最为畅销。他也和倪匡、蔡澜主持电视节目，三个不拘一格的老头在深夜大侃两性话题，轰动一时。他是大才子，自然也有些才子的绯闻逸事，让人们津津乐道。当年他死追女作家林燕妮，甚至不惜与怀着身孕的妻子离婚，被评为年度最坏男人。结果林燕妮也没有嫁给他，让他鸡飞蛋打，很受了一番奚落。就是这样一个不避好色之名、抽烟、饮酒、爆粗口的男人，因为不隐瞒自己的弱点和缺点，真实有趣反而让港人更加喜欢。甚至在他去世之后，"非典"、金融风暴袭击香港之时，港人还唱着他填词的《狮子山下》，相互鼓励，凝聚精神。他坦言2000多首歌词中他真正喜欢的不过二三十首。邓丽君唱过的《忘记他》是黄霑写的第一首歌。这首歌被收录在邓丽君台北墓地的留声机里，可由访客点播。忘记他实际是忘不了他，黄霑说这也正是他怀念斯人的心情。电视剧《笑傲江湖》的插曲《沧海一声笑》也是黄霑的代表作。歌中的一分豪放，一分沧桑，写出了中年时的黄霑表面嘻嘻哈哈，内心悲凉沉郁的味道。他对我说："我常常有寂寞的感觉，人越多越热闹，这种感觉越强烈。有一天晚上，我坐在无线电视台的大录影棚里，其他人都走了，灯还亮着，很冷的感觉。我觉得那个棚有太多故事要说给我听。繁荣是过眼烟云，色即是空。我看了20年的佛经，在空山灵雨的地方都没有的感悟，那一刻有了。从前一个农夫在田里一天见不到一个人，却与天地相伴，并不孤独；现代人很拥挤，却常常寂寞，你能告诉我是为什么吗？"我无言以对，他似乎也不需要答案。

普拉西多·多明戈有他的答案。他从16岁开始，到70岁，演出3400多场，饰演过126个不同的歌剧角色，还是指挥、歌剧院的管理者、声乐教育家，一位真正的文艺复兴式的人物。他与帕瓦罗蒂、卡雷拉斯联袂演出的三大男高音演唱会让许多不进歌剧院的人领略了歌剧的魅力。在这三位男高音中又数多明戈艺术造诣最全面，扮演的角色最多，演出的场次最多。1991年在维也纳，他主演《奥赛罗》后返场101次，到最后他和其他演员干脆坐在了舞台上，向台下欢呼不已的观众无奈地摊着手。如此高产的艺术家每年只有10天左右的假期，他的名言是："如果我休息，就会生锈（If I rest，I rust）。"2009年我采访他时，他前一天坐了十几个小时的飞机，因为饮食和时差的缘故一夜没睡，但是接下来一天的排练和演出，他却没有丝毫怠慢。等到观众离去，他还在与团队开会商量接下来的行程。"这说明我接受了挑战，一生都在剧院度过。艺术给了我最大的幸福，有些角色甚至给了我面对死亡的力量。""那你有没有站在空无一人的舞台上？"我把黄霑当年问我的问题抛给他。"当然。当我独自站在空旷的舞台上，我的第一直觉就是要唱点什么。听见自己的声音，知道自己还能唱歌，那感觉太美妙了。当我要离开某个城市时，我总是在演出结束后独自站在舞台上，唱上几句，确保我还有机会回来演出！很灵的，常常他们又再次邀请我！"他究竟会唱到什么时候？他说："不会比该唱的少唱一天，也不会比能唱的多唱一天。"多明戈，真是无可救药的乐观主义者。

我认识的唯一能与多明戈相提并论的超级劳模是席琳·迪翁。我采访她时正是她即将结束在拉斯维加斯5年的驻场演出之时。我很难想象一个人一周五场演出，同样的舞台、同样的曲目、同样的高音、同样的激情，是怎么做到的。这要求身体有运动员般的强健，要求精神与意志有苦行僧般的自我约束。要求你是个超人。对，超人。席琳却认为这是可以达成的目标，"就像你每一次亲吻自己所爱的人，你会厌倦吗？"嗯，两口子也可能闹别扭啊！我心里暗想。她好像读出了我的潜台词。"设想那是你的孩子，他一天天长大，每天带给你惊喜，你会厌倦吗？"嗯，既然说起做母亲的事，好吧，我同意。

"我的大多数歌曲是关于爱的，它们必须来自我生命中的经历。只有我心中有爱，才能怀着如此大的信念和激情去演唱。我的父母、我的丈夫、我的儿子、我的朋友，我对他们的情感是自然而然流露出来的。"爱让席琳勇敢，她爱上了比自己大二十几岁、结过两次婚、有三个孩子的经纪人雷诺，并不顾家人的反对嫁给了他；爱让席琳坚强，当雷诺患上癌症，她在丈夫的坚持下，一场接一场地完成了环球巡演的承诺；爱让席琳忍耐，尝试了6年的人工受孕，经历了一次次希望和失望，终于有了儿子查理，2010年又再次生育一对双胞胎。当我问她是否想过有一天离开舞台的日子，她盯着我的眼睛，略带神秘地说："我有我的根基。生活就像一把梯子，人们都以为我在一步一步地向上爬。他们有所不知，我实际上在一步一步地往下走，回到了我的根基——那些爱我、我爱的人当中。我从未感到如此坚强而踏实。"

席琳是幸运的，出生在一个温暖的大家庭，12岁就出唱片，名利双收。有些人就没有这么好运。黄秋生，私生子、混血儿，刚刚有了记忆，父亲就抛妻弃子而去，母亲靠替人帮佣抚养他成人。见惯了世态炎凉，他从小就知道生活并不承诺公平。上小学的时候，老师为了惩戒他的顽皮，居然脱下他的裤子让他在操场中央罚站，偏偏恰好有女生跑过来看见。从此他常常做噩梦，梦见自己在街头，赤身裸体，不知道怎么回家。这样的心理创伤后来居然在他演了第一部三级片之后神奇地愈合了，因为他面对了这样的恐惧！为了生计，穷困潦倒的黄秋生拍了许多烂片，7天拍一部电影的事也干过，厉鬼变态狂也演过。一度，看不到希望的他几乎想自杀，突然有一天听说禅宗里的化屎大法：你把自己想象成一坨屎，种出很漂亮的花来。醍醐灌顶，大彻大悟。生活中被逼迫、被贬低的他，却可以在烂片中演出精彩来。

1993年他凭借在电影《八仙饭店》中扮演的屠夫，一个黑色又带些执着和幽默的形象问鼎金像奖影帝，1998年又以《野兽刑警》包揽金像奖和电影评论学会大奖，2003年再以《无间道》获金像奖最佳男配角。正是：配角铸就的戏精，烂片起家的影帝。他把自己放到最低，开出的这一朵花叫仙人掌，长在沙漠里却顽强地撑出一抹绿色。

崔健，是我学生时代心中的英雄。那一声《一无所有》，那一曲《新长征路上的摇滚》，是中国由僵化封闭走向开放时必须经过的阵痛与觉醒，是一代年轻人的呐喊与反抗，也是新启蒙时代的坦诚与自省。他的音乐是热烈而危险的，年轻人要的就是这个。不仅是年轻人，常常有中规中矩戴眼镜的知识分子模样的中年人，在崔健的音乐中哆嗦着，想要喊又还没有喊出来，那是中国的摇滚乐对几代人的撞击。在他的第一张专辑里，出现了150多个"我"字，是出于传统和政治的原因被长期埋没和压抑的汉字。

不知从何时起，我们都变得现实了。忙着养活自己，或从一段破裂的情感中挣扎出来，没谁能解决我们自己的问题，音乐也不能用来付下个月的房租。再后来市场经济大发展了，机会多了，眼界大了，工作忙了，挣着钱了，生儿育女了。当对手的面目已经改变，当金钱主导了价值，当人们在疲于奔命之余，需要的更多是醉人的小曲和浅薄的搞笑，我们还需要崔健的认真和愤怒吗？他的舞台下是否还有年轻的人浪与欢呼，还是只有中年人的怀旧与叹息？鲍勃·迪伦说过，每个人过了青春期之后都处于下滑状态，你能做的只是减缓下滑的速度而已。

再次见面时的崔健，穿着自己早前设计的红底碎花外套，戴着那顶标志性的有颗红五角星的发白的军帽，安然地坐在我面前。他正在筹备年底的摇滚与交响音乐会，又刚刚杀青了与他的歌曲《蓝色的骨头》同名的电影，做起了跨界的乐事。不过这一切都显得文艺了些，小众了些。如今的男孩女孩儿们还能在他的作品里找到自己吗？崔健说："年轻人处于多元的文化中，表面上看他们有许多选择，但实际上他们是被动的。他们失去了释放严肃思想的文艺舞台，强大的商业包装和营销让他们在不知不觉中失去了应有的感知。"而他自己呢，却更多地从早期作品中的出走、释放，从离世的渴望回归到人世的状态，把触角伸入社会的芸芸众生，关注精神，并发出呐喊。《农村包围城市》《混子》《小城故事》都是如此，虽然因为缺少旋律而不易被传唱，他仍然执着地相信真正的摇滚不是为了取悦听众，而是个人与环境的冲突所产生的能量爆发。这让他兴奋，让他流泪，也让他孤独，在孤独中找到力量。他形容那是在心灵里一次又一次把自己脱光，被打击，然后又康复，他把这个过程称为快感。他把曾经的历史记忆称为红色的，把充满欲望的商业时代称为黄色的，而把对精神的追求称为蓝色的。当所有的人还在等待另一首《一无所有》的时候，他扛着自己蓝色的骨头，继续青春的传奇。无论这舞台是拥挤的还是空荡荡的，他的内心独立并充盈。

而对于演员来说，观众的存在带来表演的欲望，好演员大多是人来疯。没有演员是不在乎观众的，即使那些外表冰冷甚至不屑的，内心里也渴望获得喝彩。这既是这个职业的强大之处，也是它的脆弱之处。观众少或没有观众时，演员只能与自我还有角色共处，互为镜子，有对影成三人的妙处。我认为此时的他更接近纯粹，故常以"站在空空的舞台"相问，并以为只有坦然自处的演员才有足够的气场构筑内心的舞台。观众常常不自觉地被这种演员吸引。

/ 一 问 一 世 界 /

"40岁的杨澜,已经站过无数的舞台,有星光璀璨的大剧院,富丽堂皇的剪彩台,挺括光鲜的职业装,线条流畅的晚礼服,照得人无所遁形的刺眼灯光,不同肤色的观众,如潮的呐喊和欢呼。但从来没有一个舞台能胜过《杨澜访谈录》那个只有两把椅子的访谈空间。"

独家

希拉里·罗德姆·克林顿曾表示，作为新晋上任的美国国务卿，她希望自己在首次出访之旅中多倾听他国的意见，但她在此次行程的最后一站却表达了很多看法。

希拉里亚洲之旅的终点站是北京，这里被当作"重头大戏"。她向中国一档脱口秀的主持人阐述了为何中国应该继续购买美国国债。她对电视节目主持人杨澜表示："（购买美国国债）是一项优质、安全的投资。"

2009年2月23日，《纽约时报》登载了一篇发自中国北京的报道《倾听之旅"变味"，希拉里在华频出言论》。有趣的是，此篇报道的记者马克·兰德勒，正是1996年对杨澜进行独家专访的同一人。13年后，哥伦比亚大学的研究生杨澜已经成为当今中国最有影响力的人物之一，而富有远见的马克·兰德勒这一次又见证了她领衔独家专访希拉里·罗德姆·克林顿的光彩。

从2月20日晚7点半抵达北京首都国际机场，到2月22日中午回国，美国新任国务卿希拉里上任后的首次中国之行只有短短的两天时间。在高度密集的行程安排中，希拉里在离开的最后一天，接受了《杨澜访谈录》的采访，这也是她此次中国行程中接受的唯一一家电视采访。

获得这个独家机会的背后，是否同样有独家的内幕呢？是阳光媒体专业的公关斡旋，抑或杨澜广泛的人脉关系？对于《杨澜访谈录》外联谢漪春而言，这位毕业于清华大学新闻与传播学院，有着出众的英文写作能力的小姑娘，所做的工作就是：整理出了一份9年来所有嘉宾的名单，刻录了一张采访国家元首政要的DVD盘，写了一份申请表，及时递交到了美国驻华大使馆。于是，在很短的时间内，她就收到了美国大使馆新闻官的回复：他们愿意接受《杨澜访谈录》对于希拉里·罗德姆·克林顿的访问。

就这么简单？事实上，甚至连杨澜本人也有些许的惊喜。十几年的媒体从业经验告诉她，对于希拉里这样处在风口浪尖上的大人物，在全球各大媒体热炒之下的短短两天访华行程中，基本不可能接受电视采访，即使可以见缝插针地安排时间，也势必会选择代表官方的主流媒体。当公司的外联团队怀着必胜的热情决心努力一把时，杨澜甚至给他们泼了几次冷水。

然而，在看似简单的过程背后，是经由《杨澜访谈录》打造了近10年的，一份不那么简单的采访名单：美国前总统克林顿，美国前国务卿基辛格、奥尔布莱特，英国前外相杰弗里·豪，澳大利亚前总理霍华德，泰国前总理他信，新加坡前总理吴作栋……正是这份堪称豪华级别的嘉宾名单"俘获"了美国大使馆新闻官。没有内幕，没有故事，而是十年磨一剑的职业功夫成就了2009年年初《杨澜访谈录》这一次无可取代的"独家"。

然而，希拉里给予杨澜的时间只有十几分钟。短短的十几分钟里，面对复杂多面的希拉里，如何有效选准切入点，进行尽可能深入的挖掘呢？问题的设置和顺序安排，集合了整个策划团队全部的智慧。经过反复的商讨和分析，杨澜最终确定了12个问题，又按照重要性分为3个级差，放在最开头的4个问题，不仅是中美双方领导人看重的，也是中国观众非常关心的。这几个重中之重的问题分别涉及了外交策略"巧实力"在此次亚洲之行中的体现，对有志于追求成功却担心失败的中国女性的建议，中美战略对话的框架以及中美两国关系的定位。问完这4个关键问题之后，如果时间允许，杨澜就会按照自己的采访纲要循序渐进地进行提问。

为了与美方及时沟通细节，在采访前两天之内，负责布置采访现场的技术总监吕毅接连三次进出美国驻华大使馆，结结实实地领略到了世界最高级别的安保。

美方提供的采访地点是距离大门不远的一处门厅，对于这个地点，吕毅和编导李冰并不十分满意。虽然足够宽敞，但正对着楼梯口，过往的人很多，隔音效果不佳，随时都可能会影响到录制。和爱较劲的美国人商讨一番后，吕毅选中了一个环境更为清静的会议室，可后来被告知会议室已有其他用途。再次来到大使馆的他，退而求其次地选择了一个正对楼梯口的大堂。但还没等吕毅离开，就被告知已被租用。无奈之下，吕毅最后只得选定了工作人员最初提供的地点。门厅的一边有整整10扇落地窗户，白花花的光线会影响拍摄效果。节目组原本准备了遮挡的大黑布以及灰色不透光的膜，但是都被工作人员客气地否定了，理由是会引起太多人的关注。此时离正式采访时间已经剩下不到半天，在吕毅那张向来笃定的脸上，也出现了少有的紧张。

　　情急之下，吕毅注意到了美国驻中国大使办公室有一面中式屏风，当提出用它来救急的时候，美方工作人员对于大使先生花大价钱购置的这件宝贝迟疑了很久，最后经过商议，才由五个人小心翼翼地搬到了录制现场，这算是解决了吕毅的燃眉之急。希拉里后面的背景解决了，但是杨澜背后还是空荡荡的，已经出入此间三次的吕毅，在一位熟知内情的朋友的告知下，又七拐八绕地找来了另一面屏风，与两面屏风构成三维空间的是墙上那幅出自华裔设计师林璎之手的《长江》，在深红色的背景上，三万枚大头针以跳跃起落的方式交融在一起，汇成一整条跨越东西、纵横天下的线条形长江。两面精致的中国屏风，一幅有着后现代感觉的设计品，这个让吕毅伤透脑筋、匆匆忙忙搭建起来的景别，竟有了跨界中西方、别具意味的文化内涵。

　　为了将十几分钟的完整信息全部摄入镜头，《杨澜访谈录》打破了一贯的双机拍摄，而是在现场布置了四台机器，除了常规机位之外，另外一台机器架在稍远处，统摄下两人对话的全景。为了将这次十几分钟的访谈制作成一期40分钟的节目，技术制作组还特地将一台小型DV机器高高地架在进门处的角落里，提前开机，以将希拉里从出现到离去的整个过程记录下来，为后期的制作补充花絮。

　　前期工作全部完毕，2月22日早上，穿着银灰色套装的杨澜出现在美国大使馆录制现场。中午11点半，一身藏青色正装、留着标志性金色短发的希拉里，在工作人员的陪同下出现在杨澜的面前，在寒暄的间隙，杨澜不失时机地邀请希拉里先照一张合影照片。虽然行程密集，但希拉里精神很好。为了把握好有限的时间，杨澜从一开始就表现得非常积极主动，她不仅有意识地加快了语言节奏，并一直保持着身体稍稍前倾的姿势，专注地捕捉着对方每一个眼神和肢体动作。相形之下，大多数时间中将身体靠在椅背上的希拉里则显得更为放松和坦然。

对于15年前飞赴纽约深造的杨澜和上任刚刚20天就来到北京的希拉里而言，这场跨越太平洋，涉及了经济、政治、外交、环境、能源、个人经历和家庭生活的多元对话，不仅是主持人之于嘉宾的采访，也是一场东西方文化的跨界和融通，以及一种思维之于语言的无声较量。希拉里举出了此前与温家宝总理的会面中引用过的"同舟共济"这个成语，用"we are in the same boat"来表达与中国携手应对经济危机的意愿；而杨澜在表达"选民"这个政治色彩浓厚的概念时，没有使用笼统的"voter"（投票人），而是严谨地选择了政治含义明确的"constituency"（全体选民、选区、支持者）。

从希拉里倡导的美国外交策略"巧实力"，谈到女性自身的成长，两个相差21岁的女人显然有了越来越相近的话题。

杨澜：你刚刚跟一些中国女性进行了对话，对像你女儿这样有志向追求成功、希望扮演领袖角色却又担心失败的女性，你有什么建议？

希拉里：这个问题的提法很好，我觉得不管是青年男性还是女性，战胜恐惧，承担风险，不随波逐流而去追求梦想是需要相当的勇气的……要充分认识和相信自己，要倾听自己的心声，要做自己喜欢做的事……追求自己觉得重要的事业是最好的生活方式。

追求自我价值的实现，似乎是人所共知的成功途径，但从经历过无数困境和挫折的希拉里口中说出这番话，却格外耐人寻味。

现任的美国国务卿，曾经的美国第一夫人、全美排名前100位的优秀律师、纽约州参议员，希拉里不断调整着自己的事业频道，终于有了一方显示尊严和体面的大舞台，但政治舞台下的希拉里只是一个女人、一个妻子和一位母亲——还原她的这种作为"人"的真实面目，正是《杨澜访谈录》与大人物们打交道屡试不爽的高妙手法。当杨澜说到返回美国的希拉里正好能赶上女儿29岁的生日时，希拉里的措辞一下子柔和了许多，她自豪地向杨澜评价女儿切尔西综合了自己和克林顿的优点，性格很好，工作努力，是个很有爱心的女孩。身为忙碌的职业女性，她很庆幸家中有一位90岁高龄，却依旧精神矍铄的老母亲帮助自己料理家务。说到家庭和亲人，希拉里现出了幸福的笑容。

事实证明，杨澜对于时间的担心是多余的。从此次访华的外交成果以及两国在政治、经济、能源等领域的合作，直至很私人的家庭话题，希拉里谈兴甚浓。当新闻官在她背后频频做着"抹脖子"的手势示意时间已经到时，杨澜又抓紧问了两个问题。出人意料的是，希拉里对着着急的新闻官摆摆手，笑着说："不，我愿意回答这些问题。"

在希拉里的"帮助"下，采访时间延长到了近15分钟，杨澜也从容地问完了所有问题。临近告别的时候，杨澜送给这位美国新任国务卿的礼物是采访之前两人拍摄的合影，这是节目组人员利用访谈时间，现场打印制作出来的。看得出来，希拉里对这次访谈很满意，她还邀请杨澜，以后可以去美国采访她。

现场采访告一段落，并不意味着节目的完成。在后期的编辑过程中，编导李冰以希拉里此次访华为由头，以"这个女人不简单"为开首语，一口气插入了10多个短片，用恰到好处的背景资料片和杨澜的串场出镜，将前后并无太大逻辑关系的一个个访谈问题串联起来，展现了希拉里为梦想而奋斗的人生里程。得益于整个节目组前期后期的紧密配合，这期长达45分钟的独家专访，既散发着新鲜的时效气息，又具备了人物纪录片的深度。

2009年，《杨澜访谈录》从2008年奥运会期间的日播恢复到常态的周播。在本期专访希拉里的节目中凸显的"时效性"与"深度"的双重结合，其实从2008年就开始了初期的探索，最有代表性的个案就是8月9日对于李宁点燃圣火的综合编排。以一场先声夺人的"独家"作为开场大戏，2009年，对埋头走路近10年的《杨澜访谈录》而言，注定要开始一个仰望星空的新阶段。这是一个顺势而为、趋于放松的阶段，但又是一个充满自觉，更加自信的阶段。

2009年3月2日，纷纷扰扰近两个月之久的圆明园兽首拍卖事件出现了戏剧性的转折，传说中的神秘买家蔡铭超浮出水面，他竞拍成功却拒绝付款，这使得佳士得拍卖行的此次拍卖活动形成了事实上的流拍。一时之间，孰是孰非，是炒作还是抗议，是合理流拍还是丧失诚信，各种各样针锋相对的争论铺天盖地而来。应不应该采访蔡铭超？一位被外界评价为"搅局者"的人是否合适成为《杨澜访谈录》的嘉宾？这样的一个选题有什么价值？总策划耿志民的心中是有疑虑的。早在2004年1月，《杨澜访谈录》曾采访过争议一时的"中国第一人造美女"郝璐璐，但是这次访谈结果并不如意。若单纯为了追求热点话题，就只能在所谓民间话语和官方话语的博弈和消费中摇摆，节目的观点就容易被五色纷呈的表象牵着鼻子走失。

不同于耿志民的犹豫，杨澜却表现出了相当的兴趣。此时的杨澜虽然还没有看到完整的策划方案，但是身为一名主持人的敏感以及出于时效性的自觉追求，杨澜有了近乎本能的热情。究竟其人如何，他的动机是什么，他对自己的行为有怎样的评价，在这次事件之后隐藏着什么故事，这些问题都是公众所关心的。节目不仅可以向公众客观地展现一个较为真实的蔡铭超和他身后的拍卖事件，也同时能够引申出有关文物回归渠道的探讨。

基于对杨澜的信任，加上参阅了大量资料，耿志民很快打消了自己的顾虑。从节目的策划到正式播出，只用了一个多星期的时间。在节目中，杨澜以之前少见的求证和质疑的方式，向蔡铭超提出了一系列问题。比起五年前，这一次的访谈恰到好处地与人们对知情权的渴望和社会的普遍焦虑所契合，杨澜在时效的基础之上，精准地把握了"深度"的生命线。这次风口浪尖上的访谈，在东方卫视的黄金时段播出，受到了0.32的收视率的褒奖。

在一个更为庞大的时代背景之下做出"独家"的概念成为《杨澜访谈录》的创意冲动。事实证明，这样的独家已经具备了超越新闻学领域的意义，它以田野调查和口述历史的专业手段，使一档电视访谈节目成为社会学与历史学研究视野中的珍贵文本。

在中国60岁生日来临的时候,《杨澜访谈录》请来了一群和中国相处多年的大人物为祖国助兴。于是,在这一年的嘉宾名单上又添加了一组显赫的名字:美国前总统吉米·卡特和乔治·赫伯特·沃克尔-布什,新加坡前总理李光耀,英国前首相托尼·布莱尔,德国前总理格哈德·施罗德,日本前首相中曾根和巴基斯坦现任总统扎尔达里。单独拿出任何一个名字来,就能聚合起让人惊心动魄的风云际会。虽然这些嘉宾中的大部分已经离开了万人瞩目的政治舞台,但是因为他们与时代有着紧密关联,足可以被称作永远的大人物。

七位亲历历史重要时刻的大人物一一出现在杨澜的对面,由杨澜分别对他们的专访架构而成的系列节目在2009年10月13日至21日的9天中,以日播的形式不间断地与观众见面,它延续并进一步深化了2008年制作的"东方看奥运"的思路,以时事热点为经度,以历史的纵深感为纬度,从亲历者们提供的鲜为人知的事实真相中还原出历史流变的全景文本,打造了一场极具爆发力的专题性"独家"——世界看东方。

在六七十年代,友邻巴基斯坦是中国很少的几个对外渠道之一。1971年7月,美国总统国家安全事务助理基辛格在访问巴基斯坦期间,秘密登上了波音707飞机飞抵北京,开始了中美两国的"破冰之旅"。此时巴基斯坦南部大省信德省的一个有产阶层家庭,15岁的扎尔达里虽然年纪尚幼,但是他的命运已经注定与中国连在了一起。16年后,他娶了中巴友谊的奠基人阿里·布托的女儿贝·布托,在岳父家中,他看到了当年毛泽东送给阿里·布托的红军八角帽。扎尔达里在2008年成为总统之后,正式出访的第一个国家就是中国。这位上任以来来华最为频繁的总统对杨澜说:"我们视两国的情谊比山还高、比海还深,这种理念是如此强大,它传承自我的岳父,无论谁当权,都会继承这个理念。"

1973年,美国驻中国联络处成立。这一年,老布什向福特总统要求去中国担任联络处主任。在这之前的一年,他作为美国驻联合国代表,见证了中华人民共和国重返联合国。在老布什的任期内,他致力于传达出一个"友善"的美国形象。2009年9月,在美国缅因州的Kennebunkport小镇中,杨澜在一幢三面环海的棕色大宅里见到了已经85岁高龄的老布什。这位友善的"自行车大使"、美国第41任总统,热情而周到地招呼着每一个人,并带领大家参观自己的庭院住所,还将自己一组只穿着彩色三角游泳裤头的比基尼照片骄傲地展示给大家看。"Personal diplomacy can be very useful and productive"是老布什的外交哲学,也同样是他的人生哲学。

1978年12月15日凌晨,台湾地区领导人蒋经国在睡梦中被叫醒,接着莫斯科克里姆林官的苏共总书记勃列日涅夫,美国前总统杰拉尔德·福特、理查德·米尔豪斯·尼克松,先后被同一个人打来的电话叫醒。打电话的人是美国第39任总统吉米·卡特,他告诉这些人,几个小时之后,中美将宣布正式建交。2009年1月,卡特走进了位于北京饭店6层的总统套房,接受了杨澜的采访。他说,他很吃惊,在两国宣布建交之后,邓小平欣然同意出访美国,18天后就来到了白宫。

1978年12月18日,十一届三中全会召开,改革与开放同时进行。一个月前,"改革开放的总设计师"邓小平访问了新加坡,他为这个小国的现代化程度感到吃惊。从此之后,时任总理的李光耀源源不断地接待了来新加坡进行培训的中国各级政府官员。李光耀,这位被人称为"小舞台上的大人物"的新加坡国父,虽然已经86岁高龄,在接受杨澜采访时仍然思维敏捷,一个多小时的采访一直保持着挺直的腰杆。在总统府的会客室中,他告诉杨澜,有一件事让他触动很大,那是江泽民还没当上海市长之前曾带队去新加坡,第一次从李光耀的口中知道了摩根斯坦利国际投资指数报告,新加坡名列前茅,而中国甚至不在上榜名单中。"他听了似乎很有触动。"李光耀说。

二十世纪八九十年代,世界的新秩序正在形成,意识形态之争更多地让位于经济发展的需要。随着中国国力的提升,西方国家也开始重新定位与中国的关系。英国前任首相布莱尔10年首相生涯的开端是1997年5月,就在那之后不久,他参与了香港回归中国的交接仪式。在交接仪式上,与查尔斯王子的阴沉和彭定康的伤感不同,他脸上的表情更平静坦然。当杨澜问起他对中英关系

"崭新的开始"的理解时,他说:"把香港归还给中国,这点我们做到了,这就是一个改变的大背景……我看到了中国从改革开放以来实力的增长,我们不仅需要在经济上的交流,而且应该在政治上合作。"

配合着《杨澜访谈录》的精彩嬗变,制片人语闻在2009年6月份制作完成了一份《杨澜访谈录手册》。虽然标明是草稿,但实实在在的条文帮助一个有了9年历史的电视节目找了一下"魂"。从上海时期到北京时期,《杨澜访谈录》第一次有了制度化、规范化的工作手册。这份工作手册分为几个部分:栏目定位、栏目选题标准、栏目岗位设置、工作流程、《杨澜访谈录评奖说明》以及《杨澜访谈录播出带错误管理规定》。秉持着"记录一个人和他的时代",语闻将栏目的社会价值定位为"采访此时此刻因某事件而超越了行业局限并成为全社会关注点的嘉宾"。选题的首要标准是"高端"和"影响力"兼具,兼顾"国际性""深度"和"嘉宾表达能力"。与通常大家思维程式中对"高端"的理解不同,语闻将"高端"的人群解读为"他们通常都具有全局观,凡事思考总结并且有所感悟,尤其对这世界之中的某一种'道'有独特的理解,他们多数擅长表达,更重要的是在某一个时刻他们都不可替代"。在具体的规章制度方面,语闻用规范化的工作流程,保障前、中、后期的节目制作程序,明晰相关人员的工作职责,并规定了奖惩方式。对于曾经出现过的错别字问题,《手册》中明确规定:"每期片子交播出带给责编,责编发现错别字或整句话漏打、多打的字幕等,一个字罚编导50元,制片人看完发现错别字,每字罚责编50元,如果台里播出发现错别字,编导、责编、制片人每人罚款100元。"

从抽象的价值理念到具体的奖惩措施,用文字固定下来的《手册》是节目组的定心丸。这本薄薄的小册子,凸显着语闻的自身能量。在2009年10月由制片人升任为节目总监的她,用这种方式与《杨澜访谈录》保持着共振。

进入爆发期的《杨澜访谈录》又遇到了一位处于人生爆发期的新制片人马敬军。受惠于语闻对节目做的全方位梳理,此时的马敬军已经不必将精力分散于琐碎的事务处理,他于2009年10月加盟《杨澜访谈录》,凭借自身丰富的职业经验，他将更为强烈的创新意识融入到对节目的未来思考当中。

游走于官方机构和民营公司的马敬军自诩为"杂食动物"，学生时代就开始在中央电视台多个栏目实习。2002年研究生毕业之后，他怀揣热情走进银汉。从编导、主编再到制片人，马敬军经历了娱乐时尚加访谈的多种形态的电视节目。离开银汉之后，又在洪晃主持的一档名为《大人在说话》的访谈类节目中担任制片人。之后又加盟王利芬创办的《赢在中国》团队，担任总导演助理，这档挂靠在中央电视台名下，实则以制播分离方式运作的大型商战真人秀节目，给了他充分转换的空间，全程跟进节目的制作以及商业广告的运作，在节目和项目之间历练出了他对于节目和市场的全局观。常年游走于民营公司与官方媒体的边缘，通吃于两大部落的特殊职业本领，使得他的"食物链"非常丰富，诸如"理想、市场、娱乐、深度"等过渡期中国电视的关键词自然统合于他丰富得近乎驳杂的职业背景之中。

在加盟节目组的初始，马敬军拿到9年《杨澜访谈录》嘉宾名单的时候，感到一阵莫名的紧张，他的第一个反应就是：还有什么人能够被采访到？面对这档9年来一直保持静态一对一访谈形式的经典节目，他首先想到的是选择什么样的嘉宾，才能继续维持电视机前观众们的收视兴趣。在一个电视频道繁殖迅速，价值观日益多元化的时代里，45分钟的时长挑战着电视机前手拿遥控器的观众。7秒，是电视观众换频道的平均时间。在这短短的7秒之内，如何使节目的集成魅力产生巨大的吸引力？如何打开节目的信息通道，让其中呈现出来的资讯量更为丰富和多元？从制片人的角度，马敬军设想从"技术"和"内容"两个层面尝试创新。对于技术的敏感来自他在CCTV电视演播室使用网真系统的实践，它所创造出的一种独特的"面对面"体验，可以使对话节目快速连接全球各地的嘉宾，实现地域空间的强力扩展。虽然基于成本和实操中的种种困难，技术层面的创新只是停留在想象阶段，但这种对于节目未来图景的前瞻思考与创新欲望，刺激着他转而谋求在内容层面的创新上有所作为。

与其说正在寻求突破的《杨澜访谈录》遇到了有着创新欲望的马敬军，不如说是这档10年历史的电视栏目的丰厚家底，给予了制片人马敬军实现其创意的绝佳舞台。快时代的电视之变，让先锋者沉醉于媒介融合态势下的目不暇接，但一档节目的长盛不衰，终究取决于核心内容的裂变。经由策划、编导、节目总监、制片人等整个团队的合力谋划，一种新的节目制作方式——"人物拼贴式的组合"在2010年度的《杨澜访谈录》风生水起。

没有哪一个栏目像《杨澜访谈录》一样，能够在8年内3次专访姚明。从2002年带着忐忑离开中国奔赴NBA，到2008年带伤盼望北京奥运，以及2009年带道义回国拯救上海男篮，每当姚明面对人生重大转折的时候，杨澜都像一个姐姐和他一起探讨着他生命的这一步足迹，而他的轨迹也正体现着中国篮球的发展和变化。2010年，姚明30岁了，这也是所谓80后这整整一代人的而立之年。"或许姚明这样一个非典型案例的30岁，也能唤起整个'80后'的共鸣吧。"这是编导蔡晓莉的期待，是马敬军的期待，也是杨澜的期待。

在2008年奥运会采访时，一身运动衣的大高个姚明是猫着腰走过演播室的门的，那把正常大小的椅子，也让这"联盟历史上第二重"坐得满满当当，异常费劲。节目组吸取了教训，将第三次采访布置在一个室内篮球场中，却忽略了姚明严重的腿伤，已经不允许他上下太多级台阶。一身西装的姚明出现在最终选定的录制现场时，看上去已经有了老板的派头。

"但是真正决定要入主这个球队了，你是不是头脑发热？"

"你现在要投资这样一个球队，你是为了做慈善吗？"

"一日为师、终生为父，对比跟刘伟的处理关系，和李秋平教练续约的问题上你是不是觉得更加为难？"

在采访前的研讨会上，总策划耿志民对杨澜提了一个建议，希望她的问题能够更加尖锐一些，也许节目个性会更加鲜明。在第二天的采访中，向来温和的杨澜着实挑选了不少辛辣的问题。采访时，编导蔡晓莉发现，成为老板的姚明除了还是慢慢地思考杨澜抛给他的每一个问题，每一个回答都很诚恳，却又适可而止，似乎都经过深思熟虑。姚明最后是拍着胸脯说出来的："问到了我的痛处。"

成长及其背后的隐痛，是这个拼贴了三次采访的"独家"的关键词。2002

年即将赴NBA的姚明，用"迷茫"来应对"你对未来的新生活是什么样的心情"，奥运会时曾饱受伤病困扰的姚明，面对"在大战之前，这种有心情使不上劲的感觉是什么样的"，他的回答是："恨不得天天用尺子量一量骨头，看看长好了没有。"伤痛是成熟的代价，小巨人姚明的8年走得步步稳健，在巨大的财富和声名面前，他并没有失去自己的平常心。

这期节目的收视率和反馈非常不错，而对编导们来说，他们却承担着相当于常规节目三倍的工作量，还需要寻求更加细腻的串联手法。在推出赵本山、郭德纲和周立波这三位南北方笑星大联合的节目中，编导蔡晓莉为了寻找沟通三人的关联点，将他们的大事年表通通罗列出来，光写串场就有三四版。如果没有内在的逻辑线索，那么这种组合方式只能是一盘杂乱无序的散沙。于是，蔡晓莉找到了一个年份：1981年。

"就是1981年，8岁的郭德纲拜师学艺，正式走进了相声艺术的大门；也是在这一年，14岁的周立波从3000多人当中脱颖而出，考上了上海滑稽剧团；还是在这一年，小沈阳出生了，一年之后他的师傅赵本山凭借着《摔三弦》红遍了东三省。"

1981年，在这一期节目中是一个具体的年份，它更代表了一种奔流的思路，一种不受限的时空对应。2010年，恰好是中新建交20周年，趁着李光耀来到上海世博会参加新加坡馆开馆仪式的契机，杨澜继"世界看东方"的采访之后，又一次采访了他。在2002年和2004年中，杨澜曾先后采访了时任新加坡副总理的李光耀之子李显龙和总理吴作栋，而几年之后的2010年，李显龙已经成为了新加坡第三任总理，吴作栋则出任国务资政。在蔡晓莉的编导手记中，她记录下了自己对三位领导人的印象："李光耀是绝对的强人领袖，果敢严厉；吴作栋像是一块有弹性的钢，温和过渡；李显龙则人生曲折，历经坎坷，从不言弃。"在三位总理的访谈中，不仅洋溢着他们三人不同的个性及领导方式，也表述出新加坡国家历史的流变和中新两国远远长于20年的交往历程。将这三位领导人的采访，汇编成一期《新加坡之曲三乐章》，是杨澜送给中新建交的一份厚礼，也是《杨澜访谈录》这棵生长了10年的树结出的又一硕果。

在这个信息飞速共享的时代，追求"独家"是奢侈的想法。但是，如同一个人的"厚积薄发"，2010年的《杨澜访谈录》却频繁出品"独家"，除了以上的几个大手笔，还有将收藏家马未都和过世的王世襄先生拼合为一期，把郑洁、李娜、彭帅"网坛三金花"组合在一起……戏剧化的结构设置加上平实客观的叙事方式，既有着单线索的线性采访，又有着多维度的交叉讲述，人物拼贴组合思维之下的《杨澜访谈录》既保持了一对一访谈的经典做派，又突破了稍显单调的静态访谈窠臼，营造出了细节链接观点，人物带动事实的纪录片式的全景风格，真正实现了《杨澜访谈录》记录"一个人和他的时代"的宏大目标。

十年的光阴，成就了《杨澜访谈录》一系列不可复制的"独家"作品，也将《杨澜访谈录》带入了更加自由的创意新时空。

无边的领地

2010，对于杨澜是一个饶有趣味的数字：这一年，既是杨澜入行的第"20"个年头，也是《杨澜访谈录》"10"周岁的生日。若在这两个数字之间再寻找一些关联，那就是作为职业女性的杨澜有10年的光阴与《杨澜访谈录》结伴而行。30岁到40岁，这是一个女人最美好的时代。就好像《杨澜访谈录》的采访格调，从个人生活层面切入杨澜的世界，拥有一双儿女和感情甚笃的丈夫，主妇杨澜有着一个完美女人的幸福生活。如同将家庭和事业比作一肩挑的两只水桶，杨澜的人生无往不在平衡之中：在孩子的钢琴课上，她是出勤率最高的家长之一；很少有机会下厨的她，会在节假日的时候带孩子去菜场挑菜，顺便让他们算几道数学题；当她坐在沙发上，准备陪女儿一起看《喜羊羊和灰太狼》时，女儿毫不领情："妈妈你太幼稚了，还让我们陪你看这么幼稚的动画片。"在职业与生活的领域进退自如，愈放松愈快乐的心态赐予了她无限的包容和活力。

2009年4月，在采访法国女明星朱丽叶·比诺什的最后，这位气质神秘的艺术家反问了杨澜一个问题："您的谜是什么？"杨澜的回答是："我的孩子们长大了会是什么样的，这是我最希望知道答案的谜。"与孩子一起成长的杨澜保持着对未来世界的一份好奇，这份好奇心加上丰富的阅历成为她保持成长态势的最佳精神养料。对于新时代的女性而言，40岁远不是意味着衰老和落伍，相反，这个年纪，交织着20岁的锐气和30岁的担当，从30岁到40岁，杨澜将女人最富创造力的10年，融入进了《杨澜访谈录》，身为这个团队的核心人物，杨澜的气质和个性赋予了这档节目无以复制的DNA，而她近乎本能的敏锐与好奇，又预告着节目不可限量的未来。

在"记录一个人和他的时代"专业标准之下，是杨澜对于自己专业身份的明确定位——记者。当人们习惯上以主持人称呼她的时候，她所能接受的是"记者型"主持人。对于这个身份的捍卫，与一位堪称电视领域精神领袖的老人有关。

"我始终把自己看成一个记者，我的工作就是通过报道，尽可能把事实真相完整地放在观众面前。"当美国著名的电视新闻主播克朗凯特，坐在他书房中褐色的宽大椅子上，对他面前的杨澜说出这句话时，语气平淡得如同他那句惯常用来结束每一次新闻播报的话："And that's the way it is（事情就是这样）。"这是1996年，年近80的克朗凯特已经须发皆白，在他位于纽约曼哈顿商区的办公室中，这位笑容和蔼的老人迎来了一位来自中国的哥伦比亚大学留学生。长发披肩、穿着明亮的粉红色套装的学生杨澜，在接下来的40分钟里，进行了一次她后来自称"幼稚得让人汗颜"，却一生难以忘怀的采访：

杨澜：克朗凯特先生，非常荣幸今天能和你见面，对于世界上所有的记者来讲，你是一个具有传奇色彩的人物，非常感谢你能安排时间接受我们的采访，使中国几亿观众能在银幕上见到你。

沃尔特·克朗凯特：能接受你的采访也是我的荣幸。

从20世纪60年代到80年代初近20年时间里，克朗凯特一直担任着美国哥伦比亚广播公司的首席新闻主播。他的节目陪伴着美国人度过最为动荡的年代。在进行阿波罗登月飞船报道中，最长的一次连续工作30个小时。为了不说外行话，把艰深的宇航知识平实地介绍给普通电视观众，他大量研修了这方面的专业书籍。其深入浅出的报道使专家们对其精确性惊叹不已。在火箭发射后，没有用更多的赞美语和修辞去表现这样一个时刻，他只是用了老百姓最自然的一种表达方式："去吧，孩子（Go, baby go）。"而当"阿波罗11号"在月球上着陆的那一刻终于来临,他只说了这样一句话:"哎哟,我的天哪!"而当时其他电视台的主持人则说了不少事先准备好的诗歌一样的赞美语言。

1981年,在65岁生日的那天,他向服务了31年的哥伦比亚广播公司(CBS)提出退休申请,他的突然离开令美国观众难以置信。有媒体如此描述:"这就好比把乔治·华盛顿的头像从1美元钞票上撤下来一样。"那一年3月6日,他最后一次主持《晚间新闻》,在节目的最后,他说:"事实就是如此……我将离开这个直播室,晚安。"

当杨澜向这位具有传奇色彩的美国同行问道:"如果在'主持人'和'记者'这两个称谓中选择一个,您希望别人怎么称呼您?"克朗凯特毫不犹豫地回答:"记者。当然是记者。"秉承着探求真相的精神,记者克朗凯特近乎学术研究的钻研精神和低调朴素的语态让杨澜深受启发。

2005年,杨澜曾经写信邀请克朗凯特先生来中国参加电视节目主持人国际论坛,他欣然接受了邀请,但是没有想到在临行前意外地摔伤了。当杨澜第二次发出邀请的时候,他的秘书回电说,老人的头脑已经不是非常的清楚了。谁曾想到,中国的电视节目主持人们永远失去了一次面对面与前辈交流和切磋的机会。

2009年7月17日,克朗凯特辞世,享年92岁。《华盛顿邮报》主笔霍华德·库尔茨说:"他的去世,意味着一个时代的结束。"当《杨澜访谈录》团队辗转找到了13年前《杨澜视线》专访克朗凯特的影像资料时,已经是7月24日,距离他的逝世已经过去了一个星期。虽然有些迟了,但是作为中国内地唯一采访过克朗凯特的传媒人,杨澜决定集合她的团队精心制作一期特别节目,来与新闻界的同仁一起缅怀这位教父级的人物。

是什么使一个人区别于他的大多数同行?就是一个人可以还原为一个人,但是同时又能够凝聚人内心深处的一种信念和理解。这期名为《克朗凯特:那个最受信任的人去了》的节目,在8月1日零点播出。在这个没有什么观众的时间段,恰好是一天的终结,也是另一天的起始。20多年前,当克朗凯特从哥伦比亚广播公司新闻主播的岗位上退休时,他曾服务多年并为之做出巨大贡献的电视业,正如日中天,报纸和杂志的地位也稳固不摇,而互联网还在襁褓之中。人类根本无法想象,传媒在此后将发生如此惊人的变化。

许多评论对克朗凯特的那个时代表达了怀念,因为如今我们面临的时代,就好像一条24小时汹涌不断的信息之河,混乱而无序,电视界被五彩斑斓的表象所俘虏,精英话语、大众话语同时被卷裹进舆论消费和狂欢的大潮。这是一个最好的时代,也是一个最坏的时代。克朗凯特的最大贡献,是为新媒体带来了"旧观念"。那是他本人从事报纸记者、通讯社记者,在灾难、战争、政治的种种现场磨炼得来的新闻从业准则,那是他为电视树立的"黄金标准"(gold standard):真实、准确、独立、尊严。这位美国新闻界的泰斗级人物,用他准确的报道,被美国的观众评为"最值得信任的人"。他从不轻易发表观点,持不同见解的人都可以信赖他所报道的基本事实。他没有说"这是你需要知道的事情",也没有说"这是我看待世界的方法",他最著名的一句话就是"事情就是这样"。总统、权力、战争、金钱……都不能让他低头,唯有在事实面前,在真相面前,他始终保持谦逊的姿态。杨澜在这期节目的结尾处说:"无论媒体的科技如何日新月异,这样的精神不会过时。"

也正是效仿着克朗凯特的职业精神,自称"不是特别聪明"的杨澜将大量的时间放在了为采访做功课上。虽然有团队负责前期准备和资料收集,但消化和整合总是花费了杨澜大段时间,尤其是采访专业领域的学者,啃下对方的大部头论文是必经的工作流程,这样做的目的只有一个:接近真相,不说外行话,并提出自己的独立见解。触类旁通地与对方互动,这是一个记者对自己职业的尊重,更是对他人的尊重。职业记者的访问态度与杨澜的价值观彼此呼应,使得她在《杨澜访谈录》的职业平台上以"记者"的身份自觉行使着"沟通者"的角色。

从同一楼道收看同一台黑白电视到目前90%以上的电视普及率,杨澜亲历了中国电视发展的黄金时代,从完全手写文字,不知BLOG为何物,到自己的BLOG高达千万的点击率,杨澜也正亲历着一个新旧媒体共同发声的过渡时代。但在当今这个充满冲突、危机四伏的世界,迫切需要有个性化的观点利用多个大众传播平台担当沟通者，来承载起跨地区、跨国界的文明传递。

冷战之后，哈佛大学教授塞缪尔·亨廷顿提出了"文明冲突"的学说，在"9·11"之后这个学说更有大行其道的趋势，然而旋即另外一位哈佛学者杜维明又提出了"文明对话"的理念。2001年"9·11事件"刚过，杨澜在哈佛燕京学社采访到了这位在西方顶尖学府教授儒家伦理的教授。两人的对话从西方基督教与东方儒教的比照谈起，儒家学说里倡导"己所不欲，勿施于人"，而基督教的金科玉律则是"Do to others what you want others do to you"。两个非常有趣的观点对撞，恰恰反映出了两种文明体系的不同。在西方世界里布儒家之道，杜维明教授能够将自己的研究进行下去，就在于信奉儒家的恕道原则，不是通过说服，而是通过对话的方式传播自己的观点。"我的价值再好，也不一定要强加于人，这样对话才有可能。"杜维明的理念取得了杨澜的共鸣。儒教作为一种生活的基本哲学，它的强势就在于沟通三大宗教文明的力量，使不同的文明体系之间互相了解，跨越障碍，实现世界的大同。最后的目标虽是远景，但建构不同文化间的沟通能力却是崛起中的中国对于传媒人的要求。

以学术研究的严谨态度统合国际视角和中华情怀，从而形成了《杨澜访谈录》的开放语态。但在开放的视野之中保持个性是杨澜一以贯之的精神内核。与官方媒体带有政策解读性的立场不同，《杨澜访谈录》视角的独特在于个性化和人文化，而不是纯政治化。以杨澜的名字领衔，贯通其中更多的是杨澜的经验式写作，就如同电影艺术门类之中的作者电影一样，《杨澜访谈录》更突出的是杨澜的主观意识和个人见解，但这种主观又是她所依托的客观成长背景的衍生品。

20世纪60年代生人的童年到壮年，经历了中国社会由一元到多元，由禁锢到开放的种种变迁。他们的童年和少年，是在20世纪70年代的一元的理想主义的红色氛围中度过的；他们的青年，是在20世纪80年代的由一元到多元的剧变以及由此带来的失落、激荡、亢奋中度过的。这种经历，必定在他们身上留下某些特殊的印记，并且形成某些精神特质。买一台彩电，需要去拿票排队；买一只鸡，需要晚上到西单菜市场排队……这些与国家的成长共有的集体记忆片段成为杨澜的切肤体验，生于斯、长于斯的她对这个国家的荣辱有着局外人无法理解的紧张，有声音评价她是中国中产阶层的代言人，《杨澜访谈录》的趣味显然没有悠闲阶层的浮华感，有的只是从20世纪传承下来的高超的职业水准和叙事技巧。

在60年代生人成为引领时代的中坚力量之潮流中，杨澜却有着"我只代表我自己"的理性与冷静。强化个性丝毫不影响杨澜成为中国社会的意见领袖，西方高等学府熏陶出来的国际视野，反而强化了她对自身文化的认同，并在此基础上成为了关键时刻国家形象的代言人。作为记者的她，在《杨澜访谈录》中记录着他者和他们的时代，作为伴随中国大国崛起背景下的沟通者，她同时也书写了自己和自己的时代。

沟通者需要跨文化能力，也需要生活的智慧；需要面对交流的无奈，更需懂得生命的局限。2006年至2010年，许多《杨澜访谈录》曾经的嘉宾相继辞世：

2006年10月13日，王光美去世，85岁；
2009年7月11日，季羡林去世，98岁；
2009年7月17日，沃尔特·克朗凯特去世，92岁；
2009年8月20日，唐·休伊特去世，86岁；
2009年11月28日，王世襄去世，95岁；
2010年4月21日，萨马兰奇去世，89岁。

大师离去，舞台谢幕。就像黄霑说的：当一场盛大的演出之后，狂热的观众散去了，华丽的布景撤下了，耀眼的明星们回家了，场内只剩下一盏照明的工作灯。这时的他走上舞台，在一片寂静清冷中看到自己的影子，听到自己的回声。"那是很恐怖的！你试过吗？我试过两次。"黄霑像个想吓唬别人，结果自己被吓着了的小孩，夸张地睁大眼睛，顿了一下，大笑起来。沙哑的笑声既是自嘲，也带着些无奈。"我过去抽烟抽得好凶，现在不抽了，我太太好爱我，为了她，我要多活几年。"戴着一副圆圆的黑边眼镜的黄霑，语气中有了《沧海一声笑》的沧桑。

你是否曾站在空空的舞台？40岁的杨澜，已经站过无数的舞台，有星光璀璨的大剧院，富丽堂皇的剪彩台，挺括光鲜的职业装，线条流畅的晚礼服，照得人无所遁形的刺眼灯光，不同肤色的观众，如潮的呐喊和欢呼。但从来没有一个舞台能胜过《杨澜访谈录》那个只有两把椅子的访谈空间。

十多年来，杨澜的对面换了800多位嘉宾，各种各样的受访者，带来各自的阅历、秘密、感悟、血型、星座以及掌纹；这个只有两个人的舞台，可以在大都会纽约的寓所，可以在中国乡间的泥巴路上。相同的是，杨澜一直在发问，她提出的问题，就像角度不同的机位，观测着人生每个侧面的影像，每一个角度都有关本质，但是每一个角度又都无法真正接近心灵。

因为知道能通过话语表达出来的人生，就一定不是全部。因为知道世间的真相，谁都无法彻底占有。杨澜式的"我问"，这里面包含着对每个生命的尊重，对客观事实的谦逊，对自身的自信和务实。杨澜没有过客的心态，她只是驻足在属于自己的舞台上，世界就在一问一答中若隐若现。

一问一世界。这个未知的世界，足以让我们心存好奇和敬畏。"什么是快乐？只有创造才是快乐，其他都是没有意义的在地上飘浮的影子。"这是约翰·克里斯朵夫的话。对于杨澜而言，创造是件有趣的事。与歌后席琳·迪翁联手创办国内首家高端定制珠宝品牌——LAN珠宝，并担任创意指导；签约美国最大的经纪公司CAA（Creative Artists Agency，创新艺术机构）；成为联合国儿童基金会（UNICEF）驻中国办事处所任命的第一任大使；2010上海世博会形象大使；还有担任着《绿色影响力》和《天下女人》两档节目的主持人……

"杨澜的未来，决定了《杨澜访谈录》的未来。"这是策划耿志民做出的评价。《杨澜访谈录》走到15岁，告别青春期才子式的生存，进入有责任感的中年，杨澜用更开放、更放松的心态，不断突围"高收视率"和"高端定位"的二元格局，努力跨越意识形态的丛林，探索着符合栏目个性规律的第三条道路。

1995年，杨澜和丈夫吴征来到土耳其旅行，在跨越联结欧洲和亚洲的博斯普鲁斯海峡时，杨澜曾发出这样的感慨：深厚的文明是经得起碰撞的。交锋处，自会山岭巍峨；相融处，又何妨柳暗花明？

15年后，两人又一起来到欧洲大陆最西端的洛卡角，阅读着石碑上葡萄牙著名诗人路易斯·卡蒙斯的诗句"地止于此，海始于斯"，杨澜再次产生了凭海临风的激情。

入行20年的杨澜，继续向着无边的领地进发，因为远方有无可比拟的美好和自由。

面对率性的黄霑,杨澜干脆把事先准备好的采访提纲放在了一边,彻底享受彼此的一问一答

无论何时,崔健都相信真正的摇滚不是为了取悦观众,而是个人与环境的冲突产生的能量爆发,从孤独中找到力量

与西班牙男高音歌唱家普拉西多·多明戈合影

与同年同月同日生的席琳·迪翁合影。两位同样优秀的女性一见如故

2009年采访法国女明星朱丽叶·比诺什

美国新闻主播克朗凯特堪称杨澜的精神领袖，他探求真相的精神和低调朴素的语态让杨澜深受启发

07

埃隆·马斯克

赖斯

王澍

李开复

选择与被选择？

有时我们因为看见而相信，
也有时，我们是因为相信而看见。
选择相信哪个故事，
让我们有机会窥见自己心灵的角落。

/ 一问一世界 /

郎平

李安

岩井俊二

范里斯汀·拉加德

星云大师告诉我一个他12岁出家时的故事。"我受戒的时候,庙里的老师父们坐成一排,轮流问我问题。第一位问:'是师父让你来的,还是你自己要来的?'我回答:'是我自己要来的。'师父说:'大胆!师父没有让你来,你就自作主张跑来,该打!'说着手里的藤条就抽下来。到了第二位,又问同样的问题。我这回学乖了,回答说:'是师父叫我来的。''糊涂!难道师父不叫你来,你就不来了吗?该打!'又是藤条伺候。到了第三位,还是问同样的问题。我急中生智回答道:'师父叫我来,我自己也想来。''滑头!小小年纪就知道油嘴滑舌,该打!'到了第四位师父面前,我说:'您别再问了,直接打吧。'哈哈!"

这么不讲道理?星云大师笑眯眯地说:"他们以无理对有理,实际上是让我学会虚心、忍耐,是成就我呢。"到了前几年,年事已高的他被查出癌症。一位医生问他:"您怕不怕死?"星云大师想,回答不怕死吧,不够诚恳;回答怕死吧,对方可能因此看不起出家人。于是他回答:"死不害怕,但是怕疼。"医生听后大笑。他哪里知道,这种困难的选择题,对面的这位老和尚打小就受过训练啦!

选择,有时真是不易。但总比没有选择好。我们曾经没有选择。比如你出生在农村,就只能拿到农村户口。比如你是个女孩,父母很有可能要求你把读书的机会让给弟弟。比如你大学毕业去的机构是分配的,一干就是一生。比如你住的房屋是单位分配的,还分男不分女。在计划经济体制下,个人的选择实在有限。改革开放，让城乡的年轻人有了上大学的机会，有了旅行和选择居住地的自由，有了留学的可能，有了创业的冲动，有了极大丰富的商品和生活方式，以致于我们常常产生选择焦虑和选择障碍……某种程度上来说，中国改革开放四十年，最大的红利是思想的解放和个人选择权的释放。

选择总是伴随着相应的结果。要为结果负责，并不总是轻松的。"上帝啊，请给予我勇气，坚持我应该坚持的；请赐我智慧，放弃我应该放弃的。不过，请您首先告诉我这两者的区别。"这是一句祷告词，却是我们每个人常常遇到的真实场景，这让我想起曹操手中拿着的鸡肋，丢掉吧，弃之可惜；留着吧，食之无味。

在人生的各个场景中，选择坚持还是放弃，这的确是一个问题。埃隆·马斯克曾经面对一个艰难的选择，那就是他要么把钱都投入SpaceX，要么都投入特斯拉，以增加它们的生存机会。如果把钱劈开各投一部分，则两家公司都有可能倒闭。在2008年的圣诞节临近的时候，两家公司都没钱了。他彻夜难眠，反复问自己一个问题："我所做的对别人有用吗？"因为这正是一家公司存在的意义。他相信电动汽车是人们出行的必然选择，自动驾驶正在成为现实。他也相信人类值得花1%的努力，建立太空城市，以便在地球遭遇灭顶之灾时有条后路。自从创业以来，马斯克将他的想法转变成产品，并且作为首席批评者不断地用最挑剔的眼光审视它们。审视，改善，再审视，再改善，永不停止。这就是他的偏执。无法入眠的他决定哪个公司都不放弃。幸运的是，就在这个圣诞节前夜，他分别拿到了美国航空航天局的订单和特斯拉的融资！他说："如果没有足够的风险，证明你的创意还不够。人生中要有激动人心的事情，这样在你早晨醒来时就可以说，我很高兴我还活着。"

有些选择要比是否关闭一个企业艰难得多。美国前国务卿赖斯回忆起"9·11"那天的情形，冷静克制的声音里还是能听出紧张。当天小布什总统在佛罗里达州访问一所小学，赖斯与副总统切尼在华盛顿。他们得知已经有飞机撞击了纽约世贸大楼和五角大楼，但他们不知道还有多少飞机可能已被劫持，也不知道它们瞄准了哪些城市和目标。他们必须做出决定，是否命令空军击落任何做出不恰当回应的飞机，以牺牲飞机上乘客的生命来换取地面上更多人的生命！布什总统同意了。"在随后的可怕的黑色一小时里，确切地说，是在随后的一分钟里，副总统和我下令让空军击落那架已被劫持的飞机。不得不做出击落民用飞机的决定，那种感觉糟糕极了……"接到命令后，大批超音速战机升空，F-15和F-16战机离那架被确认劫持的美联航93航班只有几分钟的路程。当赖斯在指挥室里看到93航班坠落，机上无人生还的消息时，她一度认为是被击落的。后来才得知，机上乘客知道了世贸大楼遭遇的恐怖袭击，决定与劫匪展开英勇的搏斗，最终导致飞机失控而坠毁。赖斯说："作为决策者，你并不是总能得到完备的信息，有时甚至是不准确的信息，但是你必须在紧迫的时间里做出反应。你没有机会说：'我还没想好呢！'你必须做出决定。我们回顾历史时常常觉得那些决策是有条不紊地做出的。但任何一个参与决策的人都知道，它并不是非常有序的，而是相当艰难的。"

突发事件往往需要领导者在紧迫的时间压力下迅速做出选择，那么面对战略决策，有相对从容的时间，是否意味着他们更有机会做出正确决定？2015年9月，在习近平主席对美国进行国事访问前夕，我在华盛顿采访美国国务卿约翰·克里，其对中美战略关系的展望，对理解今天纷乱的两国关系依然有借鉴意义。就在那一年的4月，美国外交委员会发布了特别报告，称中国在未来几十年都将是美国最强有力的竞争对手，建议美国调整对华战略，将重点放在制衡崛起的中国，而非继续支持其不断上升的地位。当我问克里对此的看法，他说："我不认为需要修改美国对华的总体战略，中美如果卷入一场新的冷战，对两国和世界都是错误的。毫无疑问，以中国的人口和发展潜力，将确定成为世界最大的经济体。美国人不应对此感到害怕，而应表示欢迎，因为中国已经崛起了，它得益于美国在二战以后建立起来的全球金融体系。只要大家都按照公平合理的规则行事，就对全世界有帮助。中国刚刚在伊朗核谈中扮演很具建设性的角色，我们对带来实质结果的合作深表感谢。我认为关键是，两国领导人不要让自己被推入对抗的状态，而是努力携手化解现有的分歧和问题。比如在清洁能源方面共同研究和发展，如果我们在巴黎达成协议，将是所有人的胜利。"对于我的提问"两国之间的互信比起10年前，是更强了还是更弱了？"他说："我认为更强了。我们正在相向而行。我们都认识到，中美两国的关系不是建立在纯粹互信的基础上，而是建立在两国都认识到可以通过合作而相互理解的基础上。历史上强国之间都会因为这样或那样的问题而意见不合。但即使是当年美国和苏联，也可以找到军控的方法。这就是领导力的标志。"

具有讽刺意味的是，后来发生的事几乎与克里所描述的战略思路条条相悖。随着特朗普的上台，在"美国优先"的叫嚣中，中美关系，特别是贸易关系急剧恶化，给两国乃至全球经济带来巨大伤害。美国退出伊核协议，退出《巴黎协定》，退出联合国教科文组织，退出联合国人权理事会，退出《中导条约》……美国正在破坏它曾经领导建立起来的国际秩序，而且是用一种任性的、冲动的方式来做决策。作为国家领导人，其核心能力之一，是找到解决问题的共同基础，避免不必要的冲突和痛苦。其实，我所了解的情况是，真正困扰许多美国人的，不是特朗普有多么不靠谱，而是，这么不靠谱的总统，怎么会被美国人选出来呢？

萧伯纳曾经说过："一个理智的人选择改变自己适应环境，一个不那么理智的人要改变环境来适应自己。历史是由后一种人创造的。"要改变环境，谈何容易。2012年中国建筑师王澍因为宁波当代艺术博物馆的设计，获得建筑界的最高奖普利兹克奖。在这个全国宛若一个嘈杂的大工地的城镇化时代，当人们兴高采烈地把座座古镇拆成"褪了毛的鸡"，当无数的城市用"小曼哈顿"之类的概念定义新区的时候，他提出想以200多万个旧瓦片和40多种尺寸的砖头建造这个博物馆。"在一个现代化的城市中心，你凭什么用这么旧这么脏的材料？你什么意思？！"当地官员曾经这样咆哮着质问他。王澍回答说："因为这是一个没有回忆的地方。我希望用这种方式把时间和回忆找回来。"他不能接受一个托词，就是建筑师只是一个技术活儿，只要让甲方满意就行了。有人对他说，我很想成为你那样的设计师，等我挣了足够多的钱，我要变成你。王澍冷冷地说："那时候你已经染了一手的习气，改不回来了。"他希望用建筑唤醒记忆，让人们想起来，原来我们曾经那么有情趣，我们曾经那么在乎风景。能不能让破碎的文化以一种新的、鲜活的方式活下去？我当时正在准备采访伊拉克裔的英国女建筑师扎哈·哈迪德，就问王澍想问她什么。他说："如果不用曲线扎哈怎么做设计？"中国人用"曲直"表达对世界的看法，她想表达什么？

"我想让建筑流动起来！物理学对粒子的研究发现，在没有重力的情况下，物体是如何移动的，而移动又是如何影响了结构。这让我脑洞大开。我对现代舞和中国书法也很感兴趣，因为它们也是流动的艺术。"扎哈一谈起她的理念就很兴奋。她和王澍一样，都不喜欢工业化千篇一律的东西，但她认为现代化的城市如纽约，也有它的美，那是由犹如森林的建筑物层次表达出来的。那么，对直线和直角怎么看？"在我看来，90度也是360度的一部分。"她对自然景观的错落很感兴趣，所以在设计广州歌剧院时，她受到太湖石的启发，把剧院设计成两块珠江边的巨石，一白一黑，体现出岩石的结构和水对岩石的改变。同样作为普利兹克奖的得主，扎哈和王澍一样，因为超前的思想，大胆打破传统，和不妥协的个性，忍受了多年的寂寞，直到41岁才第一次把设计变为建筑，是一个消防站！以至于当有记者问她如此受欢迎是否很幸运时，她斩钉截铁地回答："不！因为我花了数倍于他人的力气。我没有一天放过自己。"她说自己的梦想是有朝一日在祖国伊拉克做建筑，但她发现，家园已经被战火粉碎，儿时的记忆永远失落了。采访时她说自己还想干上30年。但四年后的2016年，她在伦敦因心脏病去世。

你会选择去碰让你害怕的东西吗？李安会。他说自己选择拍摄《卧虎藏龙》《色戒》《少年派的奇幻漂流》的时候都很害怕，因为触碰到历史的禁区，因为挑战人性的边缘，因为把观众带到黑暗里去经历考验。但越是害怕，越想把它拍出来，用电影的方式，把那种只可意会不可言传的感情拍出来。而我们作为观众情愿跟随他去冒险。当你看了李安导演的《少年派的奇幻漂流》，更愿意相信哪个故事，是与老虎相伴的奇幻之旅，还是血腥的吃人惨剧？有时我们因为看见而相信，也有时，我们是因为相信而看见。选择相信哪个故事，让我们有机会窥见自己心灵的角落。"那你选择相信哪个故事？"我问李安。他迟疑了一下说，他两个都不完全信，而且在拍摄过程中竭尽所能让两个故事都有足够的说服力。"每个人都有诠释的权利。道家讲，世界的真相，由虚生实。我们碰到的，看到的，只要是色相的东西，其实就是一面镜子，让我们看见自己。"戏是残酷的戏，但做戏的心肠是慈悲的。李安说，他为自己能选择做那些让他害怕的电影，而感到骄傲。

美国诗人罗伯特·弗罗斯特的《未选择的路》，道尽选择的困惑。

黄色的林子里有两条路
很遗憾我无法同时选择两者
身在旅途的我久久站立
对着其中一条极目眺望
直到它蜿蜒拐进远处的树丛

我选择了另外的一条，天经地义
也许更为诱人
因为它充满荆棘，需要开拓
然而这样的路过
并未引起太大的改变

那天清晨这两条小路一起静卧在
无人踩过的树叶丛中
哦，我把另一条路留给了明天！
明知路连着路
我不知是否该回头

我将轻轻叹息，叙述这一切

许多许多年以后
林子里有两条路，我
选择了行人稀少的那一条
它改变了我的一生
树林中有一个岔路，一旦选择……
我选较少有人走的路

好消息是，如果你有明确的方向，那么即使在不同的阶段选择了不同的路径，不管走了多少弯路或冤枉路，甚至生生开出一条路来，你还是有机会接近自己的目标。中国人说，殊途同归，那是命运给不堕信念、不懈努力的人们的一份惊喜。

/ 一 问 一 世 界 /

"在这个极速变幻的时代,每个人都在寻找所谓机遇的风口。但是,对于《杨澜访谈录》而言,更重要的不是找到风口,而是在风中保持自己的风度。"

你选择相信哪一个故事？

"她回顾自己的历程，出人意料地坦言自己在小布什总统的任期内，担任国家安全顾问及美国国务卿时，那些重要而难忘的时刻。她的自传反映了美国外交政策的抉择没有简单的解决方案，只有复杂与艰难……"

2010年深秋，《华盛顿邮报》对于一本书的出版给予了高度关注。这无疑是一本"生动又令人不安"的书，女性、非裔、国务卿、细节、秘密、内幕，好故事的每个细胞都无比饱满。

这本书的作者就是卸任两年之后的康多莉扎·赖斯，第66任美国国务卿。

遗憾的是，这本名为 *NO HIGHER HONOR*、登榜各大畅销榜单的书并未同期在中国推出，但不久之后，从中国出版人到读者，他们惊奇地发现赖斯坐在了杨澜的对面。杨澜的每一问，赖斯的每一答，所指向的正是本书最大的卖点。

杨澜：你所做的最艰难的决策之一是在"9·11"那一天，布什总统离开了白宫，你和副总统切尼不得不做决定，必须处置一架被劫持的飞机，如果你们无法确定它的位置，当时的决策有多艰难？

赖斯：副总统必须要征得总统的同意，才能命令空军击落任何做出不恰当回应的飞机。当时已经有飞机撞击了华盛顿和纽约的建筑。我们不知道还有多少飞机可能瞄准了美国的城市。所以布什总统授权给我们。副总统和我站在一起，目睹了和听到了飞机在宾夕法尼亚州被击落。但是在那可怕的、罪恶的黑色一小时里,确切地说是一分钟里,我们下命令让美国空军击落那架飞机。

"9·11"危机爆发之后,赖斯的鹰派风格原地爆炸,先发制人的"复仇与打击"战略果断替代了美国在冷战时期所奉行的"遏制与威慑"战略。2001年10月7日,以美国为首的联军对阿富汗盖达组织和塔利班宣战,这场战争是美国对"9·11事件"的报复,同时也标志着一场旷日持久的反恐战争的开始。

阿富汗战争为报"9·11"一箭之仇,那么发动伊拉克战争又是出于怎样的考虑?

面对战争合法性的非议,杨澜直接将颇具挑衅意味的问题抛给了赖斯。

杨澜:你是否对伊拉克拥有大规模杀伤性武器的情报有所怀疑?或是曾先入为主地想相信它的存在,尽管这个情报后来被证明是假的?

赖斯:整个世界都相信萨达姆·侯赛因拥有这样的武器,并形成了威胁。

必须的抉择背后是必然的逻辑,看似随机与仓皇,赖斯的"相信"却彰显了"9·11"后冷战时代的美国政治思维,那就是以单边主义去推销美国价值的普世天下,这种逻辑与思潮在今天也远未过时。

十年消磨,即使"9·11"的硝烟慢慢消散,面对杨澜挖掘机式的追问,赖斯的应对显然不是那么情愿,些许微妙的对峙反将谈话场精彩地架构起来。此时,不会有观众相信,两位女士这场互动感十足的对话,竟然不是发生于面对面,而是相隔于万里之遥:赖斯在美国加州的斯坦福大学,杨澜在中国北京的阳光媒体。而成功运作这次跨越中美对话的是《杨澜访谈录》的制片人马敬军以及他所带领的整个团队。

One on one是《杨澜访谈录》的经典模式,那么一对一的"面对面"可以发生在不同的时空吗?当时,从技术层面的支持来看,远程视频会议的运用已经比较成熟。但是,运用于电视节目中,尤其是两个人的深度访谈,再加上不同国家制式各异的技术标准，现场访谈的效果可以得到保障吗？参考从前在央视对演播室网真系统的了解，对比多家提供商的解决方案，马敬军最后确定采纳POLYCOM，一种在全球领先的，致力于远程呈现视频和语音等领域的通信系统，它可以实现人与人之间的自由沟通，在虚拟世界中获得身临其境般的感受。在与美国赖斯团队进行对接的同时，杨访团队对POLYCOM系统的测试也在紧张进行。

经过多轮测试，效果证实比较理想。但是，这只是模拟与演习。在遥远彼岸的，位于斯坦福校园的演播室到底还有着怎样的不可控的因素？这个问题搅扰着整个团队。于是，外联谢漪春成为解决这个问题的"定心丸"。只不过，她的这次外联任务不是在电话和信函中实现，而是动身奔赴美国西岸，与赖斯的团队进行全方位对接。

毕业自清华大学，新闻学院给予的专业熏陶，加之清华人特有的强悍自驱力，让谢漪春在外联的职业平台上很快建立了自己的系统方法论：用霸气的嘉宾大名单征服美国大使馆，争来了希拉里；用超柔软的耐心与用心感动对方，等来了张海迪；这次，她终于代表杨澜，代表《杨澜访谈录》团队去美国，直接"会晤"赖斯。

事实证明，《杨澜访谈录》的此次跨国外联行动是非常明智的。当谢漪春踏进斯坦福大学旁边的一栋不起眼的小楼，才发现这就是传说中的经常出现在CNN、ABC等节目中，与专家教授进行现场连线报道的工作间。在与赖斯的专业团队实地对接的时候，一个不容易被发现的细节暴露出来，那就是需要调整中国方面演播室的"带宽"问题，否则在杨澜与赖斯对话的同时，可能造成影像与声音方面的传输延迟。经过与国内同事及时沟通调整，这个潜伏的大问题得以顺利消除。

当赖斯准时出现在工作间现场，中美双方的各项准备已经万分妥当。当逼真的视频和音频完美链接起杨澜与赖斯，谢漪春的注意力忽然有些飘忽。千山万水，只为一问。这一问一答所穿越的有家族的和风细雨，有政治的朔风冷箭，更有文化的深浅碰触，在语流中逐渐鲜明的是赖斯灵魂的棱角与界面，而在她数年之后的回忆中，难以抹去的却是赖斯的那一抹口红。

那是一种非常的亮色，在一位黑人女性的肤色上甚至稍显突兀，但令人过目难忘。它的独特恰似赖斯的人生故事，虽然成长于种族歧视严重的伯明翰，但家族的爱与呵护适度中和了周遭的恶意。从钢琴到冷兵器，从教务长到国务卿，一次次选择促使她成为让美国年轻人仰慕不已的"黑色的力量"。当她的"相信"脱口而出，分明是这个世界的恶意和善意在她的生命中的复写与重现。

美好的童话，还是残酷的现实，你究竟相信哪一个故事？2013年，李安凭借电影《少年派的奇幻漂流》再次获得最佳导演奖。这部电影讲述了少年派和一只名叫理查·帕克的孟加拉虎，在海上漂泊227天的冒险历程。他们共同经历了动物间的厮杀、风暴、登上无人岛，直至最终获救。然而，就在影片将要结束时，派说出了故事的另一个版本。在船上的，并不是动物，而是活生生的人。没有食物、没有淡水，为了生存下来，人们不得不自相残杀。

就在这年的5月，作为《摩纳哥王妃》的投资方代表，杨澜与先生吴征一起来到戛纳，见到担任电影节评委的李安时，她终于将这个问题抛给了这位大导演。

"你选择相信哪一个故事？"

"其实两个我都要把它当作真实的故事。我想这个是最重要的，我个人相信什么，其实不重要。"

李安的回答有些不合常规，但又给人们留下了思量的空间。承接着李安的思路，杨澜的回应也是颇具意味："我觉得这个片子好像讲的就是无论你愿意相信什么，你愿意才是最重要的。"

是的，生存者的游戏总是不那么好玩，无论你选择相信什么，总是无法摆脱现实的多重牵绊。无论悲观者，还是乐观者，也总是爱发出李安似的感叹——"没办法，人在江湖"。

在大海中翻滚过的李安依然要归于江湖，只因为人在江湖。纵然他将电影节比喻为"选美比赛"，依然要顶着尴尬"被人看"，目的只有一个，那就是希望自己的电影被更多的人看到，取得最理想的票房成绩。

作为杨澜的电视代表作，《杨澜访谈录》虽然在电视江湖上有着极高的影响力，但同时也呈现出播出时段不断边缘化的趋势。走过无法落地的阳光卫视时期，它与观众见面的平台始终定格于东方卫视。随着年代的更迭，播出时间也缓缓后移，从晚间10点、11点一直滑落到近乎24点的午夜档。在以收视率为标准的中国电视江湖中，节目播出时段的微妙变迁，无疑象征着其生存前景的明与暗。13岁，对于一个人来说，可谓正值青春期；但对一档堪称中国最长历史的电视访谈节目而言，它会永远受到岁月的青睐吗？

当岩井俊二坐到对面的时候，杨澜看到了一位被岁月青睐的幸运儿，虽然他是比自己更"老"的60后，但他的拥趸更多的是80后和90后。关于他的电影，从《情书》《四月物语》到《关于莉莉周的一切》等等，对于亚洲一代文艺青年的审美趣味都曾经产生了非常深远的影响。

"青春，就是什么事情都没有发生的日子"，但真的没有发生吗？杨澜式的结语，越过青春表层的困惑与残忍，走向的是更为纯粹的相信与坚持。

"那些关于青春的故事，可以是人类社会成长的缩影。岩井俊二的电影带给我们关于人性的细微的关照，在一个不断地提高速度，追求发生什么，来证明自己存在的社会当中，岩井俊二的电影恰恰为我们描述了那些什么都没有发生的日子。那些日子是重要的，因为在那些日子里，我们期待着即将发生的事。"

即将发生的事，一定是美好的故事吗？

你有选择的自由吗？

"昨天做客《武汉晚报》与读者见面，一女读者居然说出我采访IMF总裁拉加德时点评她围巾的细节，让我既感动又害怕！"这是杨澜2013年的一则微博。受到观众的喜爱，对于杨澜，在往日就是一份稀松平常，而在此刻，竟然引来一番感慨，因为只有杨澜知道，这份来自外界强烈而认真的关注，在2013年的中国电视界是多么地难得。

2010年，自首档达人选秀节目登陆东方卫视，一波又一波娱乐风潮席卷了东方、湖南、浙江多家卫视平台，他们以购买欧洲和韩国娱乐节目版权的方式，引进了音乐、亲子、励志等大型真人秀节目，明星评委转身为导师，指点平民追梦，名人家庭齐齐出动，上演户外真人秀，以高收视率吸引了天价广告赞助费。泛娱乐化成为中国电视节目最为主打的新常态。

在日趋喧嚣的屏幕上，收视率与广告商永远是一对亲密伴侣，受到冷落的《杨澜访谈录》在东方卫视的平台上被日益边缘化，当播出时间一次次被推后，杨澜终于主动放弃了合作多年的东方卫视，计划移师居于首善之区的北京卫视。当这个设想还在考虑当中，北京卫视也同时向杨澜抛出了橄榄枝。

在杨澜看来，北京不仅是自己出生与成长的地方，是自己开启电视事业的起点，更是中国的政治中心和文化中心，这里有中国最关心国际政治的人群，有中国最人文的创意群落；有中国最为包容的多元格局。北京的历史与现实语境，无疑与《杨澜访谈录》的"高端与国际化"有着高匹配的呼应。

周末晚23点，这是《杨澜访谈录》在北京卫视的定档时间。在双方的官方微博上，都特意强调了这个老牌谈话节目的"全新改版"：长度从23分钟延长到35分钟，将会呈现出更多睿智的时代对话。而在《杨澜访谈录》随后发布的改版信息中，进行了更具象的阐述："我们将一如既往地坚持我们的追求，那就是记录属于这个时代的精神印记，而在这个时代留下印记的，并不只有所谓的大人物，我们相信每个独立而平凡的个体都有一种推动社会进步的力量，以自己的思想、言论和行为为这个时代留下难以磨灭的印记。"在草根成为达人，娱乐与梦想齐飞的时代，《杨澜访谈录》的"改版"绝非时间上的变化，而是嘉宾群体的"大小"再定位。只是此轮调整需要做好准备的不只是刚落户的《杨澜访谈录》，还有它的新东家北京卫视。

在北京版本《杨澜访谈录》亮相的同时，一部十年纪念版本的官方宣传片也在电视与网络上同步播放。这部名为《进取》的小片几乎集结了《杨澜访谈录》历史上最豪华的嘉宾，从王光美到希拉里，从比尔·盖茨到克林顿。全片文案在努力凸显着三个关键词：世界的宽度、理性的深度、人性的温度。三个度架构起的是《杨澜访谈录》的维度，只是在它与北京卫视的理念进一步对接的过程中，却发现有两个度是双方无法在短时期内完全吻合的，一个是"热度"，一个是"角度"，前者用来评判一位明星的人气指数，决定是否进入嘉宾名单；后者用来衡量一位嘉宾是否有料，决定如何从TA的人生故事里取材。

2013年，郎平重新执掌中国女排帅印；2015年，她率领中国女排重回世界巅峰。作为中国女排的符号性人物，郎平成为《杨澜访谈录》持续关注的重量级嘉宾。以《我不是铁榔头》为主题，郎平向杨澜讲述了自己的奋斗历程，以及所付出的巨大代价。回忆父母与女儿，郎平呈现出了难得一见的感性一面。通过对郎平的深度访谈，《杨澜访谈录》希望摘掉郎平"铁榔头"的标签，给观众呈现她既坚强又温柔，既韧性又感性的性格侧面，凸显一位博弈于胜利与失败之间，有着独特精神追求的非凡女性。就在节目即将采访之时，北京卫视方面提出要多问郎平的私人感情生活，因为观众更喜欢这样的内容。当导演将这个建议转达给杨澜，她选择了语言上的沉默，行动上的拒绝。

一边是杨澜的抗拒，一边是北京台的提议，夹层中的导演在执行阶段只好采取平衡与折中的方法，杨澜的提问虽然并未涉及，在片子的剪辑阶段，也只好加上了来自第三方素材中的那个所谓的"情感爆料"。在电视江湖上，北京卫视也不是桃花源，审核标准与其他平台不会存在本质的区别。当电视人将收视率比喻为心电图的时候，创意的独立与自主已经被剥夺大半。跟随意味着盲从娱乐潮流，拒绝意味着关闭合作的大门。

与"宽度、深度与温度"相比，娱乐时代的电视文本更需要的是"热度"与"角度"。你有选择的自由吗？浸润于泛娱乐化的电视生态环境，北京卫视同样无法独善其身。你有选择的自由吗？面对人文气息稀薄的电视屏幕，《杨澜访谈录》也对北京卫视给予了理解。但是，理解归理解，坚持归坚持，抗争工作有的从选题阶段就拉开了帷幕。

德瑞克·朱伯特和贝弗利·朱伯特夫妇是野生动物的电影纪录片的制作者。他们出生在南非，从年轻时代起就一直居住在博茨瓦纳的野生环境中，长达30年的时间，他们前后一共拍摄了20多部野生动物的纪录片，获得8次艾美奖。他们曾花费5年的时间拍摄并制作了影片《永远的敌人》，记录狮子和鬣狗为了生存而引发的一次次生死搏斗。迪士尼公司于1994年推出的动画片《狮子王》，正是从这部影片中获得了灵感。当杨澜听闻朱伯特夫妇来到北京时，非常欣喜，特别邀请他们来到《杨澜访谈录》，与中国观众分享自己的传奇故事与非凡的创作经历。而当导演将这个选题上报北京卫视审核部门的时候，得到的回复是：朱伯特夫妇，他们是谁？这样的节目会有人看吗？

回溯《杨澜访谈录》的嘉宾名单，从猩猩守护者珍妮·古道尔到热带雨林保护神潘文石，在地球环境保护和生物生存保护领域做出杰出奉献的人物一直是《杨澜访谈录》的经典嘉宾。与娱乐明星们相比，朱伯特夫妇的知名度当然不及，但是，这样的人物才正是杨澜最为珍视的访谈对象，才是最应该出现在杨澜对面的座上宾。

一边是收视率要求，一边是精神价值的追求，经过一番解释和争取，在承诺增强趣味性和看点的基础上，终于"求"来了允许访谈朱伯特夫妇的自由。

节目播出之后，虽然收视率表现一般，但这对有着独特生活观念，却又享受着非凡浪漫的夫妇不仅让我们看到了他们对动物的爱，彼此的爱，更为中国观众提供了另外一种生活态度和方式的参考，那就是纯粹的生活和自然精神。

在无法自主选择的前提条件下，对既定环境的主动适应，也未尝不是另外一种选择。即使是在延续800年君主立宪制的英国，王室成员的每一个人都在适应社会的变化，就连86岁高龄的女王也不例外。在专访安德鲁王子时，他告诉杨澜，女王妈妈的第一个手机是他送的，虽然"手机还原封不动地放在我给她的盒子里"，但女王"到哪儿都带着它"。

身为伊丽莎白女王的第二个儿子，安德鲁王子也在用自己的方式去发挥自己的影响力。为了给慈善基金筹款，他并没有选择优雅的派对方式，而是采取了一种吸引眼球的方式——从欧洲最高楼"碎片大厦"速降。生长在古老的宫墙之内，王子也承认："某些情形下，我所拥有的头衔会妨碍我为取得工作上的成就所做出的努力。"

杨澜：作为王子，您与生俱来拥有很多优越的东西，您有选择的自由吗？

安德鲁："我的经历是否和别人不同？"我的答案是"没错"，因为我生长的环境不一样。我有我的优势，你也有你的优势。有些事你能做，而我却永远都没有机会做。我们只能面对，所以不能抱怨。这就是你的命运，是我需要面对的。没得选择，那就面对它吧。

如果说命运是绝对的，那么，对于追求自由选择的杨澜和她的团队来说，人生又该如何相对论？

人生如何相对论？

厚达600页的英文版《二十一世纪资本论》进入了2015年杨澜的私人书单，这本关于收入分配历史变迁的鸿篇巨制，由法国知名经济学家托马斯·皮凯蒂所著。仿佛是刻意的自我要求，每次出行，无论节奏紧张到什么程度，它都是杨澜随身包中的必备品。目的很简单，那就是提示自己保持随时可以安静下来的阅读习惯。

当移动互联时代将屏幕切分为大大小小的终端，即时的娱乐消费爆发于微信朋友圈与网络微视频，碎片化的内容传播促成了注意力经济的发达。正如《浅薄》作者尼古拉斯·卡尔所言：网络内在的注意力分散特性正在侵蚀我们领会长篇议论与叙述的能力。"眼球吸引力"成为文化创意产业的年度热词。当这股热浪波及到电视屏幕上，日益走俏的是小报风格的故事营销与话题炒作。深度的交流+用心的聆听，扎实的背景+精密的结构，《杨澜访谈录》的叙事方法论似乎已经落伍，到了非要改变不可的地步了。

为了改变收视率低迷的现状，在策划团队的重新创意下，以"明星演讲+人物访谈"的形式，开辟了《杨澜访谈录·人生相对论》的新模式。同时，为了吸引更多的明星加盟，更是采取了打包出场的方式，以选题来组合不同的明星。系列组合中，有的让人眼前一亮，但也不乏差强人意的搭配。杨澜的职业素养让她斗志高昂，可职业理想又使得她心生沮丧。因为这样的形式之上，已经背离了《杨澜访谈录》one on one的经典结构，同时，在这样的形式之下，有很多的明星完全不是应该出现在《杨澜访谈录》中的嘉宾。

相对之前的周末23点，两季"人生相对论"的播放时间也被安排在每周三的9点档。有了明星加盟，有了现场观众，有了热闹的话题，有了网络上的花絮。对于杨澜而言，却少了最重要的元素，那就是《杨澜访谈录》崇尚"精神价值"的魂魄。

表面的一切貌似都在得到乐观的改善，但是，在杨澜心中，已然到了《杨澜访谈录》面临重新选择的艰难时刻。

曾经的引领者也可以走入死胡同。"为什么那些看上去很聪明，很敏感，甚至有着很强克己精神的人往往更容易受到精神焦虑和抑郁的困扰？"当杨澜将这个问题抛给搜狐董事局主席张朝阳，这位采取"闭关"方式进行自省的互联网英雄回复道："我觉得在某种意义上，成功是一种诅咒。"不谈成功，只谈幸运，时代的新贵也可以独步天下。2015年9月25日，徐峥导演的第二部电影《港囧》上映，首映当日票房破2亿，再次刷新华语电影单日票房纪录。"你认为你的成功是偶然的吗？""我们不是黑马，是有备而来，但我是一位幸运者。"

不知死，焉知生？向死而生，幸存才是最大的幸运。生命的脆弱与渺小，让人看到什么才是更重要的。一场危机，既可以被看作是"果"，也可以转化为"因"。当一位标准意义上的成功人士宣布终于摆脱癌症的折磨，李开复体悟到一场大病原来是"伪装的祝福"。当他将自己在病中写成的书《向死而生》赠予杨澜，书的副标题"我修的死亡学分"又挑起了杨澜的发问："这学分现在修到多少了？修得怎么样？""死亡面前，我还只是小学生。其实我越生病越感觉到，人类是非常渺小的，我们是非常脆弱的，我们懂得非常少的，所以这个学分应该还在初级，是一年级学生的状态。"我们每个人都同时在生的路上和死的途中，只是在有限的时间面前，不被完美禁锢，不被浮华绑架，以谦卑和敬畏之心，做最好的自己才是对生命的热爱与尊重。

截止到2015年，加上凤凰卫视"杨澜工作室"的两年，杨澜17年访谈人数达820余位。"几乎'一网打尽'世纪之交的中国人关心的所有大事件与大人物。这在中国，对于个人，还是第一次。"在《杨澜访谈录》15周年纪念日来临之际，《三联生活周刊》专访杨澜及其《杨澜访谈录》团队，推出了长篇特稿《访谈15年，代表我自己》。

"一方面杨澜希望做全球的重要人物，对于未来具有前瞻性，对中西方有影响力；另一方面收视率是每一个卫视的硬指标，节目这几年只好用折中的办法，做几期高收视的娱乐人物，塞一期低收视的外语、经济类人物。杨澜的个人品牌与资源作用，让《杨澜访谈录》维持在一个高水准当中，但是单从市场标准看，这个节目仅仅是维持。现在很多人愿意接受节目，是因为杨澜的光环效应。"记者葛维樱几乎在最后的段落才补充了最为重要的时代与现实背景。

是成绩单，也是问题单，更是成长曲线图。幸存于仓皇的小时代，《杨澜访谈录》成功写就了自己的人生相对论。

Touch

"《杨澜访谈录》是用写博士论文的方式进行节目策划与制作的",2015年12月7日,走进北京798劳伦斯艺术中心《杨澜访谈录》15周年特展现场,媒体同行与各路记者不断发出这样的感叹与评论。

本次特展以Touch为主题:触摸世界——触动心灵——触及思想——触发未来。正如杨澜自己所言,在节目15岁生日的时候,不想再去赘述那些成功的故事,或者是辉煌的成就,而更想通过触摸每一个人真实的心路历程,去找到这个时代与我们每一个人的精神共鸣。不同的展区从不同的角度呈现《杨澜访谈录》的15年。尤其令人感慨的是名为"触摸·回忆"的空间。这里还原了《杨澜访谈录》的工作室,存放着一个专业团队15年来的奋斗记忆,它们是800期节目背后为准备采访所阅读的数百本书籍和上千份资料、820份导演策划案以及杨澜的采访手稿。15年,阅读的资料超过8000万字,相当于800本书;15年,飞行距离超过200万公里,可绕地球50圈;15年,拍摄素材超过10万分钟,要用200个工作日才能看完;15年,观看节目观众超过15亿人次,网络点击量超过5亿次;15年,历经7组导演、团队精心打造,才有了《杨澜访谈录》资料库的丰厚存储。

身为传统的功课主义者,杨澜对于节目的要求如同缝制一件精美的衣装,从"领口"的开场白,到串联词的"针脚",再到压轴全身的"靴子"式结束语,坚持用纯手作的阅读与学习方式,架构完成了每一期节目文本,在节目中呈现了创意的精美,诚意的充沛和尺度的精妙。

Touch是精确的，没有抽象的形而上，没有刻意的煽情，有的只是分享与互动。这是万物互联的时代，一切都可以承受的力道。

1996—2016，杨澜与吴征走过了20年的婚姻历程。就在这一年，杨澜出版了自己的第二本随笔文集《世界很大，幸好有你》。从构思到完成耗时长达四年。"谨以此书献给我的丈夫吴征，纪念结婚20年一起看世界的日子"，扉页的一行字落笔淡然，却写出了婚姻中男女缔结的最大福利：一起看世界。"带着爱、理解、尊重、欣赏、同情、陪伴，还有义气。也许有人认为'义气'是指兄弟哥们儿之间的关系，我们却认为它同样适用于夫妻之间。风暴来临的时候，孤独无助的时候，前途不明的时候，总会有一个人在你身边说'别怕，还有我'。"

这是一位北京大妞对于爱情与婚姻的礼赞，千山万水走过，身边的老公仍是那位"眼睛中有光的男孩"。面对20年婚姻被比喻为"瓷婚"的说辞，杨澜的应对与感悟也堪称《杨澜访谈录》经典风格的结语：从他的眼神里，我依然可以找到当初你爱上他的理由。于是我想，瓷婚就瓷婚吧，它提醒我们，婚姻就如瓷器，无论时间多长，都要轻拿轻放。

从跨文化沟通到男女间情感对接，Touch一般的轻拿轻放是对周遭的理解与尊重，是自我掌控的分寸感，也是与这个时代相处的态度。作为《杨澜访谈录》策划史上的"最强大脑"，复旦大学教授蒋昌建特别为该书作序《假如爱有天意，爱好尽可自由放行》。因为国际政治学的相同学科背景，他对于杨澜的观察与解读，从电视文本到文学文本，有着外界无法比拟的通透，甚至狡黠。

"有些故事，本不该是她们的共同命运，因为她们并不参与命运的选择。赖斯、奥尔布莱特、希拉里……无论她们怎样辉煌，从杨澜对她们的访谈里，都嗅得到抗争的味道，或许是那一刻面对夸耀时的淡然，或许是那一种面对仇人的宽容，或许是那一种锋芒毕露的提示，这些似乎不是出于兴趣和爱好的选择，而是磨砺出来的修养，跨性别的文化在杨澜的笔下，文字很轻，墨色很重。"

且不论思想的浓墨重彩在电视屏幕上渐失挥洒的空间，即使是具有娱乐色彩的谈话节目也在相继退出舞台。2015年12月2日，《康熙来了》在台北结束最后一次录影后宣布停播。2016年1月14日，李静在微博上宣布《超级访问》与观众告别，永远停播。

经过冷静思考，与其勉为其难地与北京卫视继续合作，使《杨澜访谈录》的品质受到影响，不如主动选择放弃。2016年，两家的合作关系宣布结束，但《杨澜访谈录》的步履并未停止，而是与浙江卫视合作，以特别报道《风云际会》的方式开启了G20峰会的系列访谈。G20是目前全球主要的国际经济合作论坛和最具影响力的全球经济治理机制。2016年，中国更是首次接任G20轮值主席国。在访谈嘉宾的名单中，有一位女性特别引人瞩目。因为她与世界经济的关系密不可分，她和她领导的国际货币基金组织致力于维护世界经济的稳定增长、促进全球经济局势良好发展。她就是克里斯汀·拉加德。

自2011年7月5日拉加德就任国际货币基金组织新一任总裁，2016年第一任期结束前，直至2016年7月5日拉加德获得国际货币基金组织执行董事会一致通过连任总裁一职，开始她的第二个任期，她的五年人生变迁都在《杨澜访谈录》三期节目的追踪关注中，而她与杨澜的关系也在合作中变得亲密而自然，两个人的你问我答，颇有一种闺蜜聊天的味道。

"你现在已经进入IMF总裁的第二任期了。你对这份工作的信心或感情相较于第一任有怎样的不同？"

"我长了更多白头发。"

"但你看起来很有气质、非常自信。"

"谢谢你，亲爱的。但事实如此，年纪越大越有耐心。积累了更多的经验、知识和感悟，见证了更多次盛衰成败，这让你更加看清、分清要做的事应如何做，以怎样的速度做，我认为这对个人很有助益。同样，无论事业上还是人生中，你越接近终点线，越对他人有耐心，对自己反而失去了耐心。这就是改变。"

就好像面对世界更多不确定性的拉加德一样，只有掌握好轻重缓急，方能进退自如。时代在改变,新旧媒体在融合,话语权在重组,传播语态在迭代,于选择和被选择之间,《杨澜访谈录》的重新出发,需要的是对时间的耐心,对自己的耐心。

在这个极速变幻的时代,每个人都在寻找所谓机遇的风口。但是,对于《杨澜访谈录》而言,更重要的不是找到风口,而是在风中保持自己的风度。

面对选择的时候，埃隆·马斯克认为如果没有足够的风险，证明创意不够，有时因为选择的忐忑才能迎来人生中激动人心的时刻

与曾获得建筑界最高奖项——普利兹克奖的建筑师王澍合影

同样作为普利兹克奖得主，扎哈·哈迪德和王澍一样，有着超前的思想和不妥协的个性

与导演李安合影

与演员、导演徐峥合影

与赖斯互动感十足的对话,实际是团队经过多方协调,采用POLYCOM系统实现的远程对话。千山万水,只为一问

与杨澜的对谈中，李开复首度面对电视媒体坦陈心路，讲述"向死而生"的人生故事

作为国际货币基金组织的总裁,克里斯汀·拉加德5年的人生变迁都在《杨澜访谈录》的追踪关注中

08

谁动了谁的奶酪？

人工智能对每个行业自身从业者的分化，
比跨行业的影响还要突出。
在中国和日本，已经出现了人工智能主持人。
哈哈，它们保证不会说错话，
还能有分身术，同时出现在不同的采访现场。
看来我的饭碗也难保了！

/ 一问一世界 /

曹国伟

埃里克·坎德尔

丹·拉瑟

石黑浩

2016年初春，《杨澜访谈录》团队开始了制作大型纪录片《探寻人工智能》的旅程。我们采访的第一站是还飘着雪花的美国麻省理工学院。萦绕在我脑海中的问题是："人工智能会不会抢走我的饭碗？"

MIT聚集了很多科技界的天才，是人工智能发展历史上许多个"第一次"的发源地。就像天才总有超越常规之举，计算机科学和人工智能实验室（CSAIL）的建筑设计大胆夸张，好像在摇摆着，充满动感。我查阅资料发现它的灵感来自舞蹈，象征着人类的创意无限。当我把这个背景告诉摄影师时，他抬起头来仔细端详一番，说："真的？我还以为是喝醉了。"

CSAIL前主任温斯顿教授是人工智能先驱马文·明斯基的嫡传弟子。一走进他的办公室，我就被墙上的一幅画所吸引。那是米开朗基罗在西斯廷礼拜堂天顶的壁画《创世纪》局部的复制品：从天而降的上帝，将手指伸向亚当，亚当慵懒地斜卧着，似乎沉睡初醒，软弱中透露着一些渴望，将自己的手伸向造物主。这是惊心动魄的一刻，上帝即将给人类的肉体注入智慧。谁能预见，亚当的子孙也将有一天试图模仿造物主的角色，把智慧注入机器？而拥有智慧的机器又将对人类怎么样？看出我的兴趣，温斯顿教授慈祥地说："放心吧，到目前为止，我们还是独一无二不可替代的。"——听了这话，我怎么更不放心了呢？

几个月之后，我徜徉在英国伦敦桥附近的老码头。两百年前，一艘艘蒸汽轮船在离这里不远处停泊，来自全世界的货物被用小船拉到这里上岸，工人们手推肩扛,把卸载的货物运进仓库。今天,一座座过街天桥连接起时尚的咖啡馆和餐厅,人们再也听不到工人们笨重的脚步和喘息。每一次工业革命都会让一些人丢了饭碗,就像珍妮纺纱机让印度和中国手摇纺车的妇女失去生计,汽车的出现代替了马车夫的工作等等。但人工智能技术的快速发展与之前的科技革命不同的是,它不仅在取代一些重复性的体力劳动,也开始取代人类的部分脑力劳动。根据麦肯锡的调查,70%以上的人类职业将被机器改变,甚至取代。助理、客服、记者、会计、翻译、律师、医生、股票交易员、信贷员这些白领工作已受到威胁。原则上,那些可重复的、可描述的、有固定规则和标准答案的工作,都可能被机器代替。人工智能对每个行业自身从业者的分化,比跨行业的影响还要突出。在中国和日本,已经出现了人工智能主持人。哈哈,它们保证不会说错话,还能有分身术,同时出现在不同的采访现场。看来我的饭碗也难保了!

机器甚至把"手"伸进了艺术领域。2018年,佳士得拍卖行第一次拍卖了人工智能"创作"的艺术品。在我的采访过程里,英国法尔茅斯大学的西蒙·科尔顿教授就以人工智能"绘画傻瓜"为骄傲。"绘画傻瓜"不傻,它已经学习了上万种绘画方法和风格,还能根据每天的新闻,选取合适的"情绪"来进行创作。"绘画傻瓜"的作品算得上是艺术吗?

当我拿着它的作品找到画家叶永青先生时,他的解释是:"人的艺术是关于我们的主观感受的,常常是我们的偏见,我们自身的不完美定义了作品。但机器的作品看上去'很正确',它似乎还是关于'方法'的,而不是'理念'的,更难以表达意义。"当时,我的儿子正在大学读艺术史和视觉艺术专业。他认为,"人类的艺术创作是一种'表达',而机器的只能算是'反应'。"我对他刮目相看。

人工智能能判断"美"与"丑","善"与"恶"吗?能不能把人类的价值观"预设"在人工智能里呢?有人做过一个网络调查,"如果一辆自动驾驶汽车遇到特殊情况,路上的两个行人中必有一人会被撞到,请问你认为汽车的预设程序里应该优先救谁的性命:老人还是孩子,男人还是女人,公民还是罪犯，银行家还是乞丐……"做测试的人们一开始似乎能做出选择，渐渐地却失去选择的信心。如果人对自己的价值观都无法达成一致，该怎么设计机器呢？结论其实是："我们必须这样设计自动驾驶汽车，那就是让它尽一切可能避免出现在这样的困境里。"

无论过去，现在，还是未来，人类最大的敌人就是自己！机器没有善恶，它们只是放大了人性的善恶。

人工智能就像一面镜子，照见人类智能的神奇。机器靠大数据学习，人类却能凭借小样本举一反三。一个孩子见过两三只猫就知道什么是猫。当孩子与猫玩耍时，孩子在动，猫也在动，我们的头脑善于在这种互动中从多领域获得知识，并建立认知世界的模型，再应用到日后的实践中，解决新的问题。人类大脑皮层的神经网络（我们拥有100亿个神经元和突触）启发了机器学习的卷积神经网络系统，大大提升了机器识别的准确率。那么反过来呢？人工智能也让我们认识到，想象力与创造力，同理心和交流能力，都是我们人类智能的特点。CSAIL的主任Daniela Rus女士说："让我们把计算和记忆的事交给机器，把人类最擅长的综合思考和创造力留给自己。未来的世界是人机合作的时代。"机器的归机器，人类的归人类。

2018年，《杨澜访谈录》的团队制作了12集文化探索节目《匠心传奇》，似乎正是对探寻人工智能的回应与平衡。科学与艺术，就像文明的一对翅膀，鼓动起时代的劲风，留下人类的精神印迹。

天工开物，匠心造物。凡造物者必具匠心。"心"在中华文化里有复杂深厚的含义，它既是对世界的认知和判断，也是情感和意志所在，即朱熹所谓的"道心"。至王阳明的心学，格物致知，天理即在我心，所以"你未看此花时，此花与汝心同归于寂；你来看此花时，则此花颜色一时明白起来，便知此花不在你的心外"。所以翻译起来，这"心"不是Heart，倒是Mind更贴切，但它不仅仅是理智，更包含着情感与灵性，道德与良知。

意匠之心，设计之心也。意匠与工匠不同，意匠是具有创造性思维，有格局和审美高度的设计师。"意匠"一词最早出现在晋代陆机的《文赋》中，这是中国第一部关于文学创作的理论著作。其中有"辞程才以效伎，意司契而为匠"，指的是文章的立意和构思。后来其寓意融入了新的语境，成为设计营造的代名词。意是意念，意象，意境，意味，"意在形先，匠心独运"。他们让设计从"技"入"道"，以"器"载"道"，启发人们关照内心，思考人与人的关系，人与自然的相处等。"意匠"是《匠心传奇》所挖掘和关注的核心，它对应了国际上Retro-innovation的理念，指在追溯历史中汲取灵感，在传承中创新创造，用未来回应过去。

云锦是灿若云霞般的织物，工艺非常复杂，熟练的工人一天也只能织五六厘米而已。明代宋应星在《天工开物》中曾说："凡工匠结花本者，心计最精巧。画师先画何等花色于纸上，结本者以丝线随画量度，算计分寸秒忽而结成之。张悬花楼之上，即结者不知成何花色，穿综带经，随其尺寸，度数提起衢脚，梭过之后居然花现。"今天看来，这结花本的功夫就是计算机编程，由织机较高位置上的工匠层层释放，传导到一层的织工手中，展现了古人出色的空间想象能力。金文先生是云锦织造的非遗传承人。他接到复制万历皇帝龙袍的任务，从起稿，做意匠，到结花，上机，织造，任由上百万条经线，上千条纬线，交织出上亿个结点，竟没有一丝一毫的差错。在不同时间，不同温度、湿度下织出的图案，提花花纹严丝合缝，应该是人力的极限吧。这种技艺的娴熟已经达到直觉的地步，意到手到，甚至都不必用眼睛看。庄子曾记录孔子遇到一位善于粘知了的驼背老人，他"虽天地之大，万物之多，而唯蜩翼之知"。孔子感叹道："用志不分，乃凝于神。"庖丁解牛，熟能生巧，出神入化，也是同样的道理。

"得之于手，应乎于心"，服装设计师马可希望用更简单的方式达到更高品质的生活。返璞归真，回归自然是她的理念。用传统工艺纺纱织布，用天然染料染色，再加手工缝制，这种慢节奏的生活是她对当下快节奏社会的回应。在交友做事都务求功利，务求"有用"的时代，她以"无用"自诩，呼唤人们重新发现传统手工艺的价值，也重新审视自己的内心，以及我们与自然的关系。她的"意"不仅是意境，也有了意义。她用上万条蚕宝宝在立体框架上直接吐丝而成的服装，再无一针一线的添加，被命名为"天衣无缝"。天与人共同完成一件作品，其不确定性，正是这件作品的妙处所在。

心无旁骛，浑然忘我，这不就是心理学中的"福流"，佛学中的"正念"吗？现代人的诸多烦恼与痛苦往往来自过多的欲望，心思漂浮。我们手上做着什么，脑子里却想着其他，嘴上说的是另外的什么，身心分离，焦虑不堪。而我发现，意匠们在设计时，手做时，都全神贯注，心态沉静，眼神明澈。漆器大师甘而可说，他早晨开始做漆，就忘了时间，一晃天怎么要黑了？真有"洞中方一日，世上已千年"之感，内心充满喜悦。意匠在积年累月的创造中，个体本身也在发生变化，所谓人磨漆，漆磨人，就是磨性子。磨掉虚浮焦躁之气，练到心平气和。造物也是修身。

心手相印是幸福，心心相印就是和谐。意匠们对自然和人性的观察与领悟，设计时的想象与创造，制作时的心手之灵巧与和谐，给予器物以情感的温度，最终在观看者的内心引发共鸣与感动。这，大概就是人类智能的美妙传递吧。还有一个因素，就是时间。甘而可先生做一只漆瓶，往往需要两三年的时间。有一天，他的太太揶揄他说："你看咱家门口的平地上起了一座楼，而你连一个瓶子还没做完。"甘而可回答说："楼房如果品质不好，几十年就要拆掉。而我的瓶子，三百年也不会变形。那时候会有人捧着它，欣赏到它的美，体会到我今天的用心。"

此心，就是我们与机器的区别。

/ 一问 一 世界 /

"打开未来界面,看遍人间值得,50岁的大女孩杨澜引领20岁的《杨澜访谈录》,即将开启的是一个价值与流量共舞,精神与看点并存,灿烂与魔幻联动,成熟与成长交互的大时代。"

我们该从哪里开始？

"黑天鹅、爆冷"，在2016年11月9日，迅速发酵成为全球热词。

这一天，中国北京一场原本温馨的欢迎晚宴也由此降温。当没有任何从政经验的商人唐纳德·特朗普战胜前国务卿希拉里·克林顿赢得总统选举，成为美国第四十五任总统的消息传来，作为主人一方的杨澜，从宴会主宾、哥伦比亚大学校长李·布林格先生的表情中读出了四个字：如丧考妣。

"我们的同胞在想什么？为什么会选择这样一个人？这真是美国政治历史上非常黑暗的一天"，对于这位母校校长的惊愕与困惑，杨澜的共情更多来自媒体人的角度。"美国总统大选应该是2016最成功真人秀吧，媒体的新闻版和娱乐版彻底打通。"未及等待晚宴的结束，李·布林格就与杨澜等中国友人匆匆作别，提前结束中国的访问之旅，返回了哥伦比亚大学。

令人大跌眼镜的大选结果给美国各高校普遍带来震惊和困惑，次日，为回应校园的焦虑气氛，布林格校长发表了《致全校师生书》：我一生中都从未经历过这样的抉择：这一选举结果既获得了大量的支持，也引发了同样多的不安不适。为此，他提出了三点建议：1.把心中所想表达出来；2.尊重不同意见，理性探讨，拒绝暴力；3.坚持学术研究和学习，因为这不仅是大学的使命，也是弥合分歧之路。

狗血剧的反转，正是历史性的拐点。精英和网民，主流媒体与社交媒体，特朗普与希拉里，到底谁抢了谁的风头，谁又动了谁的奶酪？解读布林格校长的不安与不适，更加剧了杨澜心中的一个疑问：为什么那么多聪明人的预判都是错误的？智能的定义和法则到底发生了什么变化？

探寻答案之旅，其实早在2016年年初就已经开启。这一年是《杨澜访谈录》蜕变的一年，从周播电视栏目转向某一领域的深入挖掘与报道。而新的出发点，是一部名为《探寻人工智能》纪录片的策划与拍摄。

人工智能与杨澜，这是一个不那么符合逻辑的概念链接。但在总制片人李志新的眼中，杨澜的这个选题非常精确。毕业自理工大学工业电气自动化专业，本应该成为一名电气工程师，但是这位理工男却选择进入了媒体领域，只因为更喜欢人文。从科学和人文的两个视角观察策划会上的杨澜，人工智能选题所激发出的创作亢奋，分明是德先生和赛先生在互联网时代的创意共舞。只是这样的跨界之舞，在《杨澜访谈录》用20年时间铺设的红毯上，能够成为杨澜最佳舞伴的不是明星，不是政治家，而是真正的知识精英，与比尔·盖茨聊互联网，与马云聊电商，与曹国伟聊微博，与杨致远和李彦宏聊搜索，与李开复聊语音智能，与张亚勤聊云计算，与马斯克聊无人驾驶，记录他们的思考的动向，其实就是一个时代的方向，而就在与他们的互动中，杨澜的整合力、领悟力、思考力显然已经远远超越了一个文科生的局限。

记录一个人和他的时代，不只是记录已经发生了什么，而是即将要发生什么。沿着知识英雄们提供的路线图，杨澜看到的不只是万物互联的互联网时代，而是在超强的计算能力、互联网和大数据的助力下，即将开启的万物智能时代。

思想永远前瞻，转身即在前沿。但是，杨澜和她的团队很快发现，制高点的风光确实很酷，但也确实是高处不胜寒。作为一档没有噱头，只有价值，欠缺浮夸，写满认真的诚意之作，它一开始，就遇到了市场的冷脸。当人工智能项目进入招商的时段，因为播出周期与商业回报的种种问题，广告赞助方用沉默表示了拒绝。

"1年时间，5个国家，20多座城市，30多个顶尖实验室，80多位行业专家"，这是《探寻人工智能》纪录片的"大数据"，而支持这份大数据的资金与费用，直到濒临开拍，还没有一分钱到账。这让主管项目商务的李志新焦虑无比，却又无计可施。

车马已动，粮草需要先行。怎么办？此刻的杨澜，发挥了大BOSS的决策力："我们自己投资！兄弟姐妹们，我们出发！"

自人工智能元年出发，这真的是一次说走就走的旅行。由于团队中更多的是女生，李志新担负起了大管家的角色。为了节省经费，有境外自驾游经验的他自动担任了义务司机。在美国采访期间，有次需要从波士顿转场到纽约拍摄，由于需要拉运大宗的拍摄设备，他租了一辆面包车，带领着同事驶上了两座城市间的高速公路。由于对路况不熟悉，导致在高速路上提前下路，结果反复绕了几十英里，才又找到这条高速路的入口。重新上路之后，又发现车快没油了，于是，到处去找加油的地方，终于找到加油站，才发现加油站一律自助，付费的时候还必须使用专门的银行卡。好在经过几番折腾，终于得以正常行进。从波士顿到纽约，本来是4个小时的路程，结果李志新一行从下午五六点出发，凌晨三点才抵达。

经历美国高速路的午夜狂奔，当他们与先行抵达纽约的杨澜会合时，一时间大家都唏嘘不已。虽然油费是多消耗了些，幸好一车人都是安全的，也没有耽误第二天的工作计划。

从美洲到欧洲，从欧洲到亚洲，杨澜带领着团队，以探寻者的身份去设计每一个问题。机器真的比人更聪明吗？有一天我们是否会被他们取代？世界各地的顶尖实验室里正在发生些什么？机器会将人类的智能拓展到什么样的边界？他们是谁？而我们又是谁？杨澜之问的功能并不体现在科普人工智能，而是成为普罗大众与人工智能的翻译者。从现实和伦理的角度解密"智能"技术界面，关注人类生存与发展的共同命运。

从顶尖实验室到顶尖智能研发机构，杨澜亲身体验到了人工智能诞生60年后的第三次浪潮，那就是人类与机器的互相赋能。智能的能量在商业、生活、艺术领域不断释放和升级。会思考的机器，辨认出猫的机器，与人类谈情说爱的机器，打败围棋大师的机器，抢了人类饭碗的机器。这分明是智能时代诸神的狂欢。只是到底是狂（疯狂）多一些，还是欢（欢乐）多一些？在冰凉的智能机器中穿梭,如同穿越自己大脑中的神经元和突触网络。如果人工智能改变世界,谁又来改变人工智能?杨澜的访谈带着温厚的悲悯,调度着对面科学家们的思绪,从自然科学王国神游至人文哲学的领地。

2016年8月,正值美国大选期间,在哥伦比亚大学,杨澜采访了生物学教授、诺贝尔生理学或医学奖获奖人埃里克·坎德尔。当杨澜问道:"您担心超级智能会统治人类吗?"教授发出了爽朗的笑声,回答道:"比起超级智能,我更担心特朗普!"三个月之后,当他听闻特朗普当选的消息时,是否依然会发出如此的笑声,还是会像布林格校长一样沮丧?面对未来的不确定性,诺贝尔级别的大脑也会陷入偏见的误区。

无论亢奋,还是不安,无法改变的是"互联网+特朗普"时代的来临,这是智能互联的时代,是大数据所裹挟的人工智能威力爆炸的时代。借鉴顶尖专家的知识点,借力顶级智能的融合度,杨澜也在生成着自己的独立见解,回应着自己心中的那个问题——为什么聪明的人会预判错误?

因为在信息时代,人们更倾向于生活在信息过滤的"气泡"中,只接收自己喜欢的信息,而对客观真相失去认知。在这种情形下,依靠大数据分析的人工智能推送方式推波助澜,让公众舆论有更多可能被政客和商业操纵,从而给民主政治的根基带来冲击。在由大数据支撑的信息时代,再度认知并引领这个世界,需要的不是升级自己的聪明,而是通过新的学习去颠覆旧有的逻辑系统。尤其是传统的知识精英阶层。

所谓AI时代的聪明人,不是盲目的乐观者,不是无端的恐惧者,应该是积极参与人工智能,知晓如何与人工智能合作共进的学习者。"或许我们每个人都应该问问我们自己:我们能为自己做些什么?智能时代,人工智能都在奋发图强地'深度学习',我们人类更不能停下学习的步伐",笃信功课主义至上的杨澜时刻不忘在自己的节目中推销无往不胜的终身学习观。

历时一年的精心采访与制作,2017年5月,《探寻人工智能》在江苏卫视与网络同步上线播出,仅在优酷网4个月就累积了近2500万点击量。杨澜根据节目素材而写作完成的同名文集《人工智能真的来了》荣获江苏省科普作品一等奖。

虽然从商业角度衡量，这个项目是亏损的，但是，无形中的收获正在显示出巨大的蝴蝶效应。从中国到世界，许多人工智能领域的相关论坛都邀请杨澜担任专家主持，《杨澜访谈录》团队也仰仗"人工智能"主题领域的先锋创作力，成为媒体圈最为引人注目的超级科教派。

而这些，恰恰是杨澜最为看重的价值所在。

未来已来，你敢不敢来？2018年，好消息传来。《探寻人工智能》第二季尚未开启，广告赞助就已经尘埃落定。对于杨澜，对于李志新，对于《杨澜访谈录》，这是一份略微迟到的点赞，只因为它来自未来。

可以给我一些提示吗？

好创意永远是时间的玫瑰。但前提是，要一睹它的稀世美颜，先须消受它的香味。

虽然名字中有个"香"字，黄桂香还是被一种独特的香味击倒。它是来自安徽屯溪黎阳老街"徽州漆器髹饰技艺"传承人，漆器大师甘而可工作间的生漆味道。

作为《匠心传奇》的制片人，自2017年下半年开始，黄桂香就奔波于前期的采访与寻找大师的路上。毕业自复旦大学新闻学院，在CCTV《东方之子》栏目就曾经制作"匠人"系列，黄桂香的职业追求与个人趣味在《匠心传奇》中得到高度统一，那就是追索那些值得追逐的"自由而无用的灵魂"。一次差旅南京，工作告一段落，按照本来计划是打道回北京，但是心心念念的一位大师甘而可就在附近，这让黄桂香转向西南方，乘坐火车奔向黄山。这一去，只知道大概的方向，甘先生的家和工作的地点一概茫然。于是，黄桂香在火车上搜索信息，果然妙手偶得，查阅到了他的工作室地址。

虽然莽撞但是也非常幸运，甘先生正好在工作室，面对远道而来的不速之客，他没有被惊到。倒是刚刚踏进门的黄桂香先被倾倒。映入她眼帘的是工作室展示空间内的一只瓶子，不同于她见过的古董瓶的繁复雕琢，也没有新仿品的刻意矫情，它器形饱满，造型简洁，非常符合现代人的审美，尤其是布满瓶身的神秘花纹，用流光溢彩形容简直太LOW。"您能给我一些提示吗？这种纹理来自哪里？"看到黄桂香对自己作品的真心喜爱，甘先生毫不吝啬地与她分享了自己最为得意的艺术作品。

一件金丝楠木擦漆提梁盒，外部以金丝楠木为面，以小榫嵌紫檀如意云头为角，模仿出明式样的铜片包角。只看外观就已经令人惊叹，在甘大师的提示下，黄桂香掀开之后，没想到内部另有乾坤，光亮无比的盒子底部，竟然可以映照出自己的眼睛！仔细打量，又发现了与刚才那只瓶子上相似的神奇纹理。正是在这件被黄桂香戏称为"哇盒"（谁一掀开，都会发出"哇"的惊叹）的艺术品里，她真切感受到了这位漆器大师的极端手作——"犀皮漆工艺"。为了了解更多的细节，在进入二楼生漆工作间参观时，竟没有听从甘先生"生漆有毒，含有强烈的漆酸，极易造成过敏"的提示，黄桂香在这里竟然停留了1个小时之久。

这次见面，虽然是黄桂香与甘而可的第一次见面，但经由电话与微信，他们之前已经对接多日，沉浸于自己的创作，不想被过度打扰的他选择了委婉地拒绝。这次见面热情是热情，投缘归投缘，当黄桂香当面向他再次发出做节目的邀约时，对面的大师依旧没有应承。

甘而可先生这种非功利性的创作精神与处世态度，恰恰是杨澜在创意策划《匠心传奇》时最想寻找的"意匠"。这档"致敬匠心"的节目起始于2015年，它所面临的挑战不是从娱乐节目丛林中"杀出血路"，而是要在同类的文化旅行节目中"脱颖而出"。当"手作""匠人"成为小资文艺生活的关键词，"匠心"也越发成为一些节目的卖点。如何致敬匠心？如何定位大师？杨澜带领整个团队在努力寻找一种概念。"意在形先，匠心独运，'意匠'所蕴含的既动心思，又有活动和体力的身体实践是非常具有未来性的。在普遍处于分裂的现代社会，'意匠'的本质是一个重新塑造人的过程。"在一次策划会上，当听闻清华大学美院苏丹教授对于"意匠"的阐述之后，杨澜与苏丹迅速达成共识，节目的核心概念终于得以落地：对于传统艺术，我们不仅要关注过去，更要指向未来。"意"在形先，"匠"心独运，我们希望用"意匠"的信念，创造出属于当代的时代精神。

从概念落地到意匠现身是一场你进我退的人际战争，全组发动了所有力量去进行前期的调研与多轮的名单筛选。当黄桂香返回北京，向杨澜当面汇报与甘而可见面的具体情况时，才发现自己的皮肤上出现了许多神秘的红点，可怕的是它们在迅速扩散，竟然波及到了自己的面庞和眼睛，最严重时，双眼俨然肿胀成一条缝隙。直到此刻，一直误认为新使用的化妆品是罪魁祸首的她，蓦然想起了甘大师"生漆过敏"的提示。"即使再受伤，也是人间值得"，看到自己的制片人如此执着，更加坚定了杨澜邀请甘先生的信心，于是，她亲自向甘而可发出了微信："甘先生：您好。作为媒体人我一直关注文化艺术、科技等领域的发展，以及中外文化的交流与碰撞，并希望不断产生优质的节目来满足观众精神方面的需求。某种程度上来说，我们做电视这一行也是一种手艺活，靠的是精益求精和持续创新的匠心。我最近正在制作12集系列片《匠心传奇》，跳出传统节目偏重历史传承和手工艺本身的窠臼，而以国际化和年轻化的审美眼光突出意匠大师在艺术创意和工艺创新方面的成就。漆器方面您是不二人选，所以诚恳地邀请您接受我的采访。了解到您专心创作、为人谦逊，对接受媒体采访尚有顾虑，我们对您更多了一分敬意，只有拿出更精美的节目，让更多的人了解漆器艺术之美和您的匠心独具，并由衷地欣赏和支持这一艺术门类和工艺的持续发展来回馈您的信任。"杨澜真挚的邀请终于得到甘而可的热情回应："杨澜女士：您主持的节目在国内外有很大影响，您的智慧优雅的形象也是我们国内的骄傲，我只是一名普通的手艺人，静心劳作，做好漆器就是我的本分。从去年起就谢绝了大多数的采访要求，主要是想抽出更多的时间实实在在地做出漆器精品，对您的厚爱和信任我非常地感动，也非常感谢。我曾经做出决定，在较长一段时间内不再接受任何采访，虽然我的内心还是有一定的顾虑，但是您的盛情邀请让我非常感动，我会尽力配合。"于是，经过一波数折的联系与沟通，一场惺惺相惜的美好合作拉开了帷幕。

《匠心传奇》集中拍摄是在七、八月份。从台南的竹山镇到安徽屯溪，一路炎热。在屯溪甘而可工作室，拍摄杨澜拉坯的那座二层小木楼，是典型的徽式建筑，密不透风，中庭有个天井，里面的人好像井底之蛙。三十多人挤在里面，拍摄现场大灯烤着，汗如雨下，杨澜热得妆都融掉了，甚至在播出画面里都能看得见。而且这个场景整整拍摄了两天。有了自己的前车之鉴，黄桂香担心得不得了，生怕大家会过敏，尤其是杨澜和嘉宾张晓龙。不过好在一众人都没事，有惊无险。

最热的一次拍摄是在8月下旬茅台镇。茅台镇处于河谷地带，特殊的地形造成了它独特的湿热气候，所以才形成了富有活力的微生物群落。执行总导演赵斌热得就像从水里捞上来一样，杨澜也热得中了暑。最冷的一次是1月22号和23号，拍摄折纸大师刘通。因为经费紧张，制片江波在北京南郊的一个犄角旮旯找了一个影棚：没有暖气，通风大开间。23号是2018年最冷的一天，没有之一，体感零下15℃。所有人冻得双脚麻木，双手僵硬，盒饭打开瞬间冰冷。从早上9点到晚上10点，整个团队在寒冷中坚持了13个小时，结果节目录完，杨澜得了感冒。

匠心就是深耕于自己的领域，在时光里耐心打磨，高度坚守。杨澜和团队分明也在极致的体验中接近着"匠心"的真谛。最拼杨小姐，我等怎怠慢，看到拍摄现场被工作虐到疲惫不堪，仍精力满满的杨澜，团队的同事们爱用杨澜鼓励他们的方式回敬老板："您的身体真好！"这不是恶作剧式的"复仇"，而是一种调侃语态的"不忍"！

冰火两重天的消磨，在杨澜看来，创作和拍摄《匠心传奇》的时间却是近年来她最为放松，快乐指数最高的时光。路过这些意匠们的全世界，杨澜不仅看到了人类的审美，即认知这个世界的抽象和提炼能力，而且看到了人类的原创精神，意匠们不只是复制了他们看到的东西，他们更创造了一个全新的东西。最难忘的经历，是杨澜邀请嘉宾与意匠制作联名款的实践与体验过程，这是人类心智和手之间特别复杂又特别高妙的交互与联动。在甘而可工作室体验制作漆器，经受人磨漆，漆磨人的考验；在无用家园，向马可学习扦裤边，习得技与艺的内在关系；在金文工作室手作织云锦，领悟创意知与行的统一；与李游宇一起温故汉光瓷的制作流程；在茅台镇学习古法制曲，见识时间大师的无上魅力。亲自体验的片段虽然不长，却可让现场的杨澜心无旁骛，在手与心的互动中进入高度的专注，实现身心灵的高度融合，抵达一种近似高峰体验的放松。

　　隐匿于意匠大师背后的是无形的时间大师，但是，时间并不会在意匠的作品中停滞，而是成为激发作品当代意义和未来价值的发酵剂，当代表达，指向未来。意匠们摒弃的是现实的功利心，捍卫的是与当代和未来发生能量交互与共鸣的创新与创造。正如著名诗人、作家博尔赫斯在《瓜亚基尔》中的感叹：在时间的长河中，一个人如果压倒一切，取得某种标志性的胜利，不是因为他能力超群、能言善辩，更多时候证明他无惧岁月，面对时间具有更多耐心和更坚强的意志。

　　自隆冬出发，经历盛夏的淬炼，以意匠精神寻访意匠，在12座城市、乡野之间执着采撷人类创意的精华，当杨澜和她的团队行至金陵南京，竟然在金文工作室发现了与节目创意完全相同的创意文案——意匠图。在云锦创作系统里，只有先设计意匠图，才可以上机织造出云锦的经纬线，直至生成若齐梁诗人张率在《绣赋》中所言的"总五色而极思，借罗纨而发想。具万物之有状，尽众化之为形。既绵华而稠彩，亦密照而疏明"的绝色云锦。这不正是杨澜一行人苦苦寻觅的"意在形先，匠心独运"吗？这难道不是来自祖先的神谕，抑或智慧之神的提点吗？如此神秘又精密的巧合，为《匠心传奇》更平添了非凡的传奇色彩。

　　如同祖先级别的意匠用结绳记事的方法完成意匠图，《匠心传奇》的打开方式，也是将人类生活最平常的物质如炭、树皮、绳子、麻布、竹筷、高岭土等设置为"匠心之谜"，它们分明就是一个个神奇的密码开关，由它们所打开的传奇，不仅是杨澜和《杨澜访谈录》的传奇，更是人类智能的传奇。

我们接近了吗?

一种恐惧来自对于未知的想象;一种恐惧来自亲眼看到了未知。在探寻人工智能与人类智能的旅途中,杨澜经历的两次恐怖时刻,也许都属于后者。

"恐怖谷"理论是日本机器人科学家森政弘提出的,即当一个机器人试图像人但还未达到以假乱真,人们会对此觉得恐惧和不舒服。在日本,当杨澜走进另外一位机器人科学家石黑浩教授的研究室里的那一刻,她感觉一下子进入了"恐怖谷"。因为她看到了一个长得和石黑浩一模一样的机器人,一动不动地坐在那里,从皮肤到皱纹,甚至身高与真人几乎完全等同,都是1米75。更逼真的是他的表情,也是非常严肃,甚至下意识的微小动作,包括微张的嘴巴和猛然抽搐一下的脑袋。"他会不会突然起身?会不会突然扑向我呢?"一瞬间,杨澜竟然有逃离工作现场的冲动!

作为日本著名的机器人专家,石黑浩教授一直在打造人形机器人,金属的骨骼,硅胶的皮肤,可以做出多种面部表情,脸、颈、肩、腰都能运动。依据人脑有识别同类的机制,所以他相信对人类而言最好的界面就是人形。他追求的是每个细节都像人,外表、举止、言谈都要与人无异。为了更趋同,他甚至还在石黑浩机器人的毛发里添加了自己的真发,其终极目标是做出能灵活地与人社交的人形机器人。

"为什么会热衷做出如此逼真的机器人?"石黑浩的回答确实出乎杨澜意料:"事实上,我对机器人不感兴趣,我更感兴趣的是人类自身,我造了这个非常像人的机器人,我想了解人类是什么。"

通过机器人来审视人类自己，石黑浩将机器人作为理解人类的工具。正如人工智能科学家用机器人作为镜子反观人性，艺术家们也会用更极致的介质作为参照系，来呈现自身对于时空的主观见解。

叶锦添是横跨电影美术、服装设计、当代视觉艺术多个领域的著名艺术家。他擅长从传统中生出时尚，创作游走于虚实之间，浓墨重彩又气势恢宏。当他以意匠的身份在《匠心传奇》展现自己的恢宏创意时，工作室内巨大的真人版Lili着实让杨澜吃了一惊。

"这个Lili有多高？您为什么会做这么大的Lili？""她站起来的话有6米左右。她的人物形象做得大了，她的一些情绪也相对应地会被放大，当你注视着她的时候，她表达出来的情绪会让你震撼。"震撼是叶锦添想给这个世界的刺激，在做自己的"流形"艺术展时，他正是用3个巨型Lili连接起了过去、现在和未来。

从外观上看，Lili是一个十六七岁的混血少女，面无表情，异常平静。但Lili不是Lily，"Lily"是一个名字，而"Lili"是一个代号。她象征着一种存在，是对当下个体身处多元世界的镜像呈现。对观看的人来说，也是某种回忆载体。叶锦添带领她接触不同的地方、不同的人和物，到东京、伦敦、巴黎、布达佩斯……把她与当地的普通人放在一起，让他们与自己的过去对话。就像一根哈利·波特的魔法棒，把她放哪儿，哪儿就产生了叶大师与这个世界的连接。

好像是没有灵魂，但却想把灵魂找回来。无论是石黑浩双子机器人的"假作真时真亦假"，还是叶锦添Lili的"时间之上，流形之美"，人类分明是那个看不清自己，也看不清同类的笨拙小孩，我们在寻找一面又一面镜子的征途上，寻找回来的往往是一个又一个问题。

"他们为什么恨我们？"2001年，"9·11"恐怖袭击发生后，这是来自美国著名印度裔记者、时事评论家和作家法里德·扎卡利亚的提问。即使是同样的人类，在不同文明的交锋处依然有难以弥合的沟壑。成长于印度穆斯林贵族家庭，来自父母的最初启蒙以及在耶鲁、哈佛的后天熏陶，使得法里德·扎卡利亚成为了伊斯兰文明和西方文明的双语解读人，他的节目和文章多以分析和评论世界各国的经济、政治局势而闻名，被称为"这个时代最有影响力的外交政策顾问"。知识分子的专业与审慎加之跨文化沟通者的自由与多元，也使得他担任主持人和制片人的CNN时评类节目《法里德·扎卡利亚的环球公共广场》受到杨澜的欣赏与关注。只是，睿智如扎卡利亚，也无法摆脱被同一个问题纠缠的困顿。2014年，他再一次提出了这个问题：13年后，他们为什么还在恨我们美国人？扎卡利亚同一个问题相隔的时段，恰恰是人类被互联网浪潮卷裹的技术主旋律时代。

就在这一年，91岁高龄的美国外交家基辛格出版了《世界秩序》一书。"互联网技术超越了战略和学说，至少现在如此，在这个新时代，对于能力还没有共同的解释，甚至没有共同的理解。对于使用这些能力，尚缺少或明或暗的约束。当隶属关系不清的个人也能实施野心和入侵性的行动时，国家行动这个概念也变得模糊了。"科学的进步并不能保障文明的昌盛，对于人性，科学同样是一把双刃剑。技术的发达，无法改善人性中的善和恶，它能起到的作用只是加剧人的能力范围。

技术、均衡与人的意识，无论是他们的，还是我们的，相同问题在人类社会的死循环，是昭示着智能的衰退，还是文明的停滞？

"我想理解这一切为什么会发生。那些昨天还在欣赏海顿、莫扎特、贝多芬的人，为什么会杀害犹太人？"结合自己的亲身经历，为了了解人类心智的本质，哥伦比亚生物物理学家坎德尔教授在人类记忆领域潜心研究，发现了越经历重复的刺激，越容易在人类神经元或突触之间形成互动和连接，就越容易形成人类记忆中的"难忘"。

"'9·11'让美国新闻人反思，为什么我们没有能够及时、充分地告诉美国人民，在世界上的一些国家存在着对美国这么深的仇恨？"2002年，作为《杨澜访谈录》的嘉宾，新闻主播丹·拉瑟现场所说的这句话，仍然令杨澜难以忘怀。十六年间，在技术创意强力刺激下的媒体与媒体人，是继续屹立于大时代的船头做瞭望者，还是成为制造言语和视像垃圾的网络操盘手？这是互联网时代媒体精英的自问与反思。

从媒体人的角度与智能互联大时代对接，探寻人工智能，解密人类智能，杨澜的智能探寻之旅正是新一轮反思的开启与行动的探索。作为资深媒体人和企业家，她不仅关注人工智能给人类生活带来的福利，也关注人工智能对民主机制的影响，对民意的控制与绑架。解密人类智能，更多从人文和人性的角度，思考互联网时代人类创造的传承经典与现代表达，在艺术与生活之间，定位人类智能不可替代的永恒能量。这个过程是被困扰、被惊吓、被震撼，也是被颠覆的过程，正是在这个过程中她打开了人际与人机的两个大界面，得以在AI与爱的交融处看到了数条蕴含无限可能的边界。

边界

这是一条失序时代需要用理性重建的边界。基辛格著作《世界秩序》出版两年后，美国对外关系委员会主席、曾担任前国务卿鲍威尔幕僚的理查德·哈斯所著《失序时代》中文版面世。对于秩序的概念，无论是基辛格从历史的角度断言"从来不存在一个真正全球性的'世界秩序'"，还是哈斯从主权的立场主张重建"世界秩序2.0"，两位作者最后都将"对话"视为解决秩序问题的途径。

对话，而不是战争，前提是双方人类要让理性占据上风。"几千年来，思想的交流与探讨，除了交流信息中的实质性内容，还涉及情感和心理维度，它能让人了解对方的信念和个性。当今网络文化非常奇怪，使人不愿面对面交流，尤其是一对一谈话。"基辛格的说辞再次证明了《杨澜访谈录》式的 one on one 才是人类让失序时代回归秩序时代的理性选项。

这是一条社交媒体与主流媒体正在消弥的边界。2016年11月18日，杨澜和先生吴征一起出现在墨西哥城，参加佩利媒体中心举办的国际媒体峰会，与世界200多位媒体负责人，共同探讨信息技术革命和政治生态剧烈变化中的媒体经营和媒体从业者。在社交媒体影响力日盛的当下，杨澜呼吁作为专业信息"过滤"者的主流媒体要习得社交媒体的优势，学会倾听，调整讲故事的方式，更要向第一手报道和深度报道发展，增加资讯的"附加值"，打造值得信赖的媒体品牌，给分化的社会提供共识的基础。

这是一条科学与人文不断交融的边界。在探寻人工智能的过程中，杨澜发现了一个有趣的现象，每次请科学家们为节目组留言，他们的表达版本都大同小异，几乎都是"人工智能让人类更美好"，但是，如何才能让人类更美好，不是每个科学家都认真考虑过的问题。在斯坦福大学终身教授、"谷歌云"首席科学家李飞飞的T恤衫上，杨澜看到了最喜欢的这句话：AI改变世界，谁来改变AI。这无疑是交融科学与人文双领域的关键问题。而杨澜在节目中的立意正是以此为核心，每一个设问都指向这里。不仅要关注和懂得如何驾驭和运用人工智能，还要秉承同理心和悲悯情怀，对于人工智能可能带来的社会问题、伦理问题，从媒体记者、普通公众到科学家都应给予应有的关切。做出选择的是人，而不是机器，只有处理好科学与人文的关系，才会实现人类智能与人工智能在未来的协作中和谐共生。

这是一条尺度与率性的移动边界。"生命是份礼物，应该好好庆祝。年年都有惊喜，好坏都要接住。五十回首，前半生相当丰富；人生过半，好戏才拉开第二幕。所谓天命，就是顺其自然，遵循内心的尺度。"50岁生日那天，杨澜发布了一首深情又戏谑的打油诗。当50、30、20成为杨澜前半生的三个重要数据，内心的松弛与坚持，感动与感慨，自律与自由，都在遣词造句的调度间投射下岁月的光与影。20岁的《杨澜访谈录》，50岁的杨澜，数以千计的嘉宾，数以万计的问题勾勒出杨澜30年的黄金时代。

20+30=50，这不是一道简单的数学题，而是一种经验的好尺度。如果可以让自己重返18岁，你愿意拿50岁交换吗？对于杨澜，这显然不是一个对等的交易。虽然，再也穿不上18岁的裙子，再也不会有的是18岁的青涩与迷茫，交付50年学费交换的体验和经验，才是一笔特别了不起的财富。幸福不惟青春与成功，而是内心的圆满与富足。

不想重返18岁，并非意味着50岁的人不可以拥有率性的权利，50岁的杨澜，反而拥有享受任性的最充分条件。90年代的任性出走，青春版本的杨澜呼应着今日90后自我实现的精神需求；不被生存的危机感驱赶，不必慌张地试探与取悦，杨澜的物质条件又与互联网时代在相对优越环境长大的90后高度匹配。基于民主精神的高度尊重，与一双儿女缔结了优质的深度沟通，更给予了杨澜了解这个时代最主流受众思维动向的自信。从内心到精神，都在呼唤着杨澜的新选择，那就是带领《杨澜访谈录》实现真正的回归，回归到纯网的视频时代，回归到one on one的经典模式，"采访我想采访的人，谈我想谈的话题"。是的，那些发光的问题，理应映照新一代渴望发光的心灵，成为他们下载精神价值的热点地带。在一个多生态化内容并存的网络垂直空间里，"人文+极客"版的智慧沟通模本正是智能互联时代《杨澜访谈录》的最好定位。

Big girl，是杨澜对自己和年轻人的新定义。女孩，是对青春与自由的致敬，而大女孩之大，承载的内涵更多是尺度。用大见识滋养精神的贫瘠，用大格局抵抗世俗的平庸，用大胆量承担选择的后果，用大气度消解理想的背叛。

出走多年，归来不一定是少年，但一定是更好的自己。

打开未来界面，看遍人间值得，50岁的大女孩杨澜引领20岁的《杨澜访谈录》，即将开启的是一个价值与流量共舞，精神与看点并存，灿烂与魔幻联动，成熟与成长交互的大时代。

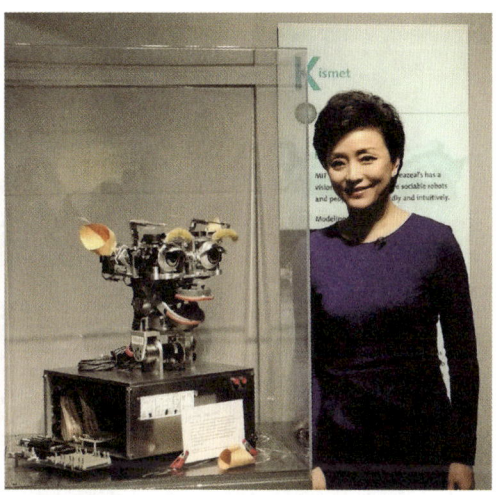

与麻省理工学院机器人Atlas、
Kismet、Domo合照

亲自体验手工艺的过程，让杨澜心无旁骛，在手与心的互动中进入了高度的专注（上图：与云锦织造的非遗传承人金文；下图：左为演员李沁，右为服装设计师马可）

匠人们专注打磨工艺的同时，也是重新审视自己内心的过程（上图：与漆器大师甘尔可；下图：与艺术家叶锦添）

作为日本著名的机器人专家，石黑浩打造机器人的原因出乎杨澜意料："我造了这个非常像人的机器人，是因为我想了解人类是什么。"

2016年采访斯坦福大学终身教授、人工智能实验室主任李飞飞

与马云（上图）聊电商，与李彦宏（中图）聊搜索，与张亚勤（下图）聊云计算。记录他们思考的动向，其实就是记录一个时代的方向

然后呢……

2018年我50岁了,到了应该知天命的年龄。什么是天命呢?

有人愿意用所有财富换回18岁。我不愿意。18岁时的我除了青春还有什么?不错,有好奇,有勇气,有热情,有梦想,有充满胶原蛋白的皮肤……但也有对自己的怀疑,对未来的迷茫,对世界的惶恐,对着心仪的男生不敢表白的尴尬……马克·吐温说过:"如果我们能在80岁出生,然后慢慢回到18岁,生活将会幸福无比。"他的意思是指如果有了人生的智慧,该能避免年轻莽撞时犯下的多少错误啊。可年轻就是用来犯错的。好不容易用那么多错误换回一点阅历,有了一个家,一个朋友圈,一份事业……有了我所珍视的一切。因为不曾虚度,所以不必回头。

清华大学心理学院院长彭凯平教授说:"就个体来说,一个人的幸福更多来自如何把自己的长处发挥到极致,而不是成天跟自己的短处过不去。这就叫悦纳自我。想少一些烦恼,就要分清自己的任务中,什么是紧要的,什么是不紧要的,什么是长期的,什么是短期的,什么是可以控制的,什么是不可控制的。"中国古人说:"知人者智,自知者明。"所谓的知天命,某种意义上,就是心里有了一把尺,对于什么是要紧的,什么是能做的,什么是不愿做的,等等,终于有了点数,有了主见。凡事既不勉强别人,更别勉强自己。

我们这代人有多幸运,要回头看才知道。我庆幸在21岁的时候赶上中国电视改革的当口,正值央视改革人才选拔方式,在没有任何播音主持训练的情况下,在逾千人的选拔中脱颖而出,踏入电视的中心舞台。我庆幸自己有勇气在四年后辞去受人艳羡的工作,出国留学深造,从此进入一个更开阔的世界。那一年，《东方时空》《焦点访谈》等节目才刚刚开播。我感慨在毕业之时又恰逢1997年香港回归，相对宽松的言论环境，使我有机会在香港凤凰卫视开始制作《杨澜工作室》，中国电视史上第一个用个人品牌命名的深度访谈节目。这一做，就是20年。我感谢我的先生吴征，没有他的鼓励和支持，我不可能勇敢地，带着激情和鲁莽，在1999年底创业。那时，民营传媒机构还寥寥无几……

将近三十年，我的媒体生涯正好与中国电视的黄金三十年同步。

这五六年以来，电视访谈节目普遍被边缘化了。一是平台的普遍综艺化、娱乐化，《杨澜访谈录》就屡屡被电视台要求"多采访明星，收视率才有保证"，使得节目组在选题定位上摇摆不定。二是信息渠道爆裂式增长，人们的信息来源多，注意力分散，电视栏目在时效性、新鲜感等方面竞争力下降。三是电视节目的话题尺度比网络更严格，比拼谈话的锐度或深度，力不从心。产业的颠覆也正在发生。先是纸质媒体纷纷关停，然后就是电视的开机率大幅下降。2018年，是电视行业的一个拐点，随着人们的收看习惯迅速地转到移动互联网，已经有一半的人口不看报纸和电视了。随之而来的是广告投放的转移。除了央视和两三家卫视平台外，大多数电视台几乎都处于亏损状态，有的甚至发不出工资。行业政策的不确定性增加，一些电视台巨资购买的电视剧因为内容或主要演员出事而被搁置。收视率作假已成为不争的事实。网络流量作假还只是做增量，而电视收视率作假却是零和游戏，要把某个节目收视率人为做高，就必须从同时段其他节目中把收视偷过去。广告商用这样被扭曲的数字跟电视台对赌，电视台再与制作公司对赌。大家开玩笑说，做电视内容的都要垫资拍摄，还不如开家贷款公司，利息收入都比制作利润高。生态坏了，各个环节的日子都不好过。加上经济结构调整，增长放缓，中美贸易战等诸多环境因素，不少民营企业融资和经营困难，广告投放更是雪上加霜。

与此同时，互联网平台不仅聚集了更多的流量，内容定位也正在变得越来越细分，越来越垂直。高品质甚至烧脑的小众内容照样可以吸引用户，也因为高完成率和复看率而成为新宠。《杨澜访谈录》在2017年和2018年分别推出的科技类纪录片《探寻人工智能》和文化探索节目《匠心传奇》，不仅在江苏卫视播出，同时也在网络上分别获得了数千万，甚至上亿的流量。而线下展览、出版、教育等衍生产品，为文化节目IP的融媒体复合经营提供了更多可能。

让我惊讶的是，近20年中积累起来的访谈内容，还时不时上了热搜。2015年，新加坡资政李光耀先生去世，新加坡有线电视台特地购买了我三次采访他的视频，编辑后播出。因为他们发现，即使是新加坡本国的记者，也鲜有多次采访这位政治家的经历！

这一年多以来，我们接连听到著名人士离世的消息，其中不少都曾出现在《杨澜访谈录》的嘉宾名录中。2017年12月，作家余光中先生辞世，让我不禁想到在2001年的时候，曾经去到高雄中山大学的西子湾畔采访他。余光中先生被称为是"乡愁诗人"，其实他的诗作非常丰富，只不过《乡愁》这首诗最广为人知。他告诉我说，他的乡愁并不是同乡会式的某省某县某村，乡愁也可以升华或者普遍化，成为整个民族的感情寄托。故乡不仅仅是地理上的，也可以是历史的、文化的，乡愁可以是民族的大感情。采访之后，余先生请我到海边走走。夕阳把温暖的余晖洒入大海，海风阵阵，凭添清爽。我们聊起他《七十自喻》这首诗：

再长的江河终必要入海
河口那片三角洲
还要奔波多久才抵达？
只知道早就出了峡
回望一道道横断山脉
关之不断，阻之不绝
到此平缓已经是下游
多少支流一路来投奔
沙泥与岁月都已沉淀
宁静的深夜，你听

河口隐隐传来海啸

而河源雪水初融

正滴成清细的涓涓。

在诗的最后，他写道："河水不回头，而河常在。"让人想起苏东坡的"自其不变者而观之，则物与我皆无尽也"。

每个人都有自己的生死观。2018年3月，作家李敖先生去世。我曾于1999、2001及2010年三次在台北采访李敖先生。世间对李敖有爱有恨，有誉有谤，但没有人否认，他是个快意恩仇、放浪形骸的人。我最佩服他的，不是唇枪舌剑，而是做学问的刻苦。他17岁时一头扎进中国古典著作中，后来又研究西方的文史哲著作，做学问有一种上穷碧落下黄泉的劲头。在没有电脑的时代，他对知识的归纳搜索本领达到令人惊叹的水平。他说，观点大胆固然重要，没有知识支撑总还浅薄。我在采访他时曾问过生死的问题，他说："哈哈，我从不伤感。伤感是一种负面情绪，它刚一出现，我就把它消灭掉了！"他说自己平生最欣赏庄子和伏尔泰，前者在妻子死后鼓盆而歌，认为生死有命，各得其所。后者死的时候嘱咐把棺材一半留在教堂里，一半留在教堂外，万一上帝不让他上天堂，就好从另一端逃走！李敖去世前就安排与自己的友人和仇人相见，想必是相逢一笑泯恩仇了。

这让我想起，他与余光中曾经打过笔仗。有人问余光中："李敖天天找你茬，你却从不回应，这是为什么呢？"余沉吟片刻答："天天骂我，说明他的生活不能没有我；而我不搭理，证明我的生活可以没有他。"哈哈，文人相轻也算是一段闲谈，到了世界的另一头，冤家相遇起码不寂寞。

2018年10月，查良镛先生在香港去世。和许多人一样，我的学生时代也有打着手电彻夜读金庸小说欲罢不能的强烈记忆。比许多人幸运的是，我曾在1998年和2006年两次专访他。他对待接受采访很认真。记得第一次采访他的时候，我们两个人刚一坐下来，他就伸手"抢"走我的采访提纲！真是不公平啊，哪有两个人还没过招，就先把对方的秘籍抢去的道理？更让我尴尬的是那天的手稿写得特别潦草，让先生见笑了。第二次采访时我学乖了，所有的问题都记在脑子里。他看着我摊出的双手，没招儿了。说起来好可爱，这位可以用语言创造出整个世界的大作家，却是一位嘴拙的受访人。他的普通话带有浓重的口音，而且思维跳跃，句子常常不完整，让我这个采访人有时都替他着急，忍不住插嘴道："您想说的是不是这个意思……？"如果我没猜对，他就愈发着急起来，比划着手势试图重述。看到我依然困惑的表情，他自己都会不好意思地笑出来！给我印象最深的，是他的坦诚。他说自己一生中有很多误会：年轻时曾一心想做外交家，却屡屡碰壁；做报人最用心写的是社论，不料却因写着玩的武侠小说出了名。他小说中每一个英雄都有内心的脆弱和迷失，而他也不讳言自己曾经有过痛不欲生的经历，特别是自己的婚外情伤害了家庭，以及儿子的自杀，让他充满自责。他晚年醉心于研究历史和佛法，想必把人生看开了很多。他说中国古代的知识分子有隐士情结，想在平平淡淡中度过余生。他早已看透了名利那些事，也不想再争辩什么。我相信，当他离开这个世界的时候，是平静安详的。那个依旧打打杀杀热闹非凡的江湖看到的，是他绝尘而去的背影。

回想起来，余光中、李敖、查良镛先生所选择的精神归宿，似乎各自偏重于儒、道、释的思想脉络。

2018年12月，美国前总统老布什去世了，享年94岁。我曾在2009年去他在缅因州的家采访他。当时他刚刚用跳伞的方式庆祝了85岁生日，并且选择镇上的教堂草坪作为降落地。"我想改变人们对老年人的偏见，以为他们只会躲在角落里啃手指头。万一降落伞没打开，直接就可以把我送入教堂，可以省去很多麻烦。哈哈！"采访后，他的夫人芭芭拉走过来说："亲爱的，你没有发现你今天穿了两只不同颜色的袜子吗？"他们夫妻感情很好，实际上，19岁的布什就是在这里的海边向芭芭拉求婚的。

我问他："哪件事让你更骄傲，自己当总统，还是儿子当总统？"他说："这是个好问题。这么说吧，儿子能当总统，做父亲的很骄傲。但我更骄傲的，还是自己做总统。哈哈！"

长者以享天年，极尽哀荣。但同辈的离去就太让人震惊和惋惜了！2018年11月，与我同龄的前央视主持人李咏因癌症去世。因为事先几乎没有得到过他生病的消息，他的英年早逝就更让人感伤了。2018年12月又传出55岁的物理学家张首晟教授自杀的消息，而就在几周前，他还在微信中答应为《探寻人工智能》第二季接受我的采访。他对量子自旋霍尔效应和拓扑绝缘体的开创性研究，以及对"天使粒子"的发现，被导师杨振宁认为是"离诺贝尔奖最近的华人物理学家"。他的家人发表声明说，即使是最亲近的人，也往往不知道爱人身处抑郁症的痛苦。他生前最喜欢William Blake的诗："一花一世界，一沙一天国。掌中含无限，刹那即永恒。"

卡夫卡说："生命之所以有意义是因为它会停止。"那些离我们而去的人们，我们追忆他们人生的精彩，为他们曾带给我们的感动和快乐，启发和激励，心怀感激。人可以用来面对死亡的，就是曾经好好地活过。

人无法预知自己的寿命，无法控制所处的环境，更无法掌握未来，我们拥有的就是当下而已。为什么要花那么多时间，浪费那么多生命，去讨好自己不喜欢的人，做自己不愿意做的事情呢？人生苦短，就应该做那些让你生气勃勃充满活力的事情！日本设计师山本耀司说："自己这个东西是看不见的。只有撞上一些别的什么，反弹回来，才会了解自己。所以，跟很强的东西、可怕的东西、水准很高的东西相碰撞，然后才知道'自己'是什么，这才是自我。"

一个做了20年的节目，上千位人物，上万次提问，就像是撞上再反弹过程，那些新奇的、幽默的、感动的、困惑的、深刻的、忧伤的、热情的、痛苦的、愤怒的、宽容的……渐渐地，勾画出这个时代的缩影，也让我看到自己。这是一件多棒的礼物！

美国非裔女作家玛雅·安吉洛曾经写道："成长并不像人们起初设想的那样，是一个毫无痛苦的过程。我想我交出了一部分青春，换回了阅历，而我所收获的比失去的更为珍贵。"

于是，我写下《五十有感》："生命是份礼物，应该好好庆祝。年年都有惊喜，好坏都要接住。荣辱成败，如镜花水月，谁能看得清楚？才情风骨，如高山流水，包装往往朴素。所谓天命，就是顺其自然，遵循内心的尺度。时光易逝，唯真我本色如故；青春易老，唯真情不可辜负。生命是份礼物，应该好好庆祝。"

2018年11月13日，我主持麻省理工学院中国峰会的"Quest for Intelligence"（探寻智能）环节。上场时不免自黑一下："今天科学家们济济一堂，我来凑什么热闹啊？哈哈，因为我的不可救药的好奇心啊！"正是这份好奇心驱使我两年前从MIT开始了探寻人工智能的旅程，也把我带到今天这个坐满了科技精英的会场。我问论坛嘉宾："人工智能的发展会对我们解开人脑的秘密带来怎样的帮助？"MIT的校长Rafael Reif事后兴奋地对我说："你开门见山就问了这样的问题，真是太棒了！这正是我们科学界最想回答的问题。"媒体实验室主任伊藤教授说："我们发现，机器更擅长回答问题，而人更善于提出问题。所以，我们训练学生如何更有效地提问，这正在颠覆传统以教答案为主的教育理念。"科学家决定选择或放弃一个领域的研究时，标准常常是"能不能提出好的问题"！实际上，斯坦福大学正在研发一个教育系统，以孩子提问的能力来判断他的认知水平。看看，提问已经不仅是媒体记者的专业，而是每个孩子受教育的基本训练啦！今天科技迅速迭代，是人与物，人与信息，人与人的连接方式的迭代，其核心是认知的迭代。学习的重点已经不是记住已有的知识，而是探索未知的知识。探索，是从提问开始的。据说在以创新著称的以色列，孩子放学回来，身为犹太人的母亲不问今天学了什么，更不问考了几分，而是问："今天你问了什么问题？"

2017年秋天，我去德国出差时在法兰克福参观歌德的故居，顺便买回一本他的传记。歌德一生写下《少年维特之烦恼》《诗歌与真理》《浮士德》等时代巨著。他既是"狂飙突进"的反封建主义者，又反感任何使用暴力的跃进，因此被认为是温和的自由派，站在逐步改良的立场，反对激进主义的行为方式。在《浮士德》中，浮士德博士与魔鬼打赌，如果有一天他的精神满足了，不再对这个世界追问，魔鬼就可以获取他的灵魂。当他一生上天入地追寻爱与美，权力与政治，知识与真理，直至双目失明，筋疲力竭，魔鬼以为立刻就可以收割他的灵魂时，浮士德用尽最后的力气说："我在这凡尘的旅行，不管有多少魅惑，依然向前；向前，快乐与痛苦同在，永不满足。"莱辛就说过："人的可贵不在于拥有真理，而在于追求真理。"浮士德最终也没有停止他的追问。

人的好奇心和探索未知的愿望是如此强烈。曾经主演过多部人工智能题材电影的演员摩根·弗里曼对我说："你会远渡重洋来问我这么多问题，机器会吗？"他曾经在多部电影中出演上帝的化身，如果有机会见到上帝，只能问一个问题，他会问什么？弗里曼调皮地眨眨眼睛说："我会问：'您能允许我多问几个问题吗？'哈哈。"我们对这世界，对自己有太多的未知和不解，如果真要提问，还真是问不完呢！

在2018这个充满动荡和不确定性的年份终于过去的时候，未来是否会更好，谁也说不清。一种迷茫和无力感在弥漫着。而我最想问的是：在这个规则被颠覆的时代，你还相信什么？在这个失序的时代，你能做的是什么？在这个被暴力、焦虑、愤怒、偏见、排斥、猜疑撕裂的世界，还有哪些力量能让我们更加相互尊重、理解、包容、友善、信任、团结？而这些力量是不是就在我们自己身上？

杨澜

2018年12月

杨澜

媒体人，作家

她创建了中国第一个以历史文化为主题的频道——阳光卫视，
她采访了上千位世界政要和各界风云人物，被誉为"中国的华莱士"，
她曾任北京申奥形象大使和上海世博会形象大使，
她被推选为"能推动中国前进，重塑中国形象"的女性，
被福布斯评为全球最具影响力的100位女性之一……
她堪称传奇的媒体生涯，
凝结成了这本《一问一世界》。

朱冰

中国传媒大学知名学者，资深策划人，作家

扫一扫，
分享你的读书心得，看看同爱这本书的人都在聊什么。
关注"果麦麦的好书博物馆"，
每天推荐一本好书。

一问一世界

特约监制	李志新	装帧设计	马　娴
特约策划	王雁雁　王楚婷	特约印制	刘　淼
产品经理	曹俊然	技术编辑	丁占旭
营销经理	王琪美	出 品 人	路金波

图书在版编目（CIP）数据

一问一世界 / 杨澜，朱冰著. -- 上海：上海文艺出版社，2019
ISBN 978-7-5321-7022-7

Ⅰ．①一… Ⅱ．①杨… ②朱… Ⅲ．①杨澜—传记
Ⅳ．①K825.42

中国版本图书馆CIP数据核字（2019）第014942号

出 版 人：毕　胜
责任编辑：陈　蕾
特约监制：李志新
特约策划：王雁雁　王楚婷
装帧设计：马　娴

书　　名：一问一世界
作　　者：杨澜　朱冰
出　　版：上海世纪出版集团　上海文艺出版社
地　　址：上海市闵行区号景路159弄A座2楼　201101
发　　行：果麦文化传媒股份有限公司
印　　刷：北京盛通印刷股份有限公司
开　　本：710mm×1000mm　1/16
印　　张：22
字　　数：320千字
印　　次：2019年1月第1版　2022年1月第6次印刷
印　　数：135,001-140,000
ＩＳＢＮ：978-7-5321-7022-7／Ⅰ·5615
定　　价：68.00元

如发现印装质量问题，影响阅读，请联系021—64386496调换。